Life,

Death,

and Betrayal at the Hotel Ritz in Paris

THE HOTEL

ON

PLACE VENDÔME

二战中的巴黎

纳粹铁蹄下的欲望、背叛与死亡

〔美〕提拉·马奇奥（Tilar Mazzeo）—— 著

杨献军——译

台海出版社

图书在版编目（CIP）数据

二战中的巴黎／（美）提拉·马奇奥著；杨献军译
. --北京：台海出版社，2018.8
书名原文：The Hotel on Place Vendome：Life，
Death，and Betrayal at the Hotel Ritz in Paris
ISBN 978 - 7 -5168 -2018 -6

Ⅰ．①二… Ⅱ．①提… ②杨… Ⅲ．①第二次世界大
战 - 史料 - 巴黎 Ⅳ．①K565.46

中国版本图书馆 CIP 数据核字（2018）第 161861 号

著作权合同登记号 01 - 2018 - 3623

二战中的巴黎

著　　者：［美］提拉·马奇奥
译　　者：杨献军

责任编辑：刘　峰
装帧设计：异一设计

出版发行：台海出版社
地　　址：北京市东城区景山东街 20 号　　　邮政编码：100009
电　　话：010 - 64041652（发行，邮购）
传　　真：010 - 84045799（总编室）
网　　址：www. taimeng. org. cn/thcbs/default. htm
E - mail：thcbs@ 126. com

经　　销：全国各地新华书店
印　　刷：北京市兆成印刷有限责任公司
本书如有破损、缺页、装订错误，请与本社联系调换

开　　本：710mm×1000mm　　　1/16
字　　数：230 千字　　　　　　印　张：17.5
版　　次：2018 年 9 月第 1 版　　印　次：2018 年 9 月第 1 次印刷
书　　号：ISBN 978 - 7 - 5168 - 2018 - 6

定　　价：59.00 元

目录

1. 巴黎市内的瑞士王国   007

作为德占期间唯一被特许经营的地方,丽兹大酒店的平静与歌舞升平同战火纷飞的巴黎形成鲜明对比,无异于战争年代的瑞士王国。

2. 轰动巴黎的开业庆典   021

1898 年 6 月的一个温暖的雨夜,丽兹大酒店举行了盛大的开业庆典仪式,新旧贵族齐聚一堂。这次开业庆典不仅宣告了一个传奇酒店的诞生,更预示了一个撕裂的新世界即将来临。

3. 旺多姆广场上空的激烈空战   035

不断落下的炮弹和喷出的机枪火舌不时猛烈地闪爆出可怕的火光,把夜空照得通明。原先聚集在公主沙龙里的人群静悄悄地来到了俯瞰旺多姆广场的露天平台上,默不作声地抬头亲眼看见世界末日般的空战场面。

4. 丽兹大酒店的“美国天使”   045

美国富商遗孀劳拉·梅·克里甘是丽兹大酒店的常住客。人们因为她的财富对她趋之若鹜,也因为她的富有而嘲笑她。当然,她也毫不例外遭到了纳粹的搜刮,但她最终成为一位战争年代的女英雄。

了丽兹大酒店的谈判桌旁,共同打造一个能将欧洲统一起来的经济政治共同体。

17. 日益衰落的巴黎影响力 197

为了辛普森夫人退位的温莎公爵在这里密谋重夺王位,香奈儿、普鲁斯特在这里辗转流连,但这也阻止不了社交中心从巴黎转移到纽约。

18. 战争的漫长阴影 207

战争稍纵即逝,但战争带来的阴影却是持久的。丽兹大酒店的那些具有传奇色彩的房客(有好人,也有坏人)大部分已经远走高飞,酒店也开始滑向破产边缘。

人物表

酒店员工

布兰琪·奥泽罗：美国出生，轻率任性，容貌秀美，德籍犹太人，是丽兹大酒店总经理的妻子。二战期间，她靠一本假护照生活在巴黎，不知不觉被拉入秘密抵抗组织。

克劳德·奥泽罗：丽兹大酒店总经理，法国老兵，擅长迎合满足富人名流的各种怪念头。平时待人极为彬彬有礼，但对大酒店里的德军占领者却非常轻视，毫不畏惧。他瞒着妻子加入了在丽兹大酒店后厨里调遣的第二个抵抗组织，该组织受到德国人严密监视。

汉斯·弗朗兹·埃尔米格：瑞士出生，讲德语，爱发号施令，担任副经理职位，负责管理同纳粹有关的日常事务。他是丽兹大酒店董事长汉斯·冯·普菲费尔男爵的侄子。表面上严守中立立场，在二战最后一个夏季，他和妻子吕西安娜一起严守着一个危险的秘密。

玛丽-路易斯·丽兹夫人：丽兹大酒店已故创始人凯撒·丽兹的遗孀。她是一位精明的女商人，但也常常表现得虚荣愚蠢。无论走到哪里都有两条比利时矮种犬陪伴着她。丽兹夫人很看不起布兰琪·奥泽罗，后者也不甘示弱，以牙还牙。

查尔斯·丽兹：小名"查理"，是玛丽-路易斯·丽兹同丽兹大酒店创始人凯撒·丽兹所生的儿子。他酷爱体育运动，对担任酒店经理兴趣不大，是美国作家欧内斯特·海明威的酒友。

弗兰克·梅耶：丽兹大酒店康朋街一侧酒吧里具有传奇色彩的调酒师，是 20 世纪 30 年代一些极负盛名的古典鸡尾酒发明者。奥地利出生，拥有四分之一犹太血统，积极参加了抵抗运动，法国和德国情报人员都知道在弗兰克酒吧后面运作着一个非正式的邮局。他的副手兼接班人是乔治·舒尔。

苏斯先生：瑞士人，丽兹大酒店副总经理，惯于在两派中间耍手腕，为己谋利。他同克劳德·奥泽罗一起规避德国人制定的空袭管理条例，帮助同盟国；他又与德国人合作，参与掠夺巴黎文化遗产。

奥利维亚·达贝斯卡特：侍者，酒店领班，马塞尔·普鲁斯特的密探，十分健谈。他为人严肃，办事很有分寸，沉着冷静，令人生畏，是丽兹大酒店社会声望的最终仲裁者。在那些惧怕他的人看来，他是欧洲王座后面沉默不语的实力派人物之一。

奥古斯特·埃斯科菲：丽兹大酒店共同创始人之一，20 世纪最杰出的名厨。他开创了现代菜单，终使女士们能在公共场合上用餐。法国女演员萨拉·伯恩哈特是他分分合合的情人，最能使他激情迸放，爱到极致。

德国人

帝国元帅赫尔曼·戈林：吸食吗啡，炫耀过分，经常表现得荒谬可笑的德国空军将军，二战大部分时间他入住在丽兹大酒店掠夺艺术品，指挥纳粹战争机器，拼命躲避残酷无情、大发雷霆的希特勒，因为希特勒指责他这位副司令未能取得称霸世界的战果。

汉斯·斯派达尔上校：德国上校，在被占领的巴黎担任过各种参谋长职务。在德军占领初期，他负责监视丽兹大酒店的日常管理活动。后来他参加了那个夏季注定要失败的密谋刺杀希特勒的瓦尔基里行动。

卡尔·海恩里希·冯·斯图普纳格尔：在被德军占领的巴黎担任最高军事指挥官。他与其表弟凯撒·冯·霍法克中校均为遭到失败的瓦尔基里行动主要成员。

凯撒·冯·霍法克：与他的表兄卡尔·海恩里希·冯·斯图普纳格尔在巴黎同为遭到失败的瓦尔基里行动主要谋划者。

汉斯·巩特尔·冯·丁克拉格：英俊迷人，40 多岁的德国外交官，以善于追逐女人并在二战期间同时装设计师可可·香奈儿爆出的风流丑闻而闻名于世。他也是入住在丽兹大酒店里的花花公子、间谍，为人缺乏忠诚品质。

汉斯·尤尔根·苏林： 纳粹德国空军军官，二战期间为著名法国电影明星阿莱蒂的情人。

迪特里希·冯·肖尔蒂茨： 在德军占领巴黎末期守卫巴黎的德国将军，他违抗希特勒的命令，拒绝将巴黎付之一炬。他这样做也许并非完全出于公心。

威廉·加纳里斯： 驻扎在巴黎的阿博维尔德国情报机关首领；作为英国双重间谍，他从事着隐秘的反情报活动，直到 1944 年冬季事情败露，遭到逮捕。

阿诺·布莱克： "希特勒的杰出雕塑家"，纳粹党重要成员，20 世纪 20 年代和 30 年代在巴黎艺术界同富人名流交际甚广，与让·考克托、毕加索成为朋友，他的妻子德梅特拉还给毕加索当过模特。1942 年，他重返被德军占领的巴黎，举办一次著名的艺术展，当时正值法国通敌叛国的高峰时期。

政治家

夏尔·戴高乐将军： 脾气暴躁的自由法国流亡政府爱国领导人。1944 年夏季，他对于解放巴黎的看法与同盟国军队的谋略日益相左。

温斯顿·丘吉尔： 富有辩才，英国战时首相，言行举止颇有上流社会气度，丽兹大酒店常客。在法国蓝色海岸地区几次度夏时结识了可可·香奈儿。由于他对争吵不休的夏尔·戴高乐日益不满，情愿让乔治·曼德尔担任法国领导人，并在德军占领巴黎的末期，毫不顾忌地公开表达这样的意见。

乔治·曼德尔： 衣着不太得体的新闻记者，犹太人，曾担任过法国内务部长，他是丽兹大酒店的长期房客，在巴黎陷落时劝说玛丽-路易斯·丽兹继续开门迎客。二战初期即遭到逮捕，被德国人当作犯人监禁起来。他的宿敌终将他处以死刑。

皮埃尔·拉瓦尔：在纳粹德军占领法国时期担任法国维希政府首度部长。烟瘾极大，几乎手不离烟，是一位残酷无情的实用主义者，重大通敌叛国者，经常出入丽兹大酒店。他逐渐掌握了巨大的个人权利，曾责令将犹太儿童驱逐出巴黎，然而却自称仅仅是一位"破产托管人"。

保罗·莫兰德：法国外交官，作家，是可可·香奈儿、让·考克托和马塞尔·普鲁斯特等人的朋友。他起初暗恋着苏卓公主，后来终成为她的丈夫。在苏卓的影响下，他在德军占领期间站到了法国维希傀儡一边。

美国二战军人与新闻记者

罗伯特·卡帕：勇敢无畏，富有个人魅力，英俊帅气，是位在匈牙利出生的美国摄影记者。在巴黎解放前夕曾与欧内斯特·海明威发生过激烈争吵。他是电影明星英格丽·褒曼的情人，卷入了导致海明威第三次婚姻破裂终结的波折中。

玛莎·盖尔霍恩：美国战地新闻记者，海明威第三任妻子，活泼机智，特立独行，个性强势，遭到电影明星玛琳·迪特里希的恶毒忌妒，而自己却浑然不知。

李·米勒：美貌名动一时的美国摄影师、战地新闻记者，在《时尚》杂志旗下供职，著名画家毕加索的朋友。同美国记者海伦·科尔克帕特里克一样，她也报道过巴黎解放的前后经过。

玛丽·威尔士：美国新闻记者，雅号"贵夫人"，活泼快乐，娇小可爱，说话直率，口无遮掩，惯于穿着紧身毛线衫而不戴文胸。二战期间，他与海明威在丽兹大酒店有过一段风流韵事，继而成为这位美国著名作家的第四任妻子。她与电影明星玛琳·迪特里希相处融洽，却受到罗伯特·卡帕的轻视，她也曾亲临其地报道过巴黎解放的前后经过。

亨利·伍德拉姆：美国飞行员，在巴黎解放前夕的一次白天执行空袭任务时被击落，是"活着走出"被占领的巴黎的少数同盟国飞行员之一。在遭到盖世太保追捕时，法国民众救了他，使他有幸生还。此前这种情况绝无仅有，令他万分感激。

弗雷德·沃登伯格：曾担任过杜邦化学公司高级管理人员，后来巴黎解放后响应美国政府号召，成为他那一代人中科学界的詹姆斯·邦德。在巴黎加入了隶属于曼哈顿工程的地下情报小组，力图阻止德国发展核武器。

欧文·肖：小说家，剧作家，新闻记者，也是一位情场失意者。正是他本人把自己的女友玛丽·威尔士介绍给了具有大男子气概的欧内斯特·海明威。后来罗伯特·卡帕在丽兹大酒店向英格丽·褒曼求爱时，欧文·肖又替人家埋单。

詹姆斯·加文：美国陆军中将，雅号"跳跃的吉姆"。1945 年，他在轰轰烈烈地爱着玛莎·盖尔霍恩的同时，还要面对着决不让步、频频耍手腕的电影明星玛琳·迪特里希。

作家

马塞尔·普鲁斯特：性情古怪，总有些紧张不安，才华横溢，创作出被许多人认为是世界上最伟大长篇小说的作品《追忆似水年华》。在创作过程中，把丽兹大酒店真正当成了自己的家。

让·考克托：吸食鸦片，极富才华的作家、艺术家和电影制片人。曾设法拯救一些犹太人朋友，使他们免遭驱逐，但是对希特勒却心存敬意。他是可可·香奈儿、马塞尔·普鲁斯特、萨卡·奎特瑞和阿莱蒂等人的老朋友。

让·保罗·萨特与西蒙娜·德·波伏娃：这是法国彼此不相配的一对知名知识分子夫妇，他们曾在丽兹大酒店海明威的客房里举杯豪饮，十分痛快。西蒙娜·德·波伏娃与"爸爸"海明威有时不仅仅只是在一起饮酒。酒店员工曾经注意到有一天早晨她离开大酒店时着装发式显得有些凌乱。

萨卡·圭特瑞： 法国著名剧作家，电影编剧。作为聪明机智、生活奢华的巴黎宠儿，他在丽兹大酒店开心地追求着自己的快乐和浮华生活，全然不问政治，不顾人世后果。

弗·斯科特·菲茨杰拉德： 爵士时代的代言人，美国著名作家。在他堕落酗酒期间，丽兹大酒店的酒吧成为他举杯豪饮的好去处。

欧内斯特·海明威： 美国小说家，著名冒险家，以其颇具男子汉气概的英雄壮举和独具特色的简短语句而著称于世。在德军占领巴黎的最后时刻，他率领手下那只"杂牌军"混成部队解放了丽兹大酒店，也解放了地窖里多瓶特定年份酿制的上等葡萄酒。在最新开启的美式奢华占领期，"爸爸"在随后几个月里把丽兹大酒店变成了自己的家。

电影明星与富人名流

阿莱蒂： 性感迷人的法国电影明星，在全国有影响的社会名流。二战期间，她在丽兹大酒店与其德国情人汉斯·尤尔根·苏林过着奢华的生活。她那种"交际花似的通敌叛国行径"在被德军占领的巴黎引起了公愤，处境危险终使她遭到严厉的报应。

萨拉·伯恩哈特： 世称"神女萨拉"，19 世纪末 20 世纪初舞台上的传奇人物，也是丽兹大酒店合伙创始人名厨奥古斯特·埃斯科菲的朋友与情人。

爱尔莎·麦克斯韦： 傲慢无礼，身材圆润，极为乏味，原是美国中西部一位同性恋女子，在 20 世纪 20 年代把疯狂的社会聚会提到了前所未有的新高度。后来成为公认的上流社会女皇之一。这一切都是从丽兹大酒店的沙龙做起的。

劳拉·梅·克里甘： 起先在美国国内就被许多人轻视为傍大款的讨厌

女人，后来真给自己找了一位坐拥巨额家资的富翁，只是这位富翁还患有心脏病。等他过早地撒手人寰以后，她就在伦敦和巴黎（住在最豪华的套房里）两地过起了奢华生活。直到第二次世界大战爆发。因此她必须做出勇敢的抉择。

温莎公爵夫妇：他们更为著名的身份是英国前国王爱德华八世和美国离异女士沃里斯·辛普森夫人。他们的爱情故事，经常成为报刊头条新闻。暗地里他们的亲法西斯同情态度引起了极大恐慌。

路易莎·卡萨蒂侯爵夫人：富有程度令人惊讶，奢侈铺张，遐迩闻名，也许有些精神错乱；这位侯爵夫人把自己的生活变成了独具现代特色的表演艺术。在 20 世纪前 10 年和 20 年代的巴黎丽兹大酒店俨然成了她喜爱的表演背景。

亚历山大·罗森伯格：时年 24 岁，有文化教养，父亲是艺术经销商，犹太人，其私人艺术馆当时已成为巴黎艺术中心。他起初在英国为夏尔·戴高乐领导的自由法国军队而战，后来于 1944 年返回巴黎，以军官身份参与解放巴黎的行动，并在驶离巴黎的最后一批德国人列车上有了惊人的发现。

苏卓公主：容貌俊美，工于心计，水性杨花，最终成为亲德分子。这位已经嫁人的公主是马塞尔·普鲁斯特倾心的最后一位美女，并在第一次世界大战的末期使普鲁斯特与他的朋友保罗·莫兰德绝交。

玛琳·迪特里希：德国出生，美国好莱坞电影界的传奇人物。在二战末期，她参加劳军巡演鼓舞同盟国军士气，却把丽兹大酒店称为自己的家。她是欧内斯特·海明威的朋友，也是玛莎·盖尔霍恩的死敌。

可可·香奈儿：法国著名时装设计师，丽兹大酒店的长住房客，她的旗舰精品店就设在康朋街对面。二战期间她关闭了时装店，与她的德国情人汉斯·冯·丁克拉格住在丽兹大酒店。当英国、法国和美国政府在巴黎解放后问及她在战时从事的那些可疑的非法活动时，她俏皮地说道，如果有幸遇到同她年龄相仿的恋人，她不想查看他护照上写着什么。

乔茜·德尚布伦夫人：法国通敌叛国者皮埃尔·拉瓦尔的女儿，战时社会名流，在德军占领巴黎期间经常出入丽兹大酒店。她是可可·香奈儿、阿莱蒂和萨卡·奎特瑞的朋友，电影界的"天使"，经常利用同德国人的关系为演员办事。

英格丽·褒曼：瑞典电影明星，同亨弗莱·鲍嘉在战时经典影片《卡萨布兰卡》中演对手戏。巴黎解放几个月后，她在丽兹大酒店爱上了焦躁不安的罗伯特·卡帕。

前言
丽兹大酒店——巴黎的一面镜子

1940 年，德国军队与法国平民

　　著名的大酒店从来都体现着社会观念，准确地反映出它们
所服务的特定社会阶层的各种特点。

——琼·迪丹，出自《白色专辑》，1979

本书的写作念头最初并不是在美丽的旺多姆广场形成的，甚至也不是在巴黎。本书最初酝酿成形是一年冬季的下午，在柏林前东区俯瞰亚历山大广场的一位朋友的公寓里。

当时我们在聊天。我一边聊天一边仔细翻阅着厚厚一摞影印的英法政府文件，那上面记录着著名时尚设计师可可·香奈儿在战争时期参与从事的各种活动。在描述巴黎占领情况的解密情报信件中，我多次读到丽兹大酒店这个名字，了解到一些大名鼎鼎或声名狼藉的房客。入住大酒店的有些房客是德国高官和轴心国高官，有些房客是法国富人，有些则是美国人。其中许多人是间谍，掌握着各种危险的秘密情报，其效忠态度动机复杂，令人头晕目眩。他们在旺多姆丽兹大酒店里过着富裕豪华的生活，关系密切，四分五裂的欧洲大舞台把他们紧紧地联系在了一起。

那天下午，我对我的那位德国朋友道出了心中的疑惑：在巴黎被德军占领期间那些生活在这家著名大酒店的人士背后都有哪些来历与故事？在香槟鸡尾酒会上和铺着白色台布的餐桌上，在走廊，在富丽堂皇的套房和厨房里发生的各种事情，如何影响了在丽兹大酒店里不期而遇，或有约相见的那些人的生活？更为重要的是，如何影响了成千上万其他人的生活？如何影响了法国，影响了我们整个欧洲错综复杂的 21 世纪发展进程？

这些入住丽兹大酒店的男男女女各色房客来自 20 世纪最大冲突的各

方，被一起卷入了历史潮流漩涡。在二战期间对于数百万名酒店入住者而言，生活仍在继续——有时生活已告结束——就在王宫般豪华的大酒店墙内；这里已经融入了成为现代巴黎文化传奇。当丽兹大酒店成为国际列强的汇聚之地时，那里发生的一切将会改变每一个列强国家。而他们又会以其合力改变20世纪的历史发展进程。本书讲述的就是那段激动人心、不同凡响的历史往事，其中交叉呈现着既鼓舞人心，又令人生畏的复杂多变的人性画卷。

20世纪40年代的巴黎距今有整整一代人的时间。在当时那个花花世界身穿绸缎晚礼服的女士们用长长的象牙烟嘴吸着香烟，男士们仍戴着宽边礼帽；头戴便帽的侍者匆匆地把女客人的毛皮披肩带走，司机们在街角等待着乘客，而爵士歌手则在蒙马特高地深夜卡巴莱歌舞表演中低声哼唱着爵士歌曲。

这一切已成为过去。但是对于许多人而言，却根本无法忘却往昔的时光。因此，归根结底，这也是当前我们要面对的事实。我们全都生活在历史那漫长的阴影之中。

在这家豪华大酒店的餐厅里，暂时看不到战争及其各种奸诈的迹象，至少在表面上是这样。占领巴黎期间，德国军官脱去军服，经常使用法语与人交谈。和他们一同进餐的巴黎人采取一种故作中立的姿态，以求得自己的快乐。在午餐"圆桌"社交宴会上，设计师、实业家和外交政治家之间经过讨价还价达成相互合作的经济利益协议。在丽兹大酒店里进行的上述磋商会谈为建立当今的欧盟奠定了基础。

对于其他人而言，这段历史留下的记忆更加具有个人色彩。德国人占领的是现代法国的中心。而在把自己视为亲法者和讲求实际利益者的人看来，德国人占领的是现代法国的最难以回避的中心。

在任何一种文化当中，总有一些事情即使过了几十年、几百年之后仍然使人感到险象环生，心有余悸。在法国就会遇到这样的事情。至少有一次别人警告我不要讲述这样的故事。向我提出警告的是一位法国老妇人，这是一位穿着整洁、目光敏锐的女士，多年来仍然清楚地记得在二战以及二战结束后那些黑暗的岁月里发生在巴黎的许多往事。2010 年春季一天下午，我们在一点儿也不时髦的巴黎 17 区一间很不起眼的咖啡馆里见面了。她已故的丈夫当年参加了地下抵抗运动，同占领法国的法西斯当局作过斗争，同那些并不总具有德国人方便身份的法西斯分子作过斗争。通过几番周折联系，她终于同意和我见面，也许还能透露一些秘闻轶事。

下面是她对我讲述的第一件事。

"大多数跟你说当年参加过抵抗运动的那些人顶多是捏造事实。有些最恶劣的人简直就是骗子。那是一场规模很小的抵抗运动，行动隐蔽，对外保密，一旦被发现就会付出惨痛代价。战后每个人都认为他们支持过那场抵抗运动。这是法国人的一种集体幻想。"

后来随着我们周围的环境变得非常安静，她便把丈夫生前获得过的战争勋章一一摆放在我面前的咖啡桌上。

"这下你知道我不是装腔作势了吧。"然后她又说道，"有句话我要在这里跟你说一下：你要寻找的事实真相随着战争结束就埋没在历史陈迹中了。也许在那之前就消失了。你提的问题比你认为的还要危险。有关丽兹大酒店和德军占领法国的那本书，你还是不写为好。抱歉了。"

无论如何，你手里掌握着证据，所以我没有听从那个建议。我之所以没有听从那个建议，原因可能是对于 20 世纪 70 年代成长起来的美国作者而言，那段历史颇有些离奇神秘的色彩。那一段往事有什么可能打动我？有什么可以打动像我一样已到中年的后原子时代出生的那代人？然而，二战时期在丽兹大酒店发生过的事情，德军占领期间在巴黎发生过的事情，均在一定程度上为那些不完全同我们无关的核冲突奠定了基础。德军对巴黎的占领是极为明显的大规模城市恐怖主义行动。

但是以白纸黑字写成的第二次世界大战史常常叙述得过于简单化，这也是事实，只是将其视为一次善恶力量之间所展开的史诗般激战。我们知道，其中有抵抗者，也有通敌者。当然，这些人不属于这一类，就属于另外一类，泾渭分明。然而，对于在德军占领时期生活在巴黎的大部分人而言，能否生存取决于一个人在微妙复杂的战争现实中游刃有余的能力。丽兹大酒店里各种模棱两可的事情一时极难分辨，难以把握。在那里发生过许多令人惊叹不已的事情。在那些真假难辨，是非混淆的灰色地带勇气与欲望同残酷与恐惧相互冲突，壮怀激烈，上演出一幕又一幕形形色色的人间悲喜剧。这便是牵连到众人生死存亡及其情感交际安危的那段惊心动魄的历史。那段历史全部形成于永远焕发着诱人魅力的巴黎旺多姆广场。

1

巴黎市内的瑞士王国

1940 年 6 月 14 日，一位目睹纳粹德军占领巴黎的法国人在伤心地哭泣

正如一幅画能揭示出画中的人物命运，法国地图也预示着
我们的命运。在我们国家的中心坐落着一座城堡……但是在东
北部却有一处可怕的防御缺口同德国领土相连……那是（我们
的）一个致命之处。

——夏尔·戴高乐，出自《建立一支职业军队》，1934

任何人只要看一看法国地图就知道，戴高乐所指的那处缺口位于阿尔萨斯—洛林边境地区明显伸入德国莱茵兰境内的那片地方。北面是比利时、荷兰和卢森堡等低地国家；南面耸立着阿尔卑斯山，还有瑞士这个多山之国。

　　经过 10 年劳民伤财的高昂成本施工并吸取第一次世界大战的惨痛教训之后，到 1939 年法国人沿卢森堡至瑞士边境线修建了一个抵御黑暗未来的坚固防线。那是一系列令人惊叹的钢筋水泥堡垒，简称马其顿防线（以策划此项工程的将军名字命名）。

　　但是上述防御工事也有一个致命弱点。在法国边境的北边，往南是比利时，这一纵深友好的前哨地区在很大程度上没有受到任何保护。防御工事最弱之处莫过于阿登高地的茂密森林地带。马其顿防线曾被视为固若金汤，不可逾越。但是 1940 年 5 月百万德军仅用数天时间就打破了这一神话。

　　第三帝国军队那年春季以迅雷不及掩耳之势越过低地国家，挺进法国。他们的军事目标就是占领法国中心的堡垒——闻名遐迩的都城巴黎。

　　许多德军高官与他们同代人一样也抵御不住传说中的种种诱惑。对他们而言，丽兹大酒店已经占据巴黎的中心地位。自 19 世纪末以后，位于巴黎第一区旺多姆宽阔广场上的这幢富丽堂皇的大酒店一直是奢侈豪华的国际象征，体现着现代生活极富魅力的所有特色，也是电影明星、名人作家、美国女继承人、有伤风化的年轻女郎、花花公子和王子王孙们的安家之处。很快就要占领这座城市的30万德国人不仅以军人、官僚的身份，而且还将以游客的身份生活在巴黎。其中许多人别无他求，只想在这座天下闻名的美丽大都市中尽情享受快乐生活。

甚至在战争爆发之前，丽兹大酒店早已成为欧陆政治活动中心，对20世纪不断产生着影响。德国人的到来丝毫不能改变这一格局。在德国人包围马其顿防线之前的那几个星期里，英国首相丘吉尔不是一次，而是两次大驾光临丽兹大酒店。事实上在当月中旬他作为英国首相首次发表广播讲话之前（在那次广播讲话中他承认"掩盖时局的严峻性质是愚蠢的"），丘吉尔直奔巴黎，同法国总理保罗·雷诺德举行最高级战时委员会会议，商讨应对危机措施。1940年5月31日，丘吉尔再次来访，目的是了解法国是否有可能顶住一路向西横扫的大屠杀，求得生存。

温斯顿·丘吉尔向来喜欢下榻丽兹大酒店。"来到巴黎时，"欧内斯特·海明威曾经俏皮地说道，"唯一不入住丽兹大酒店的理由是付不起钱。"而温斯顿·丘吉尔是英国一位勋爵的儿子，从来就不缺钱。

那年春季随着德军大军压境，丘吉尔只想同一位老朋友就当前形势交换一下意见。在过去的10年里，他同身为犹太人的法国内务部长乔治·曼德尔举行过那样的会晤。当时在20世纪的政治荒原里，他们一同警告自己的同胞：具有怀旧色彩的德国民族主义思潮无限制的泛滥会造成严重后果。他们的预言不幸一语中的。乔治·曼德尔并非偶尔下榻丽兹大酒店。自20世纪30年代中期开始，他一直居住在四楼黑暗的房间里。当年丽兹大酒店至少有十几位常住客人，赫赫有名，手眼通天。

这家大酒店的一些房客很快就要离开了。1940年6月11日，德军距巴黎市不到30英里，整个巴黎人心惶惶。法国政府连夜逃离首都，迁往法国西南部的波尔多市。数小时后，铁路停运。第二天下午收音机里播发一条命令，要求巴黎市所有男性公民离开首都以免被德军抓获。一时传言四起，大谈向巴黎压境的德国士兵如何残暴，如何表现出种种性虐待狂行为。没有任何一位妇女乐意留下来成为一座陷落之城中的战利品。

在随后出现的大规模撤离行动中，巴黎市足有70%的人口（接近200万人）涌上公路，拖拉着自己的财物和病弱亲人，期望逃过向巴黎压境的德军，加入从比利时与荷兰逃出的川流不息的难民队伍。但是这已经无济于事，他们会把向南延伸的道路挤得水泄不通。大多数人至多只能逃离巴黎100英里。

丽兹大酒店也未能摆脱恐慌情绪的影响。1940年6月12日，令人恐惧的纳粹德国空军自进攻法国以来第二次以燃烧弹攻击巴黎。围攻在所难免。大酒店新近提升的总经理、法国老兵克劳德·奥泽罗早已接到归队从军的号令。他那位在美国出生的妻子跟随他一起前往普罗旺斯履行新的职责。他的副手汉斯·弗朗兹·埃尔米格是丽兹大酒店最重要贵族投资者的侄子，不过他是瑞士人。而瑞士人的中立立场天下闻名。因此在一周之内汉斯·弗朗兹·埃尔米格和上了年纪的玛丽-路易斯·丽兹（丽兹大酒店创始人凯撒·丽兹的瑞士籍遗孀）负责为居住在这个豪华庇护所里的客人制订行动方案。在接下来的几天中需要运用巧妙灵活的外交手段，需要大家齐心努力，共渡难关。

旺多姆广场建筑的大厅里突然之间不见了一些人的身影。丽兹大酒店接连数周只依靠基本员工维持运行。在正常情况下这家大酒店共有男女员工450人，包括酒吧侍者、打扫房间的女服务员、侍者和牡蛎采购人员。汉斯·埃尔米格向他远在瑞士的叔父汇报说："许多人已经离开了巴黎，我们只剩下36位师傅和7位用人……尽管形势不妙，餐厅仍在营业，我们甚至还有一个设有38个座位的大房间。遗憾的是，由于巴黎遭到轰炸，午餐被迫中断了。"到了最后酒店员工人数稳定在20人左右，几乎都是上了年纪的男女员工，或者像汉斯·埃尔米格一样，手里的护照把他们列为中立国公民。

丽兹大酒店很快就会迎来一批新的客人。就眼前而论，入住酒店的客人数量在急剧下降。丽兹大酒店的常住客人以及许多巴黎常客随着大撤离人群迅速消失。整个巴黎市群情激动，人心慌乱，即使那些法国富人和知名人士也不知道随着首都陷落等待着他们的会是什么情况。这些社会名流全都是由朋友和熟人组成的一个关系密切的社交圈，其中不少人多年来把丽兹大酒店当成了自己的家。乔治·曼德尔并不是英国首相温斯顿·丘吉尔那年春季在巴黎见到的唯一一位朋友。自20世纪30年代初期起，偶像级人物可可·香奈儿就在丽兹大酒店好几个房间里留住过。她和丘吉尔在法国里维埃拉地区①拥有彼此相邻的夏日别墅。

在丽兹大酒店餐厅可可·香奈儿专用的餐桌旁，人们几乎每天晚上都可以看到颇爱炫耀的剧作家兼电影编剧萨卡·圭特瑞，俄罗斯芭蕾明星谢尔盖·里法尔，以及日益吸毒成瘾的法国诗人、作家让·考克托等人的身影。

就在同一间餐厅里，乔治·曼德尔的情人，体态优美的喜剧女演员比特丽丝·布莱蒂同法国最受欢迎的女影星阿莱蒂共饮鸡尾酒，欢度美好时光。早在1935年乔治·曼德尔同那两位电影明星一起欢庆比特丽丝·布莱蒂因在法国首次传送电视广播节目而创造历史的那个夜晚。

他们全都认识西班牙画家毕加索以及他的战时情人超现实主义艺术家多拉·马尔，也认识美国著名的性解放时尚模特兼艺术摄影师李·米勒。当然没有谁不熟悉包括海明威和弗·斯科特·菲茨杰拉德在内的美国"迷惘的一代"作家。这些人都是丽兹大酒店的常客，深受前辈作家和舞台明星们的影响，后者从19世纪末起就把丽兹大酒店当成了聚会之地，当成了自己的家。

---

①　译者注：又称为蓝色海岸地区。

最后还有一代流亡的欧洲王子公主也把丽兹大酒店当成了自己在巴黎的家。而当温莎公爵夫妇在德国开始显示出敌意之际放弃了他们下榻的丽兹大酒店豪华套房时，这无疑预示着形势将要发生重大变化。1940年6月第二个星期，德军不断向巴黎推进的消息传来，大酒店里立时窃窃私语，空气紧张。是走还是留，已成为当时最迫切的问题。阿莱蒂一直摇摆不定，最终还是加入了巴黎市民的逃难队伍，往南赶去，寻找安全栖身之地。可可·香奈儿关闭了丽兹大酒店临街对面的时装店（位于康邦街），声称当时已不再适宜做生意。她实在不想在那个星期离开自己常住的丽兹大酒店客房，但是她的侍女热尔曼和珍妮姐妹俩吓得不敢继续留住首都。可可·香奈儿本人也不知道离开了佣人该怎么办。就在她准备逃难时，酒店职员为她物色的那位新司机拒绝驾驶她那辆浅灰蓝色劳斯莱斯豪车载着她穿过人群。

一位名叫安妮·杜本纳的9岁小女孩也是丽兹大酒店的常客，同她富有的法国父母和苏格兰奶奶一同钻进了一辆不太显眼的等客汽车。杜本纳一家人自20世纪20年代中期起每年都在丽兹大酒店住上几个星期。

乔治·曼德尔也准备同比特丽丝·布莱蒂和他们的小女儿克劳德一起离开巴黎。他要同法国政府一道去往南方，但是他却无法完全放弃为法国而英勇战斗。英国首相丘吉尔已经催促他前往伦敦。这位英国首相一直希望乔治·曼德尔，而不是戴高乐，担任流亡的自由法国抵抗运动领导人。一架军用飞机上也为他保留着座位。乔治·曼德尔无法容忍这个主意。"因为我是犹太人，所以我不会走。"他解释说，"否则就显得我害怕了，好像我在逃跑。"

就在乔治·曼德尔离开之前，玛丽-路易斯·丽兹找到了她的老朋友。乔治·曼德尔在丽兹大酒店深得大家的信任，毕竟在十年里绝大部分时间他们都同他生活在一起。玛丽-路易斯·丽兹遇到了棘手的问题。这位不屈不挠，讲求实际，被称为"咪咪"的女士，是位瑞士人。就如同1940年春季的美国人一样，瑞士人也没有参加希特勒发动的那场战争。瑞士曾被海明威描述为："山势陡峭的小国，地势更多是高低起伏，很少向两边伸延。"瑞士高高地坐落在阿尔卑斯山区，历来各界政府刻意保持中立立场。纳粹德军在向东开进的过程中没有侵犯骚扰瑞士。在某种意义上说，这场战事同瑞士无关。

玛丽－路易斯遇到的难题是：她和其他投资人在第三帝国统治下是否应该让丽兹大酒店继续开门迎客？她是否应该关闭巴黎市区内这个久负盛名的豪华大酒店？纳粹军队一到达巴黎，酒店大堂中就会出现德军高官。玛丽－路易斯对此心知肚明。

乔治·曼德尔身穿皱巴巴的外套，彻夜难眠且面带忧色。不过他还是非常肯定地对他那位房东太太表示没有其他的选择。如果她关闭大酒店，整个建筑都将被征用。"这样你就永远也不要回来了，丽兹夫人。"他对她这样说道。他对酒店经理汉斯·埃尔米格说得更为直截了当，"你是瑞士人，"乔治对他说，"所以立场中立，德语讲得又很棒，这在当前形势下是个有利条件。德国人一进巴黎就会占用你的酒店。不过他们会尊重这家酒店，因为你在这里，你来自中立国家。"

就这样丽兹大酒店继续开门迎客。法国政府逃离巴黎时，乔治·曼德尔随同戴高乐和一批身居要职的部长们一同去了南方。

6月12日英国报纸纷纷报道说："数百万巴黎市民想尽各种办法撤离这个城市，宁肯撇家舍业也不愿意在纳粹统治下苟活。"正当法国居民和已战败的东欧国家国际精英难民逃离巴黎的时候，美国记者团的几十名记者带着各自的报道任务和经费正在赶往巴黎，尤其是他们都想在丽兹大酒店寻找入住的豪华客房。

6月13日，星期四，这是自由巴黎的最后一天（四年多以后巴黎才重获自由）。在丽兹大酒店举行的一次值得纪念的宴会上，一去一留两类客人均轻轻地屏住呼吸片刻，一起为尚无定数的巴黎前途举杯祝愿。也许明天巴黎就会变成一片火海。

那天上午是逃离巴黎的最后机会。然而在那个6月的晚上，丽兹大酒店就像往常一样举行着宴会。宴会主人是美国作家，《生活》杂志新闻记者克莱尔·布恩·鲁斯，美国驻比利时（当时已被纳粹德军占领）前任大使休·吉布森。围坐在餐桌旁的是一些已经消失的那个世界里的达官贵人，其中有波兰流亡政府首脑，已不复存在的奥匈帝国的28岁流亡王太子奥托·冯·哈布斯堡。纳粹德国悬赏要他的人头。"当时的情景，"奥托·冯·哈布斯堡后来回忆说，"极为可怕。巴黎有三分之二被德军占领，夜空被炮火照得通明。而丽兹大酒店那里一切却一如既往：身穿燕尾服的侍者，酒水饭菜都没有变。"

当天晚上，汉斯请诸位贵客在离开之前在顾客意见簿上签字。接下来就是德国陆军元帅埃尔温·隆美尔注册登记，他要在那里掌控法国首都。

6月14日上午，最后一批逃难者在巴黎落入征服者手里之前苦苦挣扎着离开了巴黎，赶往安全的栖身之所。下午德国坦克隆隆地驶过宽阔的街道，没有遭到任何抵抗。第三帝国就这样轻取了巴黎。德军占领时期从此开始了。

来自美国密尔沃斯市的新闻记者路易斯·洛克纳在现场亲自看见了其中的一些德军到达巴黎的场面。他在发给《生活》杂志的新闻简讯中写道："我在比利时和法国北部路过许多鬼城……6月14日我在德国第一批先头部队到达巴黎之后，紧跟着也来到法国这座无与伦比的都城巴黎，只有这次亲身经历在我心中留下了不可磨灭的印象。即使我就站在那里，仍然让我感到不可思议的是这座热闹拥挤、色彩斑斓的国际大都市竟然死气沉沉。确实是死气沉沉。埃菲尔铁塔上飘扬着纳粹的万字旗。巴黎市内闻名遐迩、灿若群星的豪华大酒店纷纷消失在紧闭的百叶窗之后。"

只有丽兹大酒店除外。留下来的员工在早晨暗淡的时光中聚在一起，从收音机广播里听到宣布巴黎陷落的消息后全都痛哭流涕。接下来就开始工作。丽兹大酒店继续开门迎客，一如既往地提供质量上乘热情周到的服务。

那天路易斯·洛克纳进入首都巴黎时，有个消息传遍全城：第一批到来的德国军官正在丽兹大酒店奢华地用餐。这正和玛丽-路易斯事先预料的一样。德军上校汉斯·斯派达尔当天按着胜利菜单在丽兹大酒店享用了一顿午餐。具体菜肴包括用德国白葡萄酒炖的鲽鱼片、烤鸡（可能是法式烤鸡）、蘸着荷兰调味汁食用的芦笋，还有根据个人口味选择的当地成熟水果。这样选择具有民族特色的菜肴本身具有阴险的象征意义。

当路易斯·洛克纳和一批浑身湿漉漉、沾满污泥混在德军队伍里的美国战地记者到达丽兹大酒店寻找食宿时，餐厅已经关门了，招待得也不那么热情。"那位虚荣的经理，"路易斯回忆道，"好像中过风一样，咕哝着说他的厨房已经关门了。"那位疲惫不堪、愤愤不平的经理正是汉斯·埃尔米格。态度坚定的德军带队陆军中尉宣称这根本不碍事，他的人可以自己动手做饭。话音刚落，四位身穿小巧外套的侍者立刻出现了，从地下室里还送来一箱香槟酒。很快"就像变魔术似的，美味火腿，香醇的奶酪，可口的焙烤鸡蛋都端上了餐桌。这就是我们在第一个夜晚享用的丰盛晚餐"——在巴黎被德军占领的第一个夜晚。

在随后的日子里，巴黎确实变成了成熟可摘的果实。德军坦克很快就会在胜利欢庆活动中隆隆地驶过香榭丽舍大道，穿过凯旋门；希特勒本人也亲自到现场观看（在世时唯一一次）巴黎的游行盛景。他的日程安排中就包括旺多姆广场，那里的德军武装哨兵早已守卫在具有传奇色彩的豪华大酒店气势雄伟的前门入口。这位元首在巴黎逗留期间特意安排接见丽兹大酒店的一名常客——谢尔盖·里法尔（他是侨居巴黎的俄罗斯芭蕾明星），亲自要求他继续在巴黎从事艺术活动。毕竟这就是德国征服者最希望得到的：豪华的现代游乐场以及绝佳的巴黎生活体验。这位绝望的芭蕾明星故意睡过了头，错过了会面时间，但是他的确继续娱乐款待着德军占领者。

上述娱乐款待活动包括同巴黎市最有才华、最为知名的人士游乐宴饮，共享美好生活。对于那些腰缠万贯、漂亮英俊又肯通融合作的人士来说，德军的占领不会造成严重不便。事实上他们这些人没有任何理由不留下来享受丽兹大酒店里的奢华生活。德国政府很快就会接管市内数十座酒店和私人宅邸，用作住所和办公场所。其中包括格丽朗大酒店，乔治五世大酒店和默里斯大酒店这样一流精英大酒店。在市内诸家豪华大酒店中，只有丽兹大酒店成为巴黎市内的瑞士独立王国。

如同法国一样，巴黎市内的这处瑞士独立王国也要划分为不同的区域。建筑上的一个偶然举措使之成为可能实施的方案。20 年前在丈夫凯撒·丽兹长期疯癫、过早离开人世之后，玛丽－路易斯·丽兹对大酒店进行了扩建，把以前的两处建筑同一个长廊连在了一起。其中一处建筑是面朝旺多姆广场的一个 18 世纪小宫殿；另一处建筑是一组比较一般的建筑群，带有一个温馨悦目的大门入口，坐落在康朋沿街上。这条街从河畔往北向歌剧院方向伸延而去。那条通道将会影响到丽兹大酒店的命运，影响到在沙龙和卧室中度过德军占领期的那些房客的命运。

从柏林传来消息说，丽兹大酒店面临着两种截然不同的未来。第三帝国宣传大师约瑟夫·戈培尔有句名言称，都城巴黎应该是个娱乐开心之地，否则情况就不同了。从柏林下达的命令明确规定丽兹大酒店在被占领的巴黎市内是唯一一家同类豪华大酒店。戈培尔之所以这样强调，是因为对于德国侵略者而言巴黎同丽兹大酒店是两个无法轻易分开的都市传奇杰作。

那年夏季颁布的公文称："丽兹大酒店在征用的大酒店当中占有至高无上的特殊地位。"有关官方文件显示，旺多姆广场一侧的丽兹大酒店用作德军高官的豪华官邸，"并为德国军队占用"。"在旺多姆广场一侧丽兹大酒店入口处，内部门厅和直接通向大酒店的台阶上分别设置两名肩扛武器的德国哨兵，他们要向出入大酒店的军事将领们持枪敬礼。大酒店内部金光闪闪的沙龙和其他楼层，走廊和大厅里一律禁止所有平民百姓出入。"

希特勒手下的副司令，肥胖的帝国元帅赫尔曼·戈林很快就要入住占据整个楼层的帝王套房。随同他一起到来的还有一批德国军官，包括汉斯·斯派达尔，此人刚刚被任命为巴黎军事总督的总参谋长，肩负着确保大酒店内纳粹高官显贵之人生活平安的职责。

德国人入住丽兹大酒店客房优惠90%，平均每天只付25法郎。作为法国人民的"客人"，他们最终甚至还要把那份减价打折的账单交到占领时期新成立的法国傀儡政府维希政权官府那里去（以被占领领土南面的温泉小镇而命名）。

玛丽-路易斯·丽兹和大酒店的其他投资人不会收获任何暴利。恰恰相反，只有依靠那些德国军官不太情愿的帮助，丽兹大酒店才算在法兰西银行办理了急需的100万法郎信用额度；这是保证酒店业务继续运转的必要条件。正如汉斯·埃尔米格向巴黎司令官解释的那样，如果丽兹大酒店破产，不能按着柏林方面的命令妥善安置达官贵人和纳粹名流，阿道夫·希特勒肯定会感到不满。

如果说丽兹大酒店有一半专供德国人享乐放纵使用，俨然成为他们的私人休养会所，那么大酒店靠近康朋街一侧，以及店内的酒吧和餐厅仍然对公众开放，其服务对象包括法国和中立国公民，以及艺术家、作家、电影明星、剧作家、企业家和时装设计师等允许在丽兹大酒店内入住的精英人士。

上述精英人士当中有许多人早已是熟悉的老面孔了。阿莱蒂和可可·香奈儿不久又回到了巴黎，回到了丽兹大酒店。年轻的安妮·杜本纳以及她的父母和保罗也是这样。即使在一位反法西斯奥地利官员的帮助下，杜本纳一家仍未能从比亚利兹越过边境。他们要用一年多的时间才能从美国大使馆那里获得签证，最终逃往纽约市。

那些不熟悉的面孔本应引起德国人的警觉。来到丽兹大酒店成群的美国记者并不是唯一想要探听底细的特殊人群。从事着谍报和反谍报危险隐秘活动的特务间谍很快也混入了丽兹大酒店。毕竟在整个欧洲其他地方还找不到机会坐下来与赫尔曼·戈林同在一个房间就餐。

只有在这里，在丽兹大酒店的公用空间里，被占领的巴黎各方沉默不语的斗士在中立的伪装下汇聚在一起。至少这里的外观没有改变，仍然焕发着珠光宝气。乔茜·德尚布伦拥有贵族头衔，是法国一位主要通敌者的女儿。她在回忆当年巴黎的各次宴会情景时说道："香槟酒开怀畅饮，身穿华丽制服，打着白色领带的德国军官只讲法语。随着老朋友和德国这些新客人的到来，社交生活又得到了恢复。"在丽兹大酒店的餐厅和酒吧里夜夜如此，寻欢宴饮。

使每个人倍感吃惊的是，这些"占领者"对于保守秘密毫无兴趣。他们"很少使用一楼的私人房间。一切都发生在众目睽睽之下"。当时不允许任何一位德国军官身穿制服出现在公共场合，所有的武器都要在旺多姆广场入口前面的岗亭处接受检查。低级德国军官禁止入内。各种不正当的风流韵事和有伤风化的男女情爱层出不穷。蓄意劫掠巴黎，打算大捞一笔的艺术品经销商趁机向那些现成的德国"买家"兜售货物。战争结束前，在上面楼层的套房里甚至还会出现一两位被锁在室内的私人囚徒。巴黎陷落后仅仅过了几个星期，汉斯·埃尔米格就得以向远在瑞士的叔父汇报说丽兹大酒店同各方高官相处融洽，生活几乎又恢复正常状态。

但是在看似平静的表面背后，并非一切一直都是那么温文尔雅，那么保持中立。其实丽兹大酒店就是战争时期有利于从事谍报和抵抗活动的地方。在厨房里有些员工正在运行着一个危险的抵抗活动情报网，将各种情报秘密带出首都。还有一些员工把难民藏匿在搭建于房梁之中的密室里。那位有着一部分犹太血统的酒吧侍者把电码情报传递给抗德组织。刺杀希特勒的秘密计划就酝酿形成在丽兹大酒店内举行的一些著名的签名鸡尾酒会上。这一切都是在盖世太保鼻子底下干的，不过风险很大。并非每一个开始潜伏在那里从事底下工作的人都能够在德军占领期间活下来。

丽兹大酒店总经理克劳德·奥泽罗是其中的一位幸存者。他后来坦率地回忆说："在丽兹大酒店里虽然听不到隆隆的炮声，但是那里也在打着一场战争。"就在整个欧洲绝无仅有的这处大酒店屋檐下，一同发生着十几个惊心动魄、极具震撼力的个人忠勇与惊世背叛故事。其艰苦卓绝的斗争环境完全改变了战后法国以及战后整个欧洲的未来。1940 年春季，这些故事才刚刚开始。

到 1944 年春季随着战争即将以令人痛苦的方式结束，上述个人忠勇与惊世背叛故事全部就要高潮迭起，或令人伤心地宣告结束。有些人的不凡经历起始于旺多姆广场；他们终于踏上了重返丽兹大酒店之路，回到巴黎面对那种破碎的生活情景。战争期间，有些人在豪华大酒店里过着舒适的生活，此时则开始应对由奢华生活所带来的污点。那年夏季还有一些人面临着日益强烈、无法忍受的死亡感、恐惧感的折磨；他们最终无法回避令人痛苦的良心上的谴责，被迫正视自己残酷无情的乱作为和不作为的种种罪过。

结果是丽兹大酒店迎来了一个非同一般的时节，战争末期以及战后幸存世界的命运清晰地呈现在人们面前。这里要讲述的是发生在纳粹德军占领时期最后几个月里的故事，以及丽兹大酒店从几十年前刚开始营业时起如何注定成为那些造就了现代巴黎的各界人士汇聚之地的那段历史。

2
轰动巴黎的开业庆典
1898 年 6 月 1 日

德雷福斯冤案法庭审判

当前仅仅包含着过去；后果也已包含在前因之中。

——亨利·柏格森，出自《创造进化论》，1907

20 世纪巴黎和丽兹大酒店的历史源远流长，均肇始于 1898 年 6 月的一个温暖的雨夜。当时正值 19 世纪末尾，一场政治丑闻①为现代法国的诞生奠定了基础。那天夜晚丽兹大酒店举行了盛大的开业庆典仪式，首次开门迎客。

　　对于开业庆典仪式的东家主人——大酒店创办者玛丽－路易斯和凯撒·丽兹而言，当晚断断续续的蒙蒙细雨确实造成了一些麻烦。事先没人料到恶劣的天气是否会使到场的客人数量有所减少，而且当晚邀请的嘉宾包括巴黎社交界最为出类拔萃、最爱挑刺的人物。这些人不仅喜欢以社会精英自诩，而且还自视为精英中的精英，是上层富有杰出人士中的少数完美顶尖英才。据说当晚最优秀的厨师（丽兹大酒店另一位创办人）要亲临现场，一展上佳厨艺。这位神厨的出场秀倒也非常符合当晚的氛围。

　　旺多姆广场是一个八角形广场，坐落在巴黎极为时髦的第一区。每到潮湿的夜晚，坚硬的人行路面以及环绕旺多姆广场的破旧石砌墙面将隆隆的车轮音，嗒嗒的马蹄声和女人的尖叫声全都反射回来，听上去好像来自四面八方，犹如突然袭击，骚扰着人们的清静。

　　对于当晚一位到场的嘉宾而言，都市色彩日见明显的巴黎市内的嘈杂

---

①　译者注：此处指当时轰动一时的"德雷福斯冤案"。

喧闹之声简直无法忍受。马塞尔不喜欢噪音。事实上噪音使他感到痛苦不堪。但是那天晚上他还是来到了旺多姆广场，因为就在这个时刻，位于15号的那幢气势雄伟的建筑物已成为一个封闭古老世界的中心，6年多来他努力奋斗拼搏，一心想要融入这个世界。从21岁起他作为法律专业的大学生经常出入于巴黎那些只有知识界人士光临的文化沙龙。

马塞尔的父亲是首都一位富有的医生，荣获过法国荣誉军团勋章。这可不是一般的荣誉。他认为马塞尔之所以神经衰弱，一直受哮喘病的困扰，原因是他患有一种当时正迅速成为现代病的疾病。1897年10月的秋季，他父亲与一位同事合作出版了一本研究那种疾病——神经衰弱症的大部头科学专著。

至少马塞尔会高兴地知道他患有前沿现代病的原因是他具有敏感的贵族气质，而且又受到正在重塑欧洲和北美社会面貌的国际大都市快速变化的侵扰，这使他倍感紧张焦虑。他的父亲认为，上层社会人士更多地运用脑力而不是体力，所以他们自然容易患上这类只限于特定人群的神经衰弱症。这种情况对于一个一心向上爬的年轻人来说总是具有一定的吸引力。

毫无疑问，马塞尔也不会欣喜地了解到除了他对噪音异常敏感，又患有哮喘病而且长期失眠外，他那种时髦病的其他症状还包括反常的恐惧感，极为缺乏自我意志，以及严重的手淫倾向。这位医生强调说，唯一的治疗措施就是完全回避狂热的巴黎上流社会，因为它已使年轻的马塞尔堕落成为花花公子和败家子。但是回避法国都城的上流社会生活需要有很强的意志力，而马塞尔却并不具备这种意志力。因此他又很开心地率性而为，不去理睬父亲给他开出的这个乏味的治病良方。

于是，1898年6月1日晚，马塞尔穿上了很显眼的时髦服装——那是他作为花花公子的个人突出标志，然后又同数百名19世纪末最有影响的引领时尚潮流者混在一起。

马塞尔不是贵族，只是具有贵族气质。他的父亲很有才华，也很富有。然而伯爵和伯爵夫人的世界对马塞尔却具有一种奇怪的强大吸引力，使他破费颇多。他父亲提醒过他，但是收效甚微。多年来他只想进入那个只限于少数人的上层社交圈。那是 19 世纪 80 年代和 90 年代的巴黎唯一重要的社交圈。

后来他终于在这个奇异的旧世界里找到了落脚之处，全靠一些贵族恩主提携帮忙。这些恩主有男有女，以男士居多。马塞尔通过写一些阿谀谄媚的诗作，令人尴尬地表示忠诚等方式结交了这些恩主。不过他仍然处在这个社交圈的外围。那些当面自称是他新朋友的人背地里却嘲笑他，称他是"小马屁精""粗俗的小家伙""在中产阶级平民礼法上表现粗鲁"。这意味着像这样的夜晚从来都是下了很大赌注的试镜表演。另外，他与最重要的恩主罗伯特·德·孟德斯鸠伯爵之间的关系正在严重恶化，其原因同当时正在影响法国社会的一桩丑闻有关。[①]

巴黎上层社会当时正处于内战的边缘，已无挽回的可能。那场内战几十年后在德军占领巴黎前夕仍以不同方式延续着。有人说法国一直没有从那场内战所造成的破坏中恢复过来。那天夜晚就要决定哪一派会在那场文化战争中将丽兹大酒店占据为非正式的大本营。

丽兹大酒店正式开业是 1898 年 6 月轰动巴黎社会的一件大事。《费加罗报》那天上午报道说："每个人都在谈论今天正式开张营业的丽兹大酒店。"然而那一小小的新闻栏目似乎被挤在了有关影响法国的那场大争论的众多新闻报道当中，毫不起眼。那桩丑闻就是德雷福斯冤案，在国内朝野引起极大震动，在法国贵族和政府上层光鲜社会与国内最伟大的作家和思想家、艺术家之间产生了隔阂，也使贵族阶层本身产生了分裂。一方面是遵循传统的贵族人士，他们继承的财富和特权成为 19 世纪 80 年代、90 年代以及 21 世纪第一个十年里战前法国黄金时代的缩影。另一方面是艺术家和知识分子，他们支持国家拥有崭新的未来，尽管前途未卜。

当时马塞尔必须做出最终选择，是继续充当镀金旧时代的花花公子，

---

① 译者注：即下文提到的德雷福斯冤案。

还是做一名艺术家，致力于冲破僵化文化的界限，拥抱令人激动兴奋的现代潮流。那个星期里发生的丑闻没有给走中间道路留下任何余地。

占据统治地位的精英阶层认为，那桩丑闻本不应该成为丑闻。1894年军方发现有人给设在巴黎的德国大使馆递送秘密情报。这是一种卖国行为，必须将罪犯绳之以法。因为急于要找出一个千夫所指的替罪羊，法庭指控一位名叫德雷福斯的年轻炮兵军官犯下了这宗卖国罪。他们选择他充当替罪羊原因很简单：因为他是犹太人。

本来事情可以结束了，但是1896年还有证据表明阿尔弗勒德·德雷福斯是清白无辜的。于是传令展开第二次调查。当时一些高官和政府决心证明他们指控的就是罪犯本人，要把他残暴地单独关押在魔鬼岛上的单人监狱里。他们找到了解决难题的新花样：捏造罪证，利用巴黎文化中根深蒂固的偏见煽动反犹太人热潮。

1898年德雷福斯冤案最终到了令人遗憾的不幸时刻。那年冬季，有消息说发现了新证据却被一些人暗地里掩盖起来。于是法国文学界和知识分子同贵族阶级分道扬镳，坚决支持阿尔弗勒德·德雷福斯。在丽兹大酒店举行盛大开业庆典活动的6月1日夜晚，整个法国都在密切关注着德雷福斯冤案结果。

那年冬季，马塞尔目睹了巴黎文化沙龙中的戏剧性局面不断升级的情况。19世纪90年代的巴黎是一座私人沙龙遍地开花的城市。首都精英们聚集在时髦女士的家里高谈阔论各种思想，对政治走向施加影响。这样的沙龙曾经是马塞尔跻身上流社会的跳板。罗伯特·德·孟德斯鸠为马塞尔打开了大门，功不可没。但是两人之间的关系最近却变得岌岌可危。

德·孟德斯鸠伯爵和马塞尔出席所有相同的沙龙。这样的沙龙数量很多。在阿曼·德卡莱维特夫人周三晚上举行的沙龙上，她那位文学界情人，小说家阿托尔·法兰西非常引人注目。马塞尔在现场非常入迷地听着女演员萨拉·伯恩哈特和伯爵展开的激烈辩论。

巴黎所有那些喜欢对别人品头论足的人士都在背后嘀咕，说伯恩哈特是丽兹大酒店生意上的合伙人，是具有传奇色彩的名厨奥古斯特·埃斯科菲交往已久的情人。每逢她过生日，这对情侣都要在私下里庆祝一番，由神厨亲自下厨烹制生日美食。他们早在各自名扬世界成为公众瞩目人物之前就已经交往，到那时已近 20 年了。制作美食是奥古斯特·埃斯科菲的专长，但是那位"神女萨拉"更使他激情迸发，倾注大爱。萨拉·伯恩哈特对德雷福斯一案抱有很大的热情，这在决定丽兹大酒店的未来方面将发挥出很大的作用。

马塞尔和伯爵还经常在巴黎市其他沙龙上露面。很有权势却比较肤浅的波达尔斯伯爵夫人梅兰妮女士举办的沙龙排外性最强，可是马塞尔私下里更喜欢他的朋友女恩主吉妮维芙·斯特劳斯女士举办的热情友好的沙龙，罗伯特·德·孟德斯鸠经常带着他的堂妹格雷菲勒伯爵夫人出席这个沙龙。马塞尔正是在这个沙龙里遇到了大胆泼辣的德格雷女士。她的丈夫是巴黎丽兹大酒店项目重要投资人之一。

前一年秋季正是在斯特劳斯夫人沙龙里一次热烈的谈话中，德雷福斯冤案在巴黎上流社会这个小小的社交圈里再次引发了人们的议论。1897 年 10 月，吉妮维芙·斯特劳斯夫人的一位老朋友，律师兼政治家约瑟夫·雷纳克草率地宣称他知道谁是这桩卖国丑闻的真正罪人。不是阿尔弗勒德·德雷福斯。是一位少校，其贵族姓氏埃斯特哈齐将他同匈牙利的一个贵族之家联系在一起。反犹太主义印象派画家埃德加·德加盛怒之下冲出人群，一走了之。而巴黎艺术界和知识界的其他人士则留下来继续倾听约瑟夫·雷纳克的讲述。

其中有一位人士很快就相信法国政府诬陷了清白无辜的人。这位人士是法国当时在世的最伟大作家，吉妮维芙·斯特劳斯夫人家中另一位常客——爱弥尔·左拉。1898 年 1 月 13 日，左拉在巴黎报纸《曙光报》上发表了史上最有影响的致总统的公开信。这封信一开头就大胆地写道"我控诉"。作家本人认为这封信肯定会使他背上诽谤的罪名。而这正是他写信的本意。

第二天报纸刊登了一篇抗议书。这篇抗议书最终被称为"知识分子宣言",热烈表达了对左拉勇敢行为的支持,要求调查德雷福斯一案。也就是从这一时刻起,法语的"知识分子"一词作为表达政治良心的一个概念第一次引起公众的极大关注。

马塞尔·普鲁斯特是一位有抱负的作家,当时正在创作他的第一部长篇小说。同阿曼夫人和劳斯莱斯夫人一样,左拉也有犹太人家庭背景。在发表于1898年1月14日那天的一封信里,他把自己的名字也加进3000名签名者当中。这种反叛社会的行为并没有使伯爵感到开心。马塞尔温和地对罗伯特·德·孟德斯鸠解释说,只是在是否支持法国社会这种根深蒂固的反犹主义立场问题上,"我们的想法确实有分歧,"马塞尔继续说道,"在这个问题上我的观点别无选择。"因为他母亲是犹太人。

1898年5月最后一个星期,巴黎精英阶层原本明显的紧张情绪突然之间变得更加强烈了。5月23日那天,就在丽兹大酒店开业前一个星期,左拉——对他的诽谤指控申诉后被推翻——在巴黎城外凡尔赛宫内的一个法庭内再次受审。马塞尔也再次表现出反叛的姿态,每天早晨带上咖啡和三明治在公共露台上听取证词。他受过法律专业训练,又怎能对此案不感兴趣呢?

此案要审上好几个星期。毫无疑问,只要有人聚在一起基本上都要议论此案。审问爱弥尔·左拉使公众群情激昂,彬彬有礼的中立态度和思想开明的宽容姿态迅速演变为如疾风骤雨般的激烈冲突。那年夏季德雷福斯冤案是法国文化的一个转折点,也是马塞尔最重要交情的转折点,无论他怎样千方百计避免冷酷无情的分手绝交都无济于事。

那天晚上马塞尔走过的大门强烈地象征着法国有多少事物正在发生变化,象征着法国贵族为何如此焦虑不安、沉不住气。旺多姆广场15号数百年来曾经一直是王公贵族的私宅。它始建于18世纪初期，用巴黎建筑行业的话来说就是一家别具特色的大酒店，坐落在旺多姆公爵文艺复兴风格的宫殿旧址上。四层高的建筑物正面环绕着卷入丑闻中的法国司法部。

在广场的石门后面，在从广场中心向外伸延的小街小巷里面，仍然居住着一些老年贵族，其中就有卡斯蒂尼奥那伯爵夫人维吉尼亚·奥尔德尼女士。这位年老色衰的美人被称为"旺多姆广场的疯女人"，曾经是法国末代皇帝拿破仑的情妇。同那个皇家世界有关联的人物正在迅速消失，她本人也患有一种致命疾病，第二年秋季便一命呜呼。罗伯特·德·孟德斯鸠决意为她写一部传记。

眼前旺多姆广场15号那个小宫殿经过重新装修布置之后开门迎客。受邀宾客当中包括一些与以往不同的新一代精英，他们正在挑战古老的贵族霸主地位。他们的声望来自于改良维新，来自于拥护一种朝着全新方向迅速发展的文化潮流。

当天夜晚，马塞尔的个人前途和丽兹大酒店的前途都将朝着同一方向迈出重要一步。多年来他一直求宠于同一代年轻的贵族花花公子，求宠于唯美主义者和伯爵那样的保守颓废人士。他们把奥斯卡·王尔德奉为楷模，一心要成为已经开始衰败的上流社会中的美男子。马塞尔则想成为他们当中的一员，但他开始意识到这是徒劳无益的。艺术家、知识分子以及改良维新派正在力图驾驭掌控即将来临的20世纪发展潮流。他的命运掌控在这些人的手里。

自从丽兹大酒店开门迎客那一刻起，它就成为那个新世界的领地，即使无人曾经这样策划过。丽兹大酒店就要成为德雷福斯的支持者和艺术支持者们经常光顾的地方，其常客还包括一些在19世纪末期就已经放眼新天地的人士。当然并非所有的酒店员工都对此表示欢迎。甚至丽兹大酒店那位最有影响力的东家主人也无法左右各种时尚冲动，无法阻挡整个欧洲已经兴起的变革潮流。

丽兹大酒店从举行开业庆典活动那一刻起，就将成为现代潮流的使者，成为那个时代的新潮中心以及接下来 30 年间巴黎一切令人陶醉，奇妙新颖的事物的中心。它将成为 20 世纪巴黎传奇的有力见证。正因为有了它，才使得饥肠辘辘的大学生、艺术家和梦想家们仍然觉得巴黎是一个可以使人精神陶醉的地方。

从 1898 年起，丽兹大酒店已经成为现代部落的家园和聚会之地。这一现代部落的成员包括艺术家、知识分子、电影明星、舞蹈演员、电影导演、前卫设计师、摄影师、雕塑家以及即将来临的 20 世纪的一些古怪而浮夸的作家。丽兹大酒店也成为新世界所有无家可归者当中最为失落者的首选栖身之地。这些人包括从古老贵族圈里被驱逐的人士，焦躁不安、富有创造力有时又极为疯狂的女伯爵，被历史贬为无国无家流亡者的王子公主，以及那些为了心爱的女人而放弃江山王位、浪漫失职的国王（几十年以后，丽兹大酒店也成为刚离婚不久的威尔士王妃及其情人的最后逃难之处，不值得大惊小怪）。

丽兹大酒店也很快成为潮水般涌到巴黎来的美国人的指路明灯，成为来自一开始就已现代化的国际大都市那些新富和特使们临时的落脚之处。古老的巴黎贵族大部分人就像他们瞧不起犹太人那样，同样也瞧不起这些初来乍到的新人。

也许巴黎注定要成为上述那些当代新名流和新的上流社会人士的娱乐场所。建筑界有一句老生常谈，即设计创造文化。丽兹大酒店的设计带有前瞻性特点，给人一种创新感新奇感。事实上那正是"美好时代"的颓废之士奥斯卡·王尔德决意藐视的特点。

丽兹大酒店创始人凯撒·丽兹亲自策划了酒店的建筑布局。他是瑞士农民的儿子，从一名年轻的侍者一直做到酒店经理，做到酒店合伙经营人。当年在伦敦萨沃伊大酒店他便同奥古斯特·埃斯科菲一起重新确定了富人对豪华大酒店的看法。1898 年春季，他达到了个人职业生涯的顶峰，接连开办了数家大酒店。

丽兹大酒店体现了凯撒·丽兹本人对豪华大酒店的独到理解：这是一家宫殿式大酒店，旨在使皇亲国戚来巴黎短期游览期间住得舒适，有一种宾至如归的感觉。这家大酒店有一个特点闻名遐迩：里面不设门厅。此举旨在禁止外来闲人出于窥探他人隐私的目的藏身在门厅里面。与此举一样，其他一整套决策都是为了使客人在这家宫殿式大酒店里住得舒适亲切，隐私不受侵扰。

凡是被接纳进这个奇妙小天地的人士还需要有机会展示自己。这一点颇得上流社会的首肯，因为在上流社会很多上升机遇取决于视觉印象和个人表现。因此大酒店里设有一个大型楼梯，女士们身着华丽的服装在众目睽睽之下款步走下楼梯，在热烈的气氛中走向延伸台道入口。就在巴黎不断推出现代时尚的时刻，丽兹大酒店建在了巴黎时装新区的中心地带，这绝非偶然。销售名牌商品和奢侈品的商店簇拥在旺多姆广场以及广场以西圣·奥诺雷街道两边。从旺多姆广场向四外延伸的狭小街道和康朋街上分布着制帽商行、布店、英国茶店，以及很有发展前途的年轻设计师作坊。

丽兹大酒店虽然是宫殿式酒店，但是绝无任何沉闷老朽之感，反倒美不胜收，生活便利。家具为古典样式，价格昂贵，颇有法国王室气派。但是所有房间均被设计成现代风格。由于凯撒·丽兹担心肺炎和霍乱会在房客中间传播（这种担心并非毫无道理），所有客房打扫得一尘不染，非常卫生。易于沉积灰尘、聚集病菌的厚重地毯和帷幕从不使用。卧室里配备了新家具新设施，比如壁橱以及安有管道的私人浴室。为了体现瑞士人对精确性的天生钟爱，在每个房间墙壁上都安了一个小巧铜钟，走时非常准确。

奥斯卡·王尔德曾经满腹牢骚地（并不完全有道理）抱怨说，电梯开得太快，每个房间"灯光刺眼丑陋，足以损坏眼睛，也没有方便床前阅读的蜡烛或台灯。有谁需要在房间里摆上一个不能移动的洗脸盆呢？反正我不需要。把它藏起来吧。我还是喜欢需要水时按一下门铃。"1898 年配有室内管道系统的浴室洗脸池还是一个新鲜事物。在后来的岁月里，战争屠杀了一代又一代年轻人，雇佣女性的职业也成为新生事物；只有真正的富人才雇得起用人为自己打水。

也许奥斯卡·王尔德看不上现代管道系统，但是早期的美国房客却赞美丽兹大酒店是新式豪华大酒店的登峰造极之作。"它周围的环境很漂亮"，一名叫伊丽莎白·威廉的女士写道：

> 有些侧面的客房面对司法部的花园，非常安静，非常通风……那里的景色看上去不如从窗户朝向旺多姆广场的客房里看到的景色那么赏心悦目……这家大酒店非常现代化。所有的家具陈设都非常清洁卫生。

患有哮喘病的马塞尔对此完全赞同。

奥古斯特·埃斯科菲从厨房里实现了巴黎餐饮的现代化。在德格雷女士的帮助下，他此前早已推广普及了正式茶点，使之成为一种时尚，为女士们在伦敦公开场合下用餐时所接受。他打算在法国首都重演这一幕。众所周知，埃斯科菲发明了现代餐饮，推广普及了分道派菜的"俄式服务"。在那之前几代人的时间里，法国王室成员围坐在嘎吱作响的餐具架旁享用美味佳肴。在餐厅用餐方面埃斯科菲发明了固定价格菜单，还创制了几样以他的"女神"萨拉命名的菜肴。

从举行盛大开业庆典那天夜晚起，丽兹大酒店的命运就已经定型了。马塞尔也无法再拖延做出自己的最后决定了。

在丽兹大酒店宽敞的门道里，随着旺多姆广场的各种声音在他的身边渐渐消退，马塞尔感到自己的外套被人轻轻拉扯了一下。他当时反应不够快，没能及时地阻止搬运工。

这种事情往往使他非常苦恼。他喜欢穿着外套。别人也看出这是他的一个特点。

在短小精悍的男领班带领下，马塞尔走进了一间大厅。迎面传来的气氛热烈的谈话声使他不由自主地退缩了一下。

任何一位敏锐的社会观察者只要环视一下室内就能看出丽兹大酒店的未来何在。在沙龙的一侧站着对艺术痴迷的中东石油巨头卡鲁斯特·吉尔木齐亚，正在达成什么新的协议。不远处是流亡的俄罗斯大公迈克尔·米哈易洛维奇和那位使他在既不合法也不门当户对的婚姻中放弃帝国江山的女人——托比伯爵夫人。她是俄罗斯诗人亚历山大·普希金的孙女，亦非等闲之辈。

马塞尔在此可以看到沙龙交际圈中的一些熟悉面孔。另外还可以看到巴黎市的一些最抢手的高等交际花的熟悉面孔。疯狂牧羊女剧院的舞蹈明星利亚娜·德普齐也在场。有人窃窃私语，说是她的西班牙主要竞争对手，在巴黎素有"美人"之称的卡罗莱纳·奥德罗也来了。卡罗莱纳·奥德罗与萨拉·伯恩哈特共有一个情人——意大利诗人、剧作家加布里埃尔·邓南遮。当时在巴黎人们多能平静地接受职业情人和勾搭连环的多角关系。

也许马塞尔可能在某处引起罗伯特·德·孟德斯鸠的注意。谁也无法确切地知道在哪里能和那位反复无常的伯爵站在一起。但是马塞尔却有理由感到焦虑不安。自从发生德雷福斯冤案以后，他们两人之间的往来书信开始带有一种不满情绪。一个冷冰冰的神色足以表示一种警告。

波达尔斯伯爵夫人梅兰妮也在那里，显得高傲，甚至有些老气横秋，尽管她还年轻。但是没有谁不认识她。在一个不断变化的世界里，她显得格格不入，超然离群。

她容貌美丽，是位社交女皇。马塞尔曾经注意过她那双褐色的眼睛在一定光照条件下甚至可以变暗，呈现出紫色。眼睛是他特别关注的人体部位。他那种专注的观察目光常常使人感到紧张不安。无可否认，马塞尔被这位伯爵夫人迷住了。在马塞尔就要闯入的那个旧贵族世界里，她可是完美典范。

那双游移不定的眼睛冷漠地打量那个世界。如果那双眼睛对他视而不见，只能引起一阵小小的痛苦。那天晚上他在眼前看到一个时代开始慢慢地消逝——"美好时期"已经在衰落。后来，一想到那个时代，他就会想像达波尔斯伯爵夫人那样在未出生前就已死去。她们生活在一个对她封闭的世界——甚至对她们自己也已封闭的世界里。任何真正颓废的时刻其最根本的一点就是：已经意识到一个时代正悄悄地远离我们而去，无可挽回，即使还在其如日中天的辉煌时候。

马塞尔清楚地知道他和伯爵以及伯爵夫人之间的界限既简单明了，又不可逾越。"我确实常说与时俱进，可是当一个人被称为'圣卢普侯爵'时，他就不是支持德雷福斯的人；我还能说什么呢。"王尔德后来这样写道。对于处在马塞尔的处境中的人来说，支持德雷福斯就是犯了最大的叛国罪。这就是他们的看法。"站在德雷福斯一边，……反对曾经接受过他的社会"，马塞尔知道，在他们看来这样的人已经做出了平民的决定。

人们完全可以用"现代"这个词同"德雷福斯"这个词互换，内涵不变。

当天夜晚，在丽兹大酒店那间气势恢宏的餐厅里，玫瑰色的灯光与软和的灯罩衬托照耀着一张摆满丰盛美食的餐桌。6 月的空气中弥漫着馥郁的百花芳香。被马塞尔想象成飘忽不定的灯光却另外有一个来源——德雷福斯冤案将使之最终熄灭。随着丽兹大酒店隆重开业，他在地平线上看到新的景象正在冉冉地浮现出来。

在 19 世纪结束之前，丽兹大酒店将成为新世界的家园，成为 20 世纪新法国的家园，它也将成为一个全新名流荟萃的世界。在这个新世界里，非法的咖啡馆舞者可以改写全球时尚的历史；来自美国的中产阶级女郎可以成为新的公爵夫人，风尘女子也可以成为王妃。在这个新世界里，犹太青年可以改变文学界的面貌。但是新世界的诞生也将充满可怕的痛苦，人类为它所付出的代价时至今日仍然让我们感到极其震惊。

当天夜晚，波达尔斯伯爵夫人悄悄地离开了，离开了大小明星一齐闪烁的这个名流世界。马塞尔目睹那两个即将碰撞的世界面对面时的情景；一个正在形成，而另一个正在消亡。这一事实深深地铭刻在他的记忆里。他要想方设法记住那个失落的世界，以及与之相伴的各种气味和声音。在德雷福斯冤案的最后阶段，马塞尔最终要做出自己的抉择。

很快他就要一页一页地写出他开始构思成形的那部长篇小说。他心里明白，他将成为一位作家和知识分子。他的那部长篇小说将采用多种叙事形式，其创作道路曲折而漫长，也许要花费几十年的时间。他要在那部长篇小说中纪念 1898 年的巴黎时光，当时两种文化在黑暗中展开着较量。他要把那部长篇小说的故事背景设置在他本人所处的时代，当时整个法国被德雷福斯冤案和一位敢于揭露事实真相不畏权贵的老年作家搅得天翻地覆。

马塞尔要把波达尔斯和萨拉·伯恩哈特、罗伯特·德·孟德斯鸠和阿曼夫人，甚至还有丽兹大酒店的一些员工都写进他的那部长篇小说当中。

在未来几十年间他要不停地写作那部长篇小说，他的健康状况越来越差，经常离群索居。他居住的那些房间装有软隔音材料，能解除侵扰他的各种市内噪音。那部长篇小说将成为有史以来最伟大的同类作品。当时许多人会这样说，现在仍然有许多人这样说。他要把自己所写的那部追寻逝去的时光，追寻这一逝去的时刻的史诗般作品冠名为《追忆似水年华》。故事背景设置在 1898 年春季的法国，设置在丽兹大酒店首次开张迎客的那些日子里。

马塞尔·普鲁斯特（后来有人称他为大酒店的丽兹·普鲁斯特）将成为一个比行将去世的那一代人中的任何一位更具有传奇色彩的名字。只有爱弥尔·左拉在名望方面可以同他相提并论。丽兹大酒店将成为他名副其实的家园。与此同时，他同那些在未来岁月里聚集在旺多姆周围，才华横溢却有着致命缺陷的其他人士共同书写着 20 世纪巴黎传奇的崭新历史。

那是一段令人心酸的历史，战争的阴影每每挥之不去。

3

旺多姆广场上空的激烈空战

1917 年 7 月 27 日

路易莎·卡萨蒂侯爵夫人

在巴黎每一个人都想成为演员；无人满足于只当观众。

——让·考克托

1917 年夏季，德国人正在轰炸巴黎。经过近 6 个月的间隙之后，德军空袭再次成为法国首都夜生活的一个常态特征。

　　然而，你不能不佩服大酒店领班奥利维尔·达贝斯卡特以处惊不乱的气度，从容地穿行在丽兹大酒店的各个房间之中。奥利维尔知道权柄所在，知道如何默不作声地操纵权柄。让·考克托对于这一点看得很清楚。奥利维尔运用权力并以此为乐的样子，颇有几分阴险之嫌。

　　1917 年 7 月 27 日夜里 11 点以后，罗马尼亚公主的豪华套房里举行的晚宴没有任何早点结束的迹象。好几个月以来，她一直在举行这样的豪华晚宴，大多情况下一直到第二天凌晨才告结束。

　　考克托强忍住一个哈欠，既感到开心，又感到扫兴。感到开心，是因为这场晚宴可以轻而易举作为一出浪漫喜剧搬到沃德维尔剧院去上演；感到扫兴，是因为如果他以前不是多次看过这种表演，这出浪漫喜剧就可以演得更加妙趣横生。马塞尔·普鲁斯特和那位短小精悍的法国外交官在房间的另一边不遗余力地追逐着同一位女人：38 岁的罗马尼亚公主海伦·克里索维洛尼·苏卓。她就是他们的晚宴女主人。

　　那是莫兰德的错。是他在数月前把这位双性恋作家引荐给了罗马尼亚公主。现在这位外交官装作不在意情场竞争，但是朋友们却真真切切地注意到他在描述马塞尔·普鲁斯特同公主第一次见面时的语气有些酸楚的意味。那简直是一种目瞪口呆、立时坠入情网般的痴迷陶醉。"作家仔细打量着她那黑色披肩和白鼬毛皮制作的手筒，就像一位昆虫学家陶醉于萤火虫翅膀的翅脉一样。与此同时，侍者们则围着他团团转。"保罗·莫兰德有些恼火的回忆道。这种邂逅使考克托感到颇有荒诞的意味。

荒诞是当时的流行时尚。那一年巴黎兴起了一个新的艺术运动。法国作家纪尧姆·阿波利奈尔在那年春季推出的新编芭蕾舞剧《蒂雷西亚的乳房》中，给这部舞剧赋予了一个名称：超现实主义。从那以后整个艺术界便狂热的追捧这样的新作品：采用奇异的蒙太奇手法，带有强烈的噩梦般幻想特点，真实世界的疆域在其重压之下纷纷崩溃。有关阵地战重新开打，攻击中采用毒气，以及食品实行定额配给制的消息不断传到巴黎，要想条理清晰地理解任何事物都变得日益艰难。超现实主义的确道出了人类面临的现代境遇。

超现实主义与舞台当天晚上使那个朋友圈内的人士聚集在了一起。艺术家、作家和社交界知名赞助人共同组成了那种附庸风雅的人群，他们把丽兹大酒店称为自其开业以来他们在巴黎区域的一个中心地标。自从德雷福斯冤案事发之日起，丽兹大酒店同这些富有的国际先锋人物之间的联系变得更加密切了。那年春季，让·考克托在帕布洛·毕加索和阿波利奈尔在他们参与打造的实验芭蕾舞剧《游行》的首场演出中，第一次遇到很有教养，天性好奇的保罗·莫兰德。当时让·考克托已经陷入对毕加索这位著名画家的浪漫迷恋当中①。使他感到扫兴的是，他只不过是单相思而已。毕加索在马德里正在筹划同俄罗斯芭蕾舞演员欧嘉·科克洛娃的那场不幸的婚姻。

自1898年起，丽兹大酒店也一直是德雷福斯支持者们喜欢聚会的地方。这些人当中既有实验艺术家，头戴贝雷帽的知识分子，也有背弃法国

---

① 译者注：让·考克托一直公开承认自己是同性恋。

古老文化拥护先锋派文化的变节贵族。德雷福斯的支持者们又常常进一步成为现代派，超现实主义和存在主义画家作家。保罗·莫兰德的父亲曾经是一位德雷福斯支持者。不过每个人都出于礼貌，装作不知道他也曾拒绝他的儿子把犹太客人带到家里。那天晚上，博蒙特伯爵夫妇也出现在罗马尼亚公主的套房里。他们是先锋派文化富有而慷慨的赞助人，因举办奢侈铺张的化妆舞会，支持有创新精神的艺术家而在首都巴黎名声大噪。长毛绒椅子上坐着上了年纪的马拉特公主和马塞尔的老朋友约瑟夫·雷纳克；此人是位犹太新闻记者，在丽兹大酒店首次开张迎客的那年春季引发了吉妮维芙·斯特劳斯沙龙里有关德雷福斯冤案的争论。

当马塞尔思考着自己对苏卓公主炽烈的爱时，他说"她是唯一一位使我魂不守舍的女人，这可是我的不幸。"实际他明白，最吸引他的是对她那种坚定不移的政治信念。"这个女人和她敏锐的政治意识留给我深刻的印象，这是一种既使我恐惧，又使我着迷的独特魅力。她身上总有一些神奇之处，尤其是她那钢铁般的意志。"她的政治追求热烈而且工于心计，然而并非一直具有原则性。

1917 年第一次世界大战从各个方面影响着居住在巴黎的人们。甚至连丽兹大酒店的餐饮服务有时也因配给制度、原料短缺等缘故受到限制。不过马塞尔和苏卓公主并未受到影响。奥利维亚·达贝斯卡特通过黑市渠道并以很高的黑市价格为马塞尔买到了他所要的一切。当这位作家在闲暇之时想要吃一些平时喜爱的佐茶饼干时，奥利维亚为他弄到了很多。马塞尔笑着对斯特劳斯说，足够"30 年"囚禁生活吃的。当天夜晚，他们在一起又喝香槟又吃龙虾，而首都此时则到处是一片饥馑景象。

总的来说，在上述情况下最好是尽可能不去关注战争。这是默认的社会惯例。所以，人们谈论艺术、旅行和各种丑闻，绝口不提战场和军队的事情。但是完全回避战争这个话题也不容易。那个星期首都的一个军事特别法庭把荷兰籍交际花、舞女马嘉雷莎·泽丽判处了死刑，一时成为整个巴黎议论的话题。这位荷兰籍舞女为德国人充当间谍，在世界间谍史上另有一个响当当的名字："玛塔·哈丽"①。

人们在谈话时还可以轻松的语气，谈到考克托在春季同毕加索和俄罗斯芭蕾舞团首席编舞谢尔盖·佳吉列夫游览意大利的经历。那年春季，三位男士在坐落于大运河畔的著名私人府邸里，拜访了丽兹大酒店最为古怪的一个老常客路易莎·卡萨蒂侯爵夫人。她曾经作为一位具有舞台魅力的名人出现在俄罗斯芭蕾舞团当中。她同佳吉列夫相识已有七八年了。那年春季，她着实把考克托和毕加索给迷住了。她毕竟是超现实主义的人物，一心要成为当代艺术精神活生生的化身。

在战前那些年，路易莎·卡萨蒂就住在丽兹大酒店，当时她可是轰动一时的社交人物。这位侯爵夫人真是人见人爱，尤其是当天晚上。她以酷爱巫术、超自然力量和降灵说名噪遐迩。当天晚上，苏卓公主特邀一位灵界催眠师为大家发功助兴。

考克托如有兴趣的话，就可以讲一讲侯爵夫人在私人府邸里举行的豪华宴会让大家开心。亲眼观看路易莎的表演（因为没有别的合适词语可用），考克托承认，是唯一一次他看到让毕加索大吃一惊的场合。卡萨蒂穿着一身惊世骇俗的怪诞服装在自己的府邸里迎接了他们。她穿着的服装通常由先锋派芭蕾舞团设计师莱昂·巴克斯特亲自设计制作。有时她穿着领口一直开到肚脐的前卫时装。有时她只穿一身皮毛服装，手执镶有珠宝外壳的链子，在威尼斯午夜的大街上遛着她那几只宠物猎豹，招摇过市，立时引来一些深夜狂欢作乐者的齐声喝彩。

这位侯爵夫人脖子上缠着一条染成金色、通过喂药整治得服服帖帖的蛇，权当一条活的项链；她还不惜冒险用有毒的颠茄剂滴进眼内，使瞳孔放得老大——她要的就是一种半人半妖的观赏效果。她把头发染成火焰的

---

① 译者注：意为"马来人的太阳"。

颜色，用黑色眼睑粉画出极其生动的眼影。那几位赤身裸体的男仆，也像她饲养的所有动物一样，被染成黄色；他们默不作声地把铜屑撒进火中，好让火里燃出蓝色、绿色和地狱般的火焰。客人们则在一旁吸着鸦片。在他们周围，一些神秘仪式，还有侯爵夫人和她那位放荡的意大利诗人加布里埃尔·邓南遮公开赏玩的施虐受虐狂之乐，在夜晚的背景中渐渐展开着，上演着。

在旺多姆广场这里，他们全都目睹了相同的表演，只不过规模略小一些。奥利维亚把一切都告诉了马塞尔·普鲁斯特，生动地讲述了三年前在1914年，即第一次世界大战爆发前的那个星期，一天下午在丽兹大酒店里发生过的一幕往事。

那些年里，路易莎·卡萨蒂把她在丽兹大酒店居住的套房变成了一个精美的舞台场所。她那种大胆泼辣的时尚成为聚集在旺多姆广场的那些年轻设计师的灵感源泉，其中包括一个名叫可可·香奈儿的年轻女士。不久前，她搬入了丽兹大酒店后门对面侧街一个不起眼的店铺里。

在侯爵夫人的豪华套房里，签名的法国沙发和精美的扶手座椅都是玛丽－路易斯·丽兹以注重细节的眼光精心挑选的。上面很快就盖上了动物毛皮。然而在每个人的记忆中那些动物都是活的。侯爵夫人在居住的丽兹大酒店豪华套房里饲养着半驯化的宠物猎豹和（不时地使酒店客人感到毛骨悚然的）爱好自由行动的王蛇。奥利维亚颇为耐心地用活兔子来喂那只王蛇。

她为自己赢得了"大酒店的美杜莎"的名头[①]，并不仅仅因为她嗜好养蛇。就像希腊神话中的戈尔贡女妖一样，她可以变得十分可怕，尤其在她大发雷霆的时候。这在酒店员工当中早已传为"佳话"。若是服务当中稍有耽搁或稍有差错，她就会把珠宝首饰立即扔到窗外旺多姆广场上，然

---

① 译者注：美杜莎是希腊神话中的蛇发妖女。

后打发慌张的员工出去把珠宝首饰找回来。她的时间安排随意难测，声名狼藉。

1914 年 8 月 4 日下午晚些时候，路易莎·卡萨蒂心血来潮，想要份早餐。她按下门铃，可是没人跑来。于是这位侯爵夫人来到走廊里，逮住一位倒霉的员工让他处理此事。大厅里莫名其妙地空无一人。开电梯的服务员也逃离了岗位。运行速度曾使奥斯卡·王尔德感到惊慌的电梯镀金梯箱也停在那里就是不动，谁也拿它没办法。侯爵夫人不禁勃然大怒。

其实她有所不知，德国已经对法国宣战。那天上午，比利时遭到入侵。德军正在气势汹汹地扑来，欲要占领欧洲最让他们朝思暮想的华都——巴黎。

1914 年那天下午，当侯爵夫人走下那段宽大的楼梯时，她所看到的世界已经陷入一片混乱。奥利维亚没有跑上前来；他几乎没有注意到她就在身边。另一位房客，女雕塑家凯瑟琳·巴罕斯基后来回忆道："我听到卡萨蒂侯爵夫人在狂乱喊叫。她满头红发乱蓬蓬的，野性十足。她穿着著名设计师巴克斯特和波烈设计的女装，突然之间看上去非常凶恶，虽然大发雷霆，却无济于事，就像是一个蜡像小女人一样在这种新生活现实中百无一用，怅然若失。战争已经触及生活的根基。艺术不再是不可缺少的了。"

侯爵夫人发誓，战争一结束她还要回到丽兹大酒店，继续住在以前住过的套房。但是接下来发生的事情不仅仅是触及到了生活的根基。食物短缺，西班牙流感，再加上坦克、枪炮和导弹一齐发威，使法国在美国于 1917 年 4 月放弃中立立场宣布参战之前总共有近 100 万公民丧生。由于生命财产损失巨大，生活一度极为困苦。法国人坚决要求战后签订的《凡尔赛条约》要使德国人蒙受耻辱，使他们陷入贫困，这无形当中为第二次爆发激烈冲击，为德国人的极度报复行为埋下了隐患。

晚宴上剩下的菜肴撤下去了。苏卓公主请来的催眠师开始表演奇怪的拿手绝活儿。当时心理自动现象对先锋派人士很有吸引力。同卡萨蒂侯爵夫人一样，苏卓公主也感到心理分析新领域很有魅力。她提到一位名叫弗洛伊德的维也纳医生最近出版了一本研究梦和下意识理论的专著。具有讽刺意味的是，催眠术却是在旺多姆广场发明的。在隔壁 16 号，德国医生弗朗茨·梅斯梅尔于 18 世纪 70 年代建立了他的诊所，并以他的名字梅斯梅尔（mesmerism）命名催眠术。马塞尔·普鲁斯特当时正在创作那部以追寻逝去的时间为主题的长篇小说第三卷（已耽搁了很长时间），书中很多内容都涉及心理与追忆机制、时间和幻想等方面的内容。催眠师挨个儿请求志愿者参与。客人们轮流亲自体验处于催眠状态时自己的下意识引发暗示联想的神妙感觉。

然而最富戏剧性的下意识行为却在保罗·莫兰德和马塞尔·普鲁斯特之间继续上演着，因为他们二人都想赢得苏卓公主的芳心。让·考克托只能在一旁惊奇地观战。好多年前马塞尔已退隐到他那间装有软木衬层的房间，就连外面的嘈杂声也听不到。眼下他对那位罗马尼亚公主的痴情迷恋使情况发生了无法想象的变化：他又身不由己地卷入了上流社会的纷乱生活之中。可那是一场奇异的三角恋爱。马塞尔·普鲁斯特最近那段时间的情侣不是社交界的女人，而是迷人放荡的花花公子和丽兹大酒店里英俊的年轻侍者[①]。

套房墙上的青铜闹钟准确地敲响了夜晚 11 点半的钟声，但钟声很快就淹没在埃菲尔铁塔上发出的尖利的防空警报声中。德国人又在轰炸巴黎，防空警报声尖啸着在黑暗中响起。考克托面带疲惫之色，以轻松俏皮的语气对房间里的人说道："又是埃菲尔铁塔。有人踩着她了，她在表示不满呢。"出于礼貌而响起的表示赞赏的笑声听起来干巴巴的。

头顶上，德国人的飞机出现在天空，同法国一个飞行中队展开危险的

---

① 译者注：普鲁斯特当时也有同性恋倾向。

空战追逐。到1917年夏季，"红男爵"[①]已经是一位令人生畏的传奇式人物。但是那几个月里在法国北部上空一举成名的纳粹德国空军飞行员是一位德国军官，名叫赫尔曼·戈林。从6月份起，他已击落十多架同盟国飞机。

满天星斗明亮得似乎有些不自然，照耀着这座黑暗的城市。不断落下的炮弹和喷出的机枪火舌不时猛烈地闪爆出可怕的火光，把夜空照得通明。原先聚集在公主沙龙里的人群静悄悄地来到了俯瞰旺多姆广场的露天平台上。下面的广场上人越聚越多，全都默不作声地抬头目睹世界末日般的空战场面。马塞尔在写给吉妮维芙·斯特劳斯的信中描述当天夜晚的观战情形时写道："我们在阳台上观看了壮观的空中激战。在旺多姆广场的阴影中，身穿睡袍或浴衣的女士们到处游荡……紧紧抓住珍珠项链按在胸口。"酒店员工把那些比较小心谨慎、头脑清醒的客人带到了设备完善的地下掩体里。大酒店酒吧的那些深夜客人小心翼翼地站在门道里，手里的香烟余烬燃放出又小又红的光点。烟草（战时奢侈品）的香气轻轻地飘散开来。

地平线上闪现出两名飞机驾驶员，在巴黎上空展开着激烈厮杀。他们当中的一位将最终获胜，另一位则葬身于熊熊大火之中。

考克托也在阳台上观看着展现于眼前的一场奇特战斗。马塞尔即使在夏季也裹着那件笨重的外套，此时慢慢地向公主身边靠近。接着便响起了他那低微的喃喃轻语之声。"正如腹语表演的声音发自腹腔一样。"考克托回忆道，在谈话中"普鲁斯特的声音发自他的灵魂深处"。马塞尔始终如一，甚至有些让人难以忍受地大献殷勤，阿谀献媚。公主本是一位冷若冰霜、任性霸道的情人，此时却引来他的百般殷勤。保罗·莫兰德凝神眺望着远方。

在那个温暖的7月夜晚，即使巴黎上空不断发出轰鸣的爆炸声，保罗

---

① 译者注：德国王牌飞行员曼弗雷德·冯·里奇特霍芬。

也能暗暗自喜，得意地微笑。普鲁斯特已经输掉了情场角逐。公主不久就会同丈夫离婚，一旦自由脱身便立刻嫁给莫兰德。他们几乎已经是一对铁定无疑的恋人了。

黎明来临时，马塞尔也许备受折磨，也许并不在意，会回到他那装有软木隔音衬层的房间，重新埋头写作。他已经认识到如果我们要使现实生活可以忍受，就必须要心怀一两个幻想。一到下午，他就让奥利维亚给他端来啤酒和凉鸡肉，并把大酒店里的各种传闻讲给他听。他了解到的一切都成为他那本描写巴黎人生活的长篇巨著的创作素材。那部作品不久将要使他获得全法国最令人朝思暮想的文学大奖，并使他一举成名。众多伯爵和王公贵族很快就会向他频频示好。很快就轮到别人对他大献殷勤。

让·考克托自己的职业生涯很快也将出现起伏不定的情况，全部因为他特有的那种冷漠超然的态度。也许他说得对，巴黎的每个人都想成为演员。但是20年后当考验他潜质的时刻来到时，考克托既无积极的心态，又缺乏相应的勇气。尽管考克托自己不知道，然而他已经扮演了能够突出他自身特点的唯一一个角色——陷入困境的观察者。

4

丽兹大酒店的"美国天使"

1940 年 9 月 1 日

劳拉·梅·克里甘

看到巴黎这么冷落，他并不真的感到失望。但是，丽兹大酒店酒吧里静悄悄的，却着实让人感到奇怪，感到有些不妙。这里不再是美国人的酒吧了——他感到自己也变得彬彬有礼，没有摆出似乎是主人的架势。

——弗·斯科特·菲茨杰拉德，出自《重访巴比伦》，1931

20 多年以后，又一场战争直逼巴黎，而且正如夏尔·戴高乐曾经预言的那样，对法国生活产生重大影响的这场冲突，使法国人命中注定要同德国人再次在战场上相遇。

　　1940 年 9 月 1 日，对于那些身居旺多姆广场的人来说，德军占领时期真正开始了。当天上午第一次世界大战王牌飞行员，现在的德国空军将军，赫尔曼·戈林正式入住帝王套房。

　　10 个星期之前，从戈林首次昂首阔步走进丽兹大酒店大门那天起，酒店员工就一直忙碌着。

　　在最新到来的这位房客入住之前，帝王套房已经进行过新一轮修缮，并且引起一阵骚动。最重要的是，工人们为阿道夫·希特勒手下第二号人物——这位肥胖的帝国元帅在公寓里安装了一个超大型浴缸。

　　其原意并不是这位纳粹德国空军司令喜欢在巴黎长时间泡在浴缸泡沫里小口喝香槟，大口吃鱼子酱。他并不反对这些享受乐趣。不过被安排服侍这位德军指挥官的酒店员工很快便了解到浴缸背后掩盖着一个只有许多同一代人才知道的一个阴暗秘密。

　　赫尔曼·戈林是一位吸食吗啡的瘾君子。自 20 世纪 20 年代中期起，他一直试图改掉这个习惯。第一次世界大战中幸存下来的人在战后生活中基本上都使用止疼药。在魏玛共和国时代之风盛行的柏林，吸食可卡因和尼古丁极为普遍。魏玛共和国时代结束时阿道夫·希特勒上台执政，保守的德国前工业民族主义同法西斯主义一同出笼。现代战争采用各种技术"创新成果"，包括首次广泛运用自动机枪和化学武器。此外，现代战争也开启了药物依赖成瘾的新时代。

20 世纪 30 年代，来自科隆的德国医生休伯特·卡勒宣布发现了一种专治吸食吗啡成瘾的"神奇疗法"。于是赫尔曼·戈林便找到这位著名教授接受一个疗程的治疗，其中包括长时间泡澡以应对戒毒时期出现的各种症状。在丽兹大酒店里医生亲自把戈林泡在浴缸里，给他打针，然后再把他泡在水里，一连好几个小时。酒店员工回忆道："我们必须为那位教授送去成堆的毛巾和大量食品，因为治疗过程使戈林感到非常饥饿。"

戈林在丽兹大酒店入住帝王套房时，原来的房客发现她被突然之间调换了客房。那个星期她面临着一个令人痛苦的难题。

那位原来的房客名叫劳拉·梅·克里甘，是美国中西部一位钢铁工业老板的遗孀。丈夫死后，她成了美国最富有的女人之一。1940 年夏季，她每个月的收入为 80 万美元，按今天的价格来算大大超过 1200 万美元。这意味着克里甘夫人手里不缺钱，几乎可以在丽兹大酒店长久地住下去。

从 1938 年起，她几乎就是这样做的。1940 年春季，新任命的英国首相温斯顿·丘吉尔在法兰西之战前几周访问巴黎期间就下榻在帝王套房。一般房客必须给达官贵人和国家元首让个方便，这是天经地义的。克里甘夫人心里非常清楚，尊卑贵贱各得其所，这很重要。总的来说，旺多姆广场上的豪华公寓是劳拉·梅女士喜欢居住的地方，那是宫殿式大酒店最好的房间。她财力雄厚，几乎无人能比。

她并不是一直那么富有。1879 年劳拉·梅·克里甘出生在美国威斯康涅州沃帕卡县一个工人阶级家庭。她当过女招待、电话接线员，后来成为芝加哥市一名医生的妻子，再后来又成为钢铁大亨詹姆斯·克里甘的情人。她同当医生的丈夫快速低调地离婚之后，于 1916 年同克里甘结婚，使克里甘的家人和克利夫兰当地的上流社会大为失望。

克利夫兰当地的精英阶层对他们二人冷落怠慢，因此他们离开克利夫兰去了曼哈顿。可是那里同样对他们大门紧闭。美国作家弗·斯科特·菲茨杰拉德在长篇小说《了不起的盖茨比》里讲述了一位中西部暴发户试图用金钱铺路，希望能够跻身于继承财富的美国东海岸富人上流社会，但最终惨遭失败的人生悲剧。劳拉·梅女士遇到了相同的障碍。她花费数十万美元举办豪华宴会也未能跻身上流社会。于是她和丈夫一起漂洋过海去了欧洲。在那里，人们无法想象有钱的美国人会出身名门。另外，由于第一次世界大战和经济大萧条曾经造成严重的经济损失，拥有巨额个人财富而又出手大方的人物就算不是出身名门，照样可以出人头地，吃得开，玩儿得转。

就在詹姆斯·克里甘深受心脏病困扰的时候，劳拉·梅已经成为轰动一时的名人。美国最为著名的攀龙附凤女主人，那位身材矮胖，长相极为难看的宴会策划人爱尔莎·麦克斯韦言简意赅地评论道："20年代伦敦有位了不起的女主人，她就是活泼自信的劳拉·梅·克里甘。她在短短6个月里从一名电话接线员一跃成为一名富有的寡妇，堪称美国版的灰姑娘，前所未有，无人能敌。"这话说得太夸张了。詹姆斯·克里甘死于1928年，而非1916年。不过只要话说得妙语连珠，俏中带刺，没谁会在意确切的日期年月。

在欧洲，劳拉·梅采取了可靠的旧世界的惯用手法。她以钱铺路，迅速跻身于上流镀金社会，不久便和公爵、公爵夫人、王子和公主、王妃们在一起寻欢作乐，花天酒地。她举办奢侈盛大的社交活动，开始小心谨慎地选择合适的客人。她给那些手头拮据的公爵夫人送上丰厚的礼物，还花钱请她们参加她个人举办的宴会。

这种社交手段在丽兹大酒店让爱尔莎·麦克斯韦发挥到了极致。20世纪20年代与30年代《纽约客》驻巴黎记者珍妮特·弗兰德曾一本正经地说过，爱尔莎·麦克斯韦尔很有本事，善于在欧洲贵族社会同美国暴发户名流攀上关系——如果他们很有钱的话。只要给她一笔钱，她就可以把默默无名之辈变成社会名流，充分利用新闻媒体宣传报道他们参加的社交庆典和娱乐活动，为他们，也为她自己大造声势，出尽风头。她很喜欢在巴黎的丽兹大酒店举行社交晚宴。这些社交晚会经常是化妆舞会，只要身穿异性服装就被视为妙趣横生。弗兰德披露道，尤其是可可·香奈儿，"生意大多很好，为那些年轻的浪荡公子哥儿量体裁衣，他们要在化妆舞会上装扮巴黎市最有名的一些女士"。

丽兹大酒店是来到巴黎的美国富人必去之地。早在1900年起一直是这样。几十年来，新世界的富人同欧洲大陆那些无所归属的德雷福斯支持者、艺术家和知识分子来往不断，便产生了罕见的文化奇迹。

到20世纪30年代末期，劳拉·梅·克里甘也来到了法国首都。当时她举办的宴会被公认为在欧洲大陆"进入伯克贵族名谱低等条目最慷慨的免费餐券"。别看她坐拥千百万美元，想要进入贵族名谱有时也没那么容易。正如爱尔莎·麦克斯韦所说的那样，麻烦的是劳拉·梅"长相不漂亮，没有受过良好教育，也不特别聪明；讲话时天真肤浅，颠三倒四，在背地里让人感到可乐开心，就像她举办的晚会一样"。不过最终她还是啃下了巴黎社会这块硬骨头。

1940年9月1日，劳拉·梅·克里甘陷入了一种比较特别的困境。她极为富有，而且在美国中期国债方面的投资也已出色地安然渡过华尔街股市大跌危机时期。在20世纪20年代和30年代的巴黎，拥有雄厚的财力非常重要，而在德军占领时期又显得无比重要。对于入住丽兹大酒店的那些有钱人来说，法国刚刚陷落后的生活几乎和以往的生活并无差别。当然也有一些障碍和一些微妙的变化。但是豪华奢侈的生活却很能将有钱人同社会隔离开来。

然而，当时美国政府担心劳拉·梅·克里甘每月数百万美元的巨款，无论有意还是无意地，会落入德国人手里，成为法西斯的战争经费，因此便冻结了她的个人收入。只要她滞留在欧洲，每个月只允许她花费五百美元。

要不是财产被这样冻结了，她还是愿意继续留在巴黎，因为她制订了一些计划，离不开巴黎。在数周前，她已同许多上流社会的美国女性以及法国杜多维尔公爵一起投身于慈善救助工作。每个人都想表现一下战争时期的社会关怀和慈善义举。他们的组织"欢迎你，士兵"，把表示慰问的包裹送到伤兵身边，也对多家医院提供了支持。

尽管当时劳拉·梅·克里甘还没落到身无分文的田地，但也着实受到了很大限制。随着赫尔曼·戈林在她居住的套房里稳定安顿下来，她发现自己已是无家可归了。

还有比这让她更难过的。劳拉·梅心里明白让她感到痛苦的是：即使欧洲上流社会也仅仅因为她财力雄厚才容忍接纳了她，当时每月500美元相当于今天的每月8000美元，足以使她在巴黎过着舒适的生活，但是却难以使她继续住在丽兹大酒店的帝王套房里，即使那些客房没有被赫尔曼·戈林占用。每月到手的500美元也难以使她在巴黎最奢侈豪华的社交圈里继续保持慈善捐助的高调姿态。

劳拉·梅遇到的最大难题是：在手无巨资的情况下该做些什么，该往哪儿去。1940年夏季，对于富有的美国人来说继续留在巴黎并非难事。丽兹大酒店长期以来已成为来到巴黎的美国人爱去的地方，一到春季便住满了美国人。玛琳·迪特里希前年在丽兹大酒店结束了与约瑟夫·肯尼迪的鱼水之情。她的情夫匆匆离开，又去寻觅新的猎色目标。有传闻称《时代》杂志和《生活》杂志老板记者出身的妻子，社交名流克莱尔·布斯·鲁斯当年4月曾在丽兹大酒店的客房里同约瑟夫·肯尼迪翻云覆雨。众所周知，当克莱尔随着大撤退的人群逃离巴黎时，一再要求汉斯·埃尔米格告诉她他是怎么知道德国人会来的（他当时故意绷着脸俏皮地回答说，"因为他们预订了客房"）。

德国人开始占领巴黎后，又有许多美国人留在了巴黎。其中包括传奇人物、室内装潢师门德尔夫人，社会名流芭芭拉·赫顿。虽然美国大使馆敦促美国公民在方便时尽快离开法国，女继承人弗罗伦斯·杰·古尔德却一再坚持说无论出现什么情况，她都要继续留在巴黎。

丽兹大酒店总经理的妻子很快也做出同样的决定。克劳德·奥泽罗和他那位在美国出生精力充沛的妻子布兰琪一直为他想要包养情人一事大吵大闹。既然有这样一位丈夫，她说啥也不肯离开法国。

那年9月丽兹大酒店里的女人多得出奇。随着赫尔曼·戈林与其他德国军官的到来，这种势头愈发强劲。在大酒店内的酒吧里，劳拉·梅·克里甘会发现一些新到的常客。来自附近阿博维尔法西斯间谍机关漂亮的英加·哈格那样的女秘书经常同小说家、诗人黛茜·法罗在一起狂饮作乐。黛茜·法罗还是著名的胜家（Singer）缝纫机公司的财产继承人。黛茜·法罗的娘家姓是格鲁克斯别格。德国人在档案资料中肯定注意到了这一点。英加·哈格本人也不是毫无背景。他叔父是阿博维尔间谍机关统管，海军上将威廉·卡纳里斯。

弗恩·波多和她的丈夫查尔斯也是继续留在巴黎的时髦美国人。像许多没有离开巴黎的那些人一样，他们的政治立场明显地具有亲法西斯倾向。战争期间，他们在乡村庄园举行的晚宴所邀请的客人当中包括赫尔曼·戈林和纳粹德国外交部长约西姆·冯·里本特洛甫。三年前他们在庄园里主持过在美国出生的沃里丝·辛普森女士和英国前国王爱德华八世的婚礼。爱德华八世退位并结婚以后，新继位的英国国王册封爱德华八世夫妇为温莎公爵和公爵夫人。

当德军大兵压境的形势变得非常严峻时，这两位王室成员被迫放弃巴黎。但是他们都支持阿道夫·希特勒。当德军首次进犯法国并开始轰炸伦敦时，温莎公爵夫人对新闻界发表的毫无同情心的言论在英国很不得人心。她声称："我说不上对他们感到遗憾。"为此，德国元首也以善举相报：他们居住的苏泽大道 85 号的豪华府邸完全由一个德国管理员负责看守，并于 1944 年"完好无损地归还给他们"。

然而英国情报机关所关心的事情要比公爵夫人对新闻界发表的肆无忌惮的言论危险得多。1940 年温莎公爵夫人仍然在给她以前的情人冯·里本特洛甫递送情报。有传闻说，冯·里本特洛甫每天早晨都给她送来 17 只康乃馨，每只康乃馨代表着他们同床共枕、鱼水之欢的一次回忆。

劳拉·梅·克里甘从来没有喜欢过沃里丝·辛普森，但是自温莎公爵早些时候在伦敦出席过她举办的宴会以后，她一直同温莎公爵保持着友好关系。她在伦敦自己居住过的豪宅里也接待过冯·里本特洛甫。

这一切意味着一点。只要有钱，劳拉·梅就可留在巴黎过着非常舒适的生活。如果她回到美国肯定过得昏天黑地，虽然是有钱人，也会遭到社会排斥。自从她离开尘土飞扬的中西部地区，克利夫兰的精英阶层这些年来没有对她产生过一点好感。纽约上流社会也没变得更有吸引力。

在那年夏季的最后日子里，劳拉·梅思考着是否应该采取切实可行的措施来解决自己面临的经济难题。如果把自己的个人物品卖给德国人肯定会筹集到一大笔现金。在巴黎，德国人什么都想买，从康朋街出售的成瓶的香奈儿 5 号香水到古董、艺术品、时装和珠宝，全都想买。

德国元帅赫尔曼·戈林一到巴黎就要求新进一批附近的娇兰公司生产的令他心仪已久的香水。倒霉的汉斯·埃尔米格不得不把实情禀告这位德国元帅：这么晚了，精品商店要一直关闭到明天早晨才营业。戈林大喊大叫，吩咐埃尔米格最好派人把商店打开，并命令他的司机开车把大酒店总经理直接送到商店。从那时起，戈林一直在大肆收集艺术品，力图将巴黎的艺术品全都弄到手。"小汽车里坐满了侦探，在他身后一百码处紧跟不舍，"戈林传记的一位作者这样写道，"他自己穿行在巴黎的各处杂货市场上，精心挑选奢侈品和便宜货。"

劳拉·梅的各种私人物品本身就是一个杂货市场。如果她决定有选择地把自己一些财物卖给戈林为自己筹集一些资金，戈林在丽兹大酒店里不用向外迈出一步就可以自得其乐，非常开心。

劳拉·梅无法卖掉自己的毛皮大衣，这是一件憾事，因为戈林喜欢的是貂皮尤其是黑貂皮制品。当德国人通知她搬出她当时居住的带有三个卧室的帝王套间时（内设有女佣房间、数间客厅、一间餐厅、一间女子卧室），除了把毛皮制品藏起来别无选择。如果德国人知道了她有多少值钱的物品，他们肯定会强行抢去。所以她将值钱的东西藏到了凯撒·丽兹修建的一个秘密壁橱里，然后特意在门前拖着一个很大的旧衣柜以掩人耳目。

战争期间劳拉·梅的那些毛皮制品就藏在秘密壁橱里没有被人发现，非常安全。在整个丽兹大酒店，凯撒·丽兹修建的让人意想不到的安全设施不止一次发挥了战时保密作用。

戈林试图哄骗劳拉·梅，或者采用威逼的方式，把她的翡翠珠宝弄到手。她错不该让他看了一眼那些精美的翡翠珠宝。事实上劳拉·梅有一大批价值不菲的名贵宝石，不仅有翡翠，而且还有钻石以及黄金宝物。虽然戈林喜欢享用毛皮大衣，并且一心要没收欧洲名画，其实真正让他着迷的还是各种宝石。

刚到巴黎时，戈林这位帝国元帅最想购买的东西之一就是上面饰有钻石的金制元帅杖。他命令卡地亚珠宝公司立即为他打造一个这样的元帅杖，只支付一小部分费用。那年夏季，人们有时可以看到他得意扬扬地在丽兹大酒店的中心楼梯上来回走个不停，身穿怪异服装，一副吸完毒品后头晕脑涨的样子，手里挥舞着元帅杖，活像一个微醉的啦啦队员。凡是在帝王套房里见过戈林储物壁橱的人都知道，里面既有淡紫色的裤子、丝绸和服，也有其他许多花色样式不同的服装。酒店员工透露，曾经在里面看到过"镶着白鼬毛皮和貂皮的奢华长袍……镶有珠宝的凉鞋，翡翠饰针和钻石耳环。有人说他还化妆，浑身洒满颇不一般的香水。有一只水晶碗，里面装满吗啡片，就放在扶手椅旁边的桌子上。水晶碗近前还有一只碗，里面混装着翡翠、黑珍珠、蛋白石、石榴石和红宝石"。

意大利外交部长，法西斯独裁者本尼托·墨索里尼的女婿加莱阿佐·齐亚诺于1942年春季曾经下榻在丽兹大酒店。他在战时日记中风趣地写道："戈林除了谈论他拥有的宝石之外几乎不谈论别的事情……他把玩宝石就像一个小孩子玩他的弹子游戏一样。"这里说的可是一位心狠手辣、冷酷无情的人物。

人们嘲笑戈林。即使那些在丽兹大酒店里站岗的德国士兵也忍不住暗地里讥讽他。劳拉·梅心里清楚，人们也在嘲笑她。上流社会指责抨击的目的就是让她知道他们容忍她也只是勉强这样做。因此看来，她和那位德国空军司令在这方面差别不大。

是返回美国，还是继续留在巴黎，面对这样的选择，劳拉·梅做出了一个痛苦的决定。她把翡翠卖给了戈林，得到了5万英镑（相当于今天的近200万美元）。通过这位德国元帅，她把一个金质化妆盒卖给了阿道夫·希特勒。她将文艺复兴时期的挂毯和所有的精美法国古式家具全都处理掉了，换成现金后交给了纳粹党。有人说她把上述物品卖给了纳粹党。当时她正在制订一个秘密计划，打算充分利用她掌握的财富。

她准备继续留在法国，继续出售她的财宝。但是她不想在被德军占领的巴黎出售她的财宝。于是她带着现金和剩余的奢侈品前往法国中部的温泉小镇维希。在德军占领期间，那里是法国卖国傀儡政府总部所在地。

在维希她本可以租用一座豪宅，或者举办战时晚宴以取悦法国和德国官员。然而她却反其道而行之。出乎人们的预料，她住进了一家非常一般的小旅馆。她非常低调、不动声色地开始把所有的钱——平均每月两千美元——投入到为法国伤兵服务的慈善活动中，在那些老兵中间赢得了"美国天使"的美誉。

当时法国维希政府元首菲利浦·贝当得知此事后深为感动，特授予劳拉·梅·克里甘法国荣誉军团勋章，这是法国政府为有功于国家的人士授予的最高荣誉。历史学家指出："克里甘夫人是除了（非洲裔美国歌舞女演员、间谍）约瑟芬·贝克之外获得这项最令人向往的法国荣誉的唯一一名美国女性。"

1941 年 12 月随着美国参战、美国人放弃了中立立场，劳拉·梅尽管在巴黎表现积极，也要在俘虏收容所作为战俘被关押一段时间。1942 年离开收容所后，她便前往伦敦，在那里继续利用她的财产帮助伤兵排忧解难。为了表彰她所做的贡献，英国政府向她颁发了国王勋章。

爱尔莎·麦克斯韦在谈到劳拉·梅时曾说过："她长相不漂亮，没有受到良好教育，也不特别聪明。"但是尔爱莎接着还说过："她为人诚实，很有活力，她的心就像她的银行那样博大。"

当时劳拉·梅是一位战争年代的女英雄。数年之后，夏尔·戴高乐要求解放后的法国从完全不同的角度对她进行重新评判。

5

漂向巴黎的美国人
1944 年

欧内斯特·海明威

当我梦想着来世的生活时……所有的情景都展现在巴黎的丽兹大酒店里。

——欧内斯特·海明威

1944 年 5 月第二次世界大战已经打了将近 5 年，巴黎被德军占领了将近 4 年。如果战争本身也有各种故事需要讲述的话，这次世界大战的故事很快就将达到高潮。

　　欧内斯特·海明威把战争视为人类特有的戏剧表演。对于 1944 年春季从欧洲发回报道的许多美国新闻记者而言，重要的是重返巴黎，因为那里是战争剧情展开的地方。

　　海明威并不是唯一一位认为最生动的情节是在巴黎丽兹大酒店展开的人。在"咆哮的 20 年代"如日中天及其余波延续至 20 世纪 30 年代初期的那段时间里，一些被统称为"迷惘的一代"才华横溢的美国作家一起在法国首都巴黎度过了青春时光，而且他们的一些哗众取宠行为也成为大酒店的传奇故事。弗·斯科特·菲茨杰拉德曾经幻想过有丽兹大酒店那样大的钻石，认真思索过"美国人中的精英人物为何都漂向了巴黎"。

　　1940 年冬季，斯科特因心脏病发作在加利福尼亚去世。而眼下一群丽兹大酒店的老常客正在缓慢地重返巴黎，只是不见了斯科特。对于有些人而言，他们的回归结局更为开心。但是对于他们当中的每个人来说，这却是一次曲折迂回、错综复杂的回归旅途，危险重重，烦心事不断，不时还伴随着一些令人作呕的欺骗出卖行径。

　　就海明威而言，这次重返巴黎之旅首先要越过英吉利海峡同别人拼酒喝上一顿。那地方离巴黎不到300英里，却是一个截然不同的世界。这位美国著名作家重返巴黎将会使许多人大吃一惊：因为5月26日上午数家报纸报道说，海明威死于伦敦街头一场严重车祸。

所有的烦恼都起始于两天前的一个夜晚，在贝尔格拉芙广场联立大厦一个公寓里举行的一次放纵豪饮的晚宴。联立大厦环绕的那片空地已变成了战时坦克停车场和存放军事装备的地方，也是外国记者常去的地方。

当时战地摄影记者罗伯特·卡帕在酒店的酒吧里遇到老朋友海明威。后来这位摄影记者回忆说："海明威在一些挑刺的人看来就是不顺眼，但是我见到他真的很高兴……为了表示我关爱老朋友，证明我混得不错，我决定在我居住的那个没什么大用却非常昂贵的公寓里给他摆宴接风。"另外"爸爸"（他喜欢别人这样称呼他）海明威长着满脸难看的大胡子，遮住了皮肤上的毛病。他的朋友们开玩笑说："爸爸有麻烦了……那一把大胡子能把所有的姑娘都吓跑了。"他需要在精神上振奋一下。

卡帕施展开深为朋友称赞的运送黑市货物的本领，弄到了一个"容量为十加仑、从原子实验室借来的玻璃罐"，将半打熟透的桃子浸泡在一罐高级白兰地酒里，然后又倒入一箱香槟酒（每瓶30美元，战时价格）调制出战时最具杀伤力的晚宴潘趣酒。然后，卡帕打开了他那套广场公寓的房门，迎接一帮在伦敦结识的经过精心挑选却难以驾驭的朋友。这次朋友聚会最后变成了一场深夜痛饮狂欢，对此谁也不会感到惊讶。

晚宴第二天凌晨时分才告结束，而海明威已经醉得没法开车了。实际上他的朋友彼得·戈洛也同样如此。不过他们还是动身启程，医生的妻子跟在后，一路狂奔，径直开向临近梅菲尔地区的多切斯特酒店。当时纳粹德国空军自1944年1月初起在赫尔曼·戈林的指挥下，正在实施后来被称为1944年"婴儿闪电战"的作战计划，对国际大都市伦敦进行第二次轰炸。整个城市因停电变得一片漆黑，但是严禁使用汽车前灯。出乎意料的是，那天晚上的漆黑夜色正是酿成撞车惨祸的主要原因。

远在这几位寻欢作乐者还没有上床就寝之前，戈洛开车失控，一车人迎头撞在一个水塔上。这群人身上多处受伤，被紧急送到附近的圣·乔治医院。海明威伤得很重，头撞在挡风玻璃上流了不少血，双膝严重受伤。卡帕很快接到了从医院打来的电话。当天早晨7点钟他匆匆赶到了医院急救室。"在手术台上，我看到了体重215磅的爸爸。他的头骨开裂，缝隙很大，胡子上沾满了血迹。医生正准备给他打麻醉剂，把他的头部重新缝合起来。爸爸客气地感谢我举办的那场晚宴。他要求我好好照顾那位让他撞在水塔上的医生，因为医生伤得也很重。"

　　这场车祸让作家海明威患上了严重的脑震荡，本应使他卧床休息，暂时戒酒一些日子，但是他不仅没有好好反思一下死里逃生的好运气，没有表示痛改前非，反而把心思用在了其他一些事情上。实际上他心里想的大多是一位娇小可爱、身段丰满可人的蓝眼睛美国女记者，名叫玛丽·威尔士。前几天（5月22日）在伦敦的白塔餐厅里吃午餐时，玛丽·威尔士引起了海明威的注意。当时她穿着紧身毛衣，一头褐色卷发，分外显眼。作为一名战地记者，她那种自信轻松的风格很让海明威着迷。当时她正在同另一位战地记者、小说家欧文·肖（纽约人）吃午餐。在那个星期里同盟国战地记者成群结队地从四面八方聚集伦敦，眼睛全都盯着相同的斩获目标：从解放的巴黎发回第一篇新闻报道。但是海明威同欧文·肖的竞争很快就变得更加激烈。况且玛丽·威尔士还是欧文·肖的情人。

　　玛丽·威尔士自称身材诱人，而且她要充分利用这一优势，丝毫不感到害羞。她在紧身毛衣里也没戴文胸。

　　"愿老天保佑那台织出这件毛衣的机器。"欧文·肖一见到她便如此感慨地说。

　　他们二人在房间里行走时，所有的记者都开起了玩笑。"毛衣好漂亮。"有人吹着口哨说。还有人窃窃私语："穿着暖和，精神焕发，不是吗？""玛丽，我想再多看你几眼。"

海明威看了看便说，"把你的朋友给我介绍一下吧，肖。"于是欧文·肖便牵线搭桥，为自己埋下了不幸的隐患。玛丽是《生活》杂志记者。有一天海明威壮着胆子问她可否单独和他一起吃午餐。除了是欧文·肖的情人之外，她还是诺尔·蒙克斯太太，另一位男士的妻子，那又怎么样呢？欧内斯特·海明威已经堕入情网。显然，这种感情双方一拍即合，心领神会。

另外一种复杂的情况很快就要出现了。还有一位美国记者，名叫玛莎·盖尔霍恩，也在赶往伦敦的路上。"马蒂"（朋友们都这样称呼她）一心要返回巴黎写出有分量的新闻报道。她恰恰就是欧内斯特·海明威的妻子。

在罗伯特·卡帕举行盛宴的当天夜里，玛莎就要抵达伦敦，感到极其紧张不安。她是搭乘一艘战争运输船的唯一一位平民。这艘运输船上满载爆炸物品，于 1944 年 5 月 13 日起横渡大西洋。

为了返回欧洲给《矿工杂志》撰写有关新闻稿件，玛莎踏上了这趟冒险旅程。《矿工杂志》是她从事战事新闻报道的专业领地。那年春季，武器运输船可是很有价值的攻击目标，她居然搭乘这样的船只前往欧洲，着实使人大吃一惊。当月德国潜艇在大西洋击沉三艘盟军船只和一艘美国护卫舰。大西洋上险境丛生，就连英国首相丘吉尔后来在回忆录中也承认："唯一使我真正感到害怕的就是德国 U 形潜艇造成的危害。"二战期间，数万名水手死于从美国到英国之间的海洋运输线上。在整个航程中，船长一看到地平线上有什么东西在靠近他们就不停地吹起哨子。这哨声的含义，按着玛莎具有讽刺意味的说法就是： "不要撞我，你个蠢货，我会爆炸的。"

玛莎搭乘那艘运输船只有个简单理由：那是她横渡大西洋的唯一途径。她认为很有必要这么做，因为欧内斯特·海明威口是心非，跟她大耍花腔。那年春季，在欧洲这个戏剧大舞台上就要上演惊心动魄的一幕。战争在急剧升温，同盟国军队几乎每天夜晚都要轰炸法国。到那里去是她作为一名新闻记者梦寐以求的事情。

海明威不仅抢去了《矿工杂志》分配给她的报道任务，使她在1944年夏季丧失了官方新闻报道认定资格，简直成了局外人，而且他还拒绝帮助她在纽约起飞的泛美航空公司的班机上订座。这趟班机赶在法国即将发生重大转变的那几个星期之前把一大批新闻记者运送到伦敦。"啊，没办法，我做不到啊，"海明威对当时还在纽约的玛莎这样说道，"他们只运送男人。"其实他很清楚那趟班机上还有其他女记者。他只是想让妻子待在家里，尽一个女人的义务。

对于玛莎而言，这个打击非常残酷，伤害极大。"看样子，"她绝望地对一位朋友说，"我要错过在这个世界上也许是在我的一生中我最想看、最想写的事情了。"在盟军进军法国的时候作为一个局外人靠边站，"这种谦让涵养远远超出了我的限度。"她非常了解自己的丈夫，有理由怀疑让她学会谦让低调也是她丈夫心胸狭窄、心术不正的表现。职业上的妒忌和一决高下的不良竞争情绪充斥在她和海明威的夫妻关系当中。眼下他们的关系已经岌岌可危了。

当天下午到达利物浦码头时，玛莎已经搭乘一艘挪威货轮在海上漂流了17天，足以使她怒火中烧。就在她赶往伦敦，而后到达多切斯特酒店，把几个背包藏在了客房中时，海明威又在伦敦医院的病房里同欧文·肖和卡帕喝上酒了。尽管海明威的脑震荡还没有痊愈，头上还缠着纱布绷带，床底下还是堆了一些喝光的香槟酒和烈性酒瓶。

罗伯特·卡帕是他们两人的挚友。他曾经在1940年为《生活》杂志拍摄过玛莎同海明威结婚典礼的照片。一位是作家，另一位是女记者，他们二人喜结连理在当时还是一件轰动一时的新闻。此时摄影师厚着脸皮在病房里给微醉的海明威拍照。海明威身穿长袍，兴高采烈地同卡帕年轻漂亮的红发女友伊莱恩·贾斯汀（小名"平姬"）摆着照相姿势。在朋友面前，爸爸海明威总是摆出一副古怪有趣的男子汉气概。尽管海明威在玛莎的新闻记者认证资格上耍过卑鄙的手腕，但是从玛莎那里他还是希望能够得到妻子应有的同情，而不是冷冰冰讲究实惠的脸色。

遗憾的是，玛莎并没有什么心绪去表示同情。海明威的夸张做作只使得玛莎轻蔑地嘲笑他的荒唐闹剧和自哀自怜。正如玛莎听说的那样："如果他真的查出有脑震荡，他就不可能和朋友在一起喝酒了。"海明威当时起劲地大吹大擂，竭力渲染自己的英雄壮举。死里逃生再次成海明威老生常谈的历险故事。当时玛莎听得都有些厌倦了。

医院病房的夫妻争吵尤其引人入胜。事后玛莎没有留下来照顾讨厌的病人。然而，倒是那位生性活泼的玛丽·威尔士后来拿着一大束春天的郁金香和水仙花，迈着轻快的脚步走进他的病房，对他表示同情。就爸爸而言，事情就这么定了。玛莎并不知道，有一天夜晚海明威在多切斯特酒店玛丽的房间里向玛丽求过婚。"我不了解你，"他对她说。那是一个温暖的春季夜晚，在空袭的黑暗中他们二人坐在她的床上。"可是我想和你结婚。你很有活力，长得又漂亮，就像美丽的精灵。我现在想和你结婚。我希望有朝一日和你结婚。有朝一日你也会想和我结婚。"玛丽并未完全拒绝海明威这位大文豪这一番殷勤奉承的表现。

几天以后（1944年5月30日，星期二）海明威出院了。玛莎由于想躲避没完没了的"爸爸"晚会，躲避海明威针对她未能履行妻子职责的长篇大论的责备，独享一些清静，于是她便住进了多切斯特酒店的顶楼房间。她和海明威的婚姻遇到了麻烦，这使她感到痛苦不堪。不过她认为争吵像以往那样总会结束的。在多切斯特酒店二楼，欧内斯特·海明威和玛丽·威尔士正在商量截然不同的事情。海明威对玛莎说："这场战争会使我们分开一段时间，不过我们必须着手展开我们的'联合行动'。"

早在纽约的时候，这两位明星记者之间就展开着一场痛苦与欺骗的游戏。《矿工杂志》的报道差事海明威赢得也很痛苦，眼下他们夫妻之间的对抗竞争刚刚准备就绪，双方都会加大赌注，力争压倒对方。最终他们的故事将在法国画上句号，使他们以及罗伯特·卡帕和玛丽·威尔士在夏季结束之前又回到巴黎丽兹大酒店。

在某些方面，他们的故事在丽兹大酒店刚刚开始。

康朋街一侧的丽兹大酒店酒吧被称为海明威酒吧，其中不无缘由。在第二次世界大战初期巴黎落入德国人手里以后、珍珠港事件爆发之前，美国仍然保持中立。那时丽兹大酒店康朋街一侧的酒吧一直是整整一代大胆的战地记者和旅居海外的现代派艺术家的第二个家园。

将近整整 6 年前，（1938 年 5 月）玛莎和海明威一同旅居在巴黎。当时他们坠入情网不到两年时间，其恋爱关系一开始也同样复杂，纠缠不清。海明威拜访过他的老朋友、莎士比亚剧团书店美国店主西尔维亚·比奇。那天下午西尔维亚同他们一起共进午餐，花费了较长时间。有谁不会情不自禁地回想起他们在巴黎度过的青春岁月呢？在 20 世纪 20 年代和 30 年代，丽兹大酒店也是美国文学界的重镇，那时货币汇率使巴黎成为生活费用较低的城市，深受艺术家和梦想家们的青睐。

在"咆哮的 20 年代"那疯狂的岁月里，弗·斯科特·菲茨杰拉德在丽兹大酒店曾向一位漂亮女郎献上了一束鲜花，试看一下自身魅力究竟如何。不承想遭到女郎拒绝，于是他便当着女郎的粉面，勇敢地把整束鲜花一瓣一瓣地吃了下去。"令人吃惊的是，"海明威哈哈大笑道，"这一招还真灵，斯科特最终抱得美人归。后来我就把这样的手段招数统统称为兰花招数。"丽兹大酒店已经成为那些无拘无束的岁月无忧魅力的代名词。

当时姑娘们大跳查尔斯顿舞，即使身上的珍珠首饰飞了出去，也照跳不误。

在整个 20 世纪 30 年代，丽兹大酒店一直是一座闪亮的灯塔，巴黎传奇的生动见证。远在美国哈莱姆，歌曲《高雅丽兹风》（*Putting on the Ritz*）一直是青春文化主打歌曲。

可可·香奈儿那时早已成为时尚偶像，近10年间一直把丽兹大酒店当成自己的家。

丽兹大酒店员工和业主认识他们所有的人，并协助举办各种宴会。几十年来，玛丽-路易斯·丽兹双手戴着招牌式的白手套，身后跟着两只颇受溺爱的比利时小种犬，一直以铁腕管理着丽兹大酒店。欧内斯特·海明威同查理·丽兹（玛丽-路易斯的儿子，酒店的法定继承人，却无意继承酒店）是声名狼藉的老酒友。妈妈下令查理·丽兹结束他刚刚起步的在美国电影界的打拼生活，回到法国经营家族生意。此前玛丽-路易斯曾于1928年一怒之下把查理·丽兹打发出国谋生。可是查理对于经营一家豪华大酒店却提不起兴趣。他只在乎用假蝇钓鱼，只在乎自己爱喝的荷兰淡啤酒。他直言不讳地说，玛丽-路易斯是他见过的最爱挑剔的人。作为玛丽-路易斯的儿子，他也没给她留下特别深刻的印象。

查理那位美国妻子贝蒂更是嗜酒如命。由于贝蒂和另外一位美国女人——酒店管家的妻子布兰琪·奥泽罗的缘故，女士们可以在丽兹大酒店酒吧里饮酒。查理·丽兹和克劳德·奥泽罗曾经为谁的妻子更能喝酒这个问题争得面红耳赤。海明威认为布兰琪非常有趣。他一直想写一本有关丽兹大酒店的长篇小说。他许诺说，如果布兰琪愿意把有关大酒店的内幕传闻讲给他听，他甚至要把布兰琪写进小说中去，就像普鲁斯特在他的小说中描写忠实的领班奥利维亚那样。

当时正是1944年6月初，那些曾于20世纪30年代末在丽兹大酒店酒吧里安营扎寨，报道西班牙内战的新闻记者们，又踏上了重返巴黎的旅程，在伦敦等待机会，力争成为第一批抵达法国首都巴黎的记者。在阿道夫·希特勒和他手下的将军们毫不知情的情况下，同盟国军队离登陆诺曼底只有短短几天的时间了。在几个星期之内，数十万美国青年将踏上征程向巴黎进发。

玛莎下定决心要跟随盟军部队回到法国，在没有新闻记者证的情况下抢先发表新闻报道。必要时可以偷偷摸摸地干。她肯定不会先去征得丈夫的同意。

海明威的头部因车祸受伤还缠着绷带，膝盖也带伤，走起路来一瘸一拐的，他已经把记者证准备好了。因为头部受伤，所以他无法像他对《矿工杂志》许诺的那样随皇家空军飞到法国。他后来在海上一艘登陆艇上目睹同盟国军队向法国本土发起进攻。当时已是第七轮进攻，属于诺曼底登陆行动的晚期阶段。

诺曼底登陆原定于1944年6月5日借着满月朦胧月光和有利的潮汐开始行动。但是无奈天公不作美。因此，同盟国军队只好在黑暗中离开英国，先头部队于6月6日日出后登陆。

从欧内斯特·海明威所在的地点看过去，大炮"隆隆作响，好像把整节火车车厢拖过夜空"。他可以看到海岸线上的步兵"缓慢、艰难地向前推进，好像他们都是希腊神话中的巨神阿格拉斯，肩膀上扛着整个世界"。在某种意义上，他们的确如此。战后法国的未来就取决于这次军事行动。

海明威安全上岸回到英国，为《矿工杂志》发回了战地报道，成为该杂志有关诺曼底登陆行动的头条新闻。但是他并没有跟随盟军部队穿过海峡，冒着危险向前挺近。他并未登陆过诺曼底。6个星期之后，海明威返回法国，最终踏上了赶往巴黎和丽兹大酒店之路。

对于罗伯特·卡帕和玛莎而言，诺曼底进攻日是以截然不同的方式结束的。罗伯特·卡帕总是谈到战地新闻摄影报道："如果你拍摄的照片不够好，那是因为你离拍摄对象不近。"6月的一天早晨，美国第一步兵师在奥马哈海滩登陆。当时30岁的罗伯特·卡帕也在他们中间，为《生活》做新闻报道。而且他还不是在军事行动的后方。"战地记者把他的风险，他的生命全都捏在自己的手里，"他后来解释说，"我是一个赌徒。我决定在第一轮进攻中跟随E连一起去。"

6月5日黑夜，在停泊于英吉利海峡上一艘运输船上，新闻记者和一些军官玩起了扑克牌和双骰子赌博游戏消磨时间。"输赢都无所谓，"船上的一位军士后来回忆说，"那只是消磨时间的一种方式。大家都知道也许不可能有机会把钱再赢回来了。"凌晨3点钟，所有的人都聚在一起吃早餐，这顿早餐还挺丰盛，有薄饼、鸡蛋、香肠和咖啡。到了4点钟，运输船离海滩还有十英里，船上每个人都站在甲板上，沉默不语。"当时我思绪万千，"罗伯特·卡帕后来说道，"想到了绿色田野，想到了彩云、放牧的羊群和所有的好时光，想得最多的是拍出最好的照片。没有谁沉不住气。我们不在意在黑暗中站很长时间。"

扩音器里传来了最后下达的命令："英勇奋战，同你的部队一起登陆……只要还有力量，英勇奋战，保全自己……所有船只，立刻出发……天上的圣父，愿世人皆颂您的圣名。"清晨5点50分，炮击开始了。

后来他经常会想起那一难忘的时刻："我们的平底运输船触到了法国的陆地……我那美丽的法国看上去却是那么脏乱，毫无魅力。一挺德国人的机关枪喷射着子弹……完全败坏了重返法国的兴致。"在同登陆部队一齐下水的时候，他用的成卷胶卷装在了部队发的避孕套里防止受潮。他开始拍摄照片。子弹横飞，如雨点般落下，在他周边激起了点点水花。他一共拍摄了106张照片，然后才很费劲地爬上一艘步兵登陆艇。一位19岁名叫查尔斯·雅罗的机械师把他拉了上来。当这艘登陆艇开始驶离岸边的时候，他在想"这是我返回海滩的最后一次机会了"。"我没有走，"后来他承认说，"清晨3点钟那几位身穿白上衣，手带白手套，为我们端来咖啡的餐室侍应生浑身沾满了血迹，正在把阵亡的士兵缝在白布袋里。"他在海水中度过了90分钟，由于劳累过度，在甲板上昏了过去。

当他于6月7日提前在英国码头登陆时，一架飞机正等待着把他急速送往伦敦。整个世界都想在广播里听一听目睹登陆行动的那些人最先说些什么。然而，卡帕却无法这样做。卡帕把胶卷交给了一个传令兵，让他带到伦敦把照片冲洗出来。然后卡帕又搭乘他能够找到的第一艘船重返诺曼底。第二天早晨，他又回到了海滩。在拍摄的 106 张照片中，只有 11 张在一位粗心的暗房助手的笨拙操作处理中保留下来。就是这些保留下来的 11 张照片成为登陆行动最为经典的纪实照片。

玛莎·盖尔霍恩也到达了诺曼底海滩。由于没有官方认可的新闻记者资格认定证件，即使她干过多年的战地记者工作，这回也不得不靠撒谎来干老本行了。6 月 5 日在向法国发起进攻之前，她以甜言蜜语劝诱一名英国水手让她搭乘一艘救护船，声称她要采访船上的一名护士，写一篇新闻报道。实际上那是第一艘越过英吉利海峡开往战场前线的救护船。接着玛莎把自己锁在浴室里，直到船身涂满煞白油漆，上面只画着红十字标志的救护船离开港口。她在日记中写道："9 点 46 分左右，再过 5 秒钟就要向全世界发布那条命令。"

当她感觉到救护船驶入英吉利海峡之际海浪有规律的翻涌起伏时，便同其他护士一起来到甲板上。"当天夜里驶离海港时，"她写道，"我们从另一艘往同一方向行驶的船只旁经过。在灰蒙蒙的海水和灰蒙蒙的天空映衬下，那艘船也是灰蒙蒙的。甲板上密密麻麻地站着许多美国军人，他们身穿卡其布军装，一言不发，一动不动。没人挥手，没人呼喊。灰蒙蒙拥挤的运兵船和空荡荡的白色救护船缓缓驶出港口，驶向法国。当天夜晚英吉利海峡挤进来五千多艘盟军船只。船上大约一万名男女青年未能活着回到英国。"

当天夜晚护士们"全都吓坏了，"她回忆说，"我们喝了很多威士忌酒……我也很害怕，喝过酒后就啥也不怕了。"第二天早晨在首次急匆匆登陆的过程中，玛莎无奈地看着有些年轻人的遗体，"装在鼓胀的灰色布袋里"，从船边漂过。他们丧生在大海里，永远未能抵达岸边。

护士们上了岸，玛莎·盖尔霍恩也出现在她们中间。她加入了急救队，同其他医护人员一起在海岸和海角非常兴奋地忙碌着。只是后来她才回到伦敦，以自由撰稿人的身份为《矿工杂志》发回了数篇战地新闻报道。这家杂志颇具眼光，不能不刊发这些第一手战地新闻报道。海明威从未原谅她抢在他前面赶到法国。

由于非法乘船去往法国，在没有记者证的情况下从事战地新闻报道，玛莎被宪兵队逮捕，关押在伦敦城外一所兵营中。但是足智多谋的玛莎不甘心受人控制。于是她便以囚犯的手法逃出了护士训练营，仅仅赶在宪兵队前面一步。然后就踏上了去往欧洲大舞台的旅途。最终她又在丽兹大酒店同罗伯特·卡帕、海明威、玛丽·威尔士以及那些军人见面了。当时盟军部队一路向东拼杀，直捣巴黎。

有些人在第二次世界大战期间居住在丽兹大酒店里过着奢华的生活。随着盟军部队的到来，他们开始意识到即将受到可怕的惩罚。

6

法国女演员和她的纳粹情人

阿莱蒂在《魔鬼信使》中的剧照

通敌叛国没有好下场。

——雷内·德尚布伦伯爵

1944 年 5 月 27 日，正在欧内斯特·海明威在伦敦的病房里狂饮作乐的时候，身材矮小，头戴黑色贝雷帽的法国哲学家、作家让·保罗·萨特在巴黎庆祝他的新剧作《禁闭》在老鸽巢剧院举行首场演出。战前这家剧院观众云集，争取目睹贝特丽丝·布莱蒂扮演的各种著名角色。尽管她过着流亡生活，在德军占领期间各大剧院仍然观众踊跃，场场爆满。事实上以前很少出现这样的演出盛况。《禁闭》这部新剧带有明显的荒诞派色彩，讲述的是 3 个被锁在"无出口"房间里自我放纵的罪人故事。在法语里这部新剧的名称 Huis Clos 具有尖刻严厉的含义，是拉丁文法律术语 in camera 的直译，意思是"在私人房间里举行的审判"。

　　萨特的这部新剧上演及时得令人不安。那年夏季随着德军占领时期就要到了一个转折点，许多罪人开始明白他们最终也将在巴黎身陷图圉，面临着审判和痛苦的结局。

　　那天夜晚，巴黎老鸽巢剧院女观众中就有一位 56 岁风韵犹存的半老女人名叫莱奥尼·玛丽·朱莉·巴蒂亚。1898 年，就在丽兹大酒店首次开门迎客几个星期之前，她出生在巴黎市郊的一个工人阶级家庭。后来她超越了自己的卑微出身和早年卡巴莱歌舞演员的身份，凭借马塞尔·卡尔内在 1938 年执导的影片《北方旅馆》中的出色表演一跃成为国际明星。影片故事背景不是设置在浮华的旺多姆广场，而是设置在远处脏乱不堪的圣·马丁运河沿岸。她在影片中扮演一个顽固不化的妓女，在攻克巴士底狱那天上演了一出黑色喜剧。眼下她已成为同代人中最著名的电影明星，以阿莱蒂这个简称大名在法国家喻户晓。后来她在回忆起让·保罗·萨特的那部新剧作时说，当天晚上的演出"获得巨大成功"。

也许当天晚上阿莱蒂还带着她那位年轻的纳粹情人观看了演出。那年夏季，她坠入了情网。她的情人是一位英俊帅气的金发德军中尉，名叫汉斯·尤尔根·苏林，职业生涯初期在法国格勒诺布尔市学习法律，现在是驻巴黎纳粹德国空军将军司令官属下工作人员。

阿莱蒂同汉斯·尤尔根的风流韵事那时早已成公开的浪漫艳情。汉斯·尤尔根这位外交官的儿子，经常在浪漫温馨的夜晚坐在壁炉前，同老朋友剧作家兼电影编剧萨卡·圭特瑞一起向阿莱蒂介绍德国文学。这对情侣喜欢在丽兹大酒店临近康朋街拐角上的伏瓦辛餐馆里慢慢地吃午餐。那也是德国军官喜欢光顾的地方。阿莱蒂则向汉斯·尤尔根介绍国际大都市巴黎的各种享乐好去处，尤其是巴黎的剧院和歌剧院。在巴黎各大剧院经常可以看到他们出双入对，观看演出的身影。

6月6日随着盟军部队在诺曼底登陆的消息传遍巴黎，阿莱蒂突然发现自己面临着艰难的抉择。在她之前别人也曾面临着同样的抉择。同被德军占领的巴黎市内许多公民一样，她也认为自己是处于中立状态。毕竟巴黎陷落不是她的愿望。审问她时她也承认自己不是夏尔·戴高乐和他的"高乐"派支持者。她也不是纳粹党人。她傲慢地声称，自己不过是"高卢"烟草派，意思是说她是"高卢"牌香烟的狂热爱好者。吸高卢牌香烟也是毕加索和萨特那样的艺术家朋友们的标志性特点。

不过她早晚要下定决心最终支持哪一方。她的那些德国朋友警告她说做最后决定的时刻来到了。要不了多久她必须在汉斯·尤尔根和巴黎之间做出选择。

德军占领期间阿莱蒂并不是唯一一位在丽兹大酒店同德国情人过着奢

侈生活的法国女人。实际上在 1944 年夏季有好几位这样的法国女人。丽兹大酒店毕竟是一个第三帝国高官和轴心国外交官可以同法国平民近距离接触、悠然自在生活的地方，绝无仅有。

战争期间，在丽兹大酒店安家的一些女人都是漂亮迷人的法国女郎，她们有的是心甘情愿，有的是迫不得已忽略了爱国主义的种种细微要求。美国出生的二线演员，勇敢的抗德组织成员德鲁·达蒂娅在讲述德军占领时期往事的回忆录中，提到在巴黎一个小郊区她居住的街道上也有一位妇女，她的女儿就住在丽兹大酒店，经常从旺多姆广场往家里送很多食品，养活家人。丽兹大酒店另一位战时常客，阿莱蒂的朋友——德国作家恩斯特·荣格在 20 世纪 40 年代回忆起在巴黎历史悠久的著名银塔餐厅里吃过的一顿丰盛晚宴时，言简意赅地说道："在那个时代吃得好、吃得多，给人一种很了不起的感觉。"在丽兹大酒店可以吃到牡蛎，喝到香槟，但是在德军占领时期多达 20% 的人口食物短缺，营养不良。

当时即使可可·香奈儿也有自己的德国情人，他就是性情温和、颇有贵族气派的离婚男人汉斯·冯·丁克拉格。他是另一位潜伏在大酒店酒吧里的间谍，从事秘密工作。究竟他在为谁效力，谁也说不清。有人说他同威廉·卡纳里斯海军上将关系密切，后者是为巴黎抗德组织效力的双重间谍。还有人说汉斯·冯·丁克拉格是第三帝国间谍。

德军占领期间在丽兹大酒店入住的许多房客都同电影业有关。电影业不是发轫于洛杉矶，而是发轫于巴黎。在 20 世纪 20 年代和 30 年代丽兹大酒店一直是电影界的中心。这种重要影响不可避免地在一定程度上延续下来。这就是为什么布兰琪·奥泽罗首先来到巴黎的原因。德国将军奥托·冯·斯图普纳格尔（有位认识他的人回忆说"他喜欢拘押人质并把他们杀掉"）经常在丽兹大酒店同一位臭名昭著的荷兰电影界坐探、间谍共进午餐。法国维希傀儡政府高官皮埃尔·拉瓦尔的千金小姐乔茜·德尚布伦是一位不折不扣的电影明星资助人，由于她神通广大，能搞到各种旅行通行证，所以她实际上也是电影明星经纪人。

自 1943 年春季起，阿莱蒂一直断断续续地去往法国南部，因为她正在主演一部由马塞尔·卡尔内执导的影片《天堂的孩子》。这部影片最终于 1945 年发行放映。乔茜·德尚布伦动用所有关系为演员和剧组工作人员从德国人那获得了必需的审批许可。阿莱蒂从朋友的帮助中在物质上受益匪浅。那年春季，她作为电影明星每周的薪酬为十万法郎，相当于巴黎市民家庭平均周薪的 160 倍。

在丽兹大酒店门外的世界，法国到当月中旬已经陷入极度混乱。同盟国军队在诺曼底的登陆行动正在进行中。刚刚展开不久的抵抗运动因此受到激励，不断发展壮大。巴黎市内的防空警报一天要拉响三四回。每天晚上法国上空都有同盟国飞行员和机枪手被击落。地面上盖世太保荷枪实弹，带着警犬大力搜查在空战幸存下来的同盟国空军士兵。维希傀儡政府通敌勾当的主要谋划者之一、乔茜·德尚布伦的父亲也参与了上述恐怖行动。

在丽兹大酒店，即使防空掩体也是一流的奢华场所。地堡里面铺着毛皮地毯，配备有各种丝绸睡袋。英国风趣幽默人物诺埃尔·考沃德[1]曾在假战[2]期间被派往英国战争宣传机构——也忍不住一边大笑，一边回忆可可·香奈儿的用人跟在她身后，手里还抱着缎面枕头上的防毒面具的情形。那时眼前是一片熙攘喧闹的景象。每个人都知道军事目标远离旺多姆广场，位于郊外铁路车场那一带。那天春季夜晚，巴黎部分区域的死亡人数超过 1940 年至 1941 年伦敦闪电战期间最惨烈时的死亡人数。阿莱蒂对任何不顺心之事的反应只是开个玩笑而已。她在写给汉斯·尤尔根的信中说："巴黎一下令，法国就执行……到处都是爆炸声。"

到了 1944 年 6 月中旬，整个欧洲的形势很快变得紧张起来，其中部分

---

① 译者注：1899 年 2 月 16 日—1973 年 3 月 26 日，英国演员，剧作家。

② 译者注：指纳粹德国 1939 攻占波兰与 1940 年进攻挪威、丹麦之间的那段战争沉默的时间。

原因是同盟国之间发生了争执。夏尔·戴高乐同英美两国闹得很不愉快，因为他们拒绝推举他担任战后法国领导人，而是坚持成立同盟国临时军政府的立场。英国首相丘吉尔大为恼火。最后夏尔·戴高乐把这位英国首相称为"恶棍"，并与 6 月 14 日那天动身前往法国巴约。

抛开夏尔·戴高乐的责骂暂且不提，当时真有那么一伙儿恶棍在巴黎兴风作浪，狂暴肆虐。6 月 14 日约瑟夫·达尔南德——此人为自己赢得了"法国的希姆莱"的恶名[①]——当时担任维希傀儡政府内政部长，他负责指挥法国警察的日常恐怖行动。乔茜的父亲皮埃尔·拉瓦尔则是恐怖行动的总指挥。

但是达尔南德当时正在指挥着一场暴徒行动。他被提升为秘书以后，巴黎实际上陷入了内战。这场内战的一方是他领导的准军事暴徒民兵组织，另一方是冷酷无情的游击队抵抗组织。即使近在 6 月末，积极参与抵抗德军占领运动的巴黎公民少得令人惊讶。在夏季结束之前，抵抗组织在法国全国大约发展到数十万人，不到全国人口总数的 3%。无论后来有谁虚张声势大肆渲染，都无法改变这一事实。

随着诺曼底登陆行动逐渐结束，到处盛传同盟国军队将于月底占领更多地区，德军高层管理人员开始显现出恐惧忧虑的迹象。德国驻法国大使奥托·阿贝茨和他那位法国出生的妻子苏珊娜正在作撤离的准备。汉斯·尤尔根也督促阿莱蒂这样做。

阿莱蒂再次对他的担心一笑置之。她无法相信奥托和汉斯正在拟定撤离路线。奥托是"我遇到的第一位德国官员"，她对汉斯·尤尔根抱怨道。1940 年她在萨卡·圭特瑞家里遇到了奥托。如果他要离开，一个时代就要结束了。

汉斯对奥托和苏珊娜讲过眼下的形势，并且认为如果同盟国军队到来，

---

① 译者注：希姆莱是纳粹德国秘密警察首脑，法西斯战犯。

谁也不会把占领者看成是中立人物。他们动身前往德国时阿莱蒂可以同他们一起去。有关手续也许要花费一些时间，但是乔茜答应可以帮忙。如果阿莱蒂同意，汉斯可以带她去柏林。假如逃往德国会伤害她的爱国心，他甚至提出可以安排她去瑞士。但是他督促她采取行动——立刻离开巴黎。

她就是听不进去。直到 7 月第一个星期快要结束时，阿莱蒂的危急时刻才算真正来临。当时发生了两件大事。

第一件事是汉斯·尤尔根告诉她说无论如何他都要离开巴黎。他仍然要求她一起走。德国人就要撤离巴黎了。

第二件事是一起残忍的谋杀事件。受害者是她的老朋友，来自丽兹大酒店的乔治·曼德尔。7 月 7 日那天，皮埃尔·拉瓦尔雇佣的一些武装暴徒把他拉到离巴黎不远的枫丹白露森林里枪决了，以震慑抵抗组织。阿莱蒂再也无法回避残酷的现实：对于有些人而言，巴黎已经变得日益危险了。麻烦的是，她还看不出自己也已成为易受攻击的对象。

乔治·曼德尔的战争岁月故事在巴黎开始，也在巴黎结束。丑陋的暴行终于发生了。记者出身的政治家乔治·曼德尔被关押将近四年。在柏林城单独监禁状态下，他度过了关押时期第一个阶段的大部分时间。1943 年春季，那些抓捕他的人把他转移到布痕瓦尔德集中营，一直关押到盖世太保对他们不满为止。他在那里关押时终于获准可以给贝特丽丝·布莱蒂写几封情书了。在那些信中他没有透露重病缠身的情况。"吃了集中营给的安眠药，"他在日记中最后写道，"我只睡了 5 个小时……醒来时浑身难受，疼痛，恶心。费了好大力气起床穿衣。早晨只喝了一杯清茶……我感到非常孤独。谁也指望不上。我的每一个举动都受到监视。"他时刻处在监视之下。

消息很快传遍了丽兹大酒店：这位很受欢迎的常客被带回巴黎杀害了。当年他的一番鼓励使玛丽－路易斯·丽兹相信她应该让大酒店继续开门迎客。杀害他的命令就是从旺多姆广场丽兹大酒店对面的司法部办公室下达的。

皮埃尔·拉瓦尔和奥托·阿贝茨在幕后展开了一场为时一周的激烈较量。当月第一天，沾沾自喜的阿贝茨（几个月以来他一直在怂恿他人促成这一杀人行动）对维希内阁首席部长拉瓦尔说："那位犹太囚犯正在飞机上飞往巴黎。"拉瓦尔要确保他被处死。"这算不上你送我的一个礼物。"拉瓦尔小声抗议道。

一个星期以后，法国盖世太保把9颗子弹射向乔治·曼德尔，然后把他被打成烂洞的尸体放进了汽车后备厢里，然后用机枪击毁了汽车。他们这样做是为了嘲笑抵抗组织，让乔治·曼德尔的惨死看上去像是疯狂的法国抵抗运动成员干的。

乔治·曼德尔的老朋友温斯顿·丘吉尔在伦敦听到这个消息后深感屈辱。夏尔·戴高乐当时仍然同英美两国领导人之间存在着分歧。丘吉尔一直声称，曼德尔是"第一位抵抗者"。在德军占领时期的最后一个夏季，这位英国首相不停地感叹：要是形势对法国及其盟国同现在不一样就好了。戴高乐与英美联盟之间的紧张关系将成为持久的战争后遗症，并在战后塑造了现代欧洲的格局。

报纸上的新闻报道可以反映出那年夏季巴黎的社会现实究竟有多么黑暗。对于那些念念不忘当年审判德雷福斯情形的人士而言，报纸上的说辞熟悉得令人感到沮丧。《我无处不在》（*Je Suit Partout*）是一家右翼报纸，原先由法国作家罗伯特·布拉西亚克担任编辑，后来编辑又换成了一个名叫皮埃尔·安托万·库斯托的人。这家报纸以赤裸裸地反犹太主义言词报道了乔治·曼德尔遇害事件："我们感到遗憾的是，那位应该死上一千次的犹太囚犯没有被公开审判处决。不过最重要的是，那位名叫曼德尔的犹太人从此永远消失了。"

拉瓦尔一再表示他的政治老对手的死不是他造成的。虽然对于拉瓦尔来说在战争中培养良心为时已晚（是他亲自签发了把那位犹太人囚犯驱逐出境的命令）。他依然发誓说，他曾经设法阻止那种情况的发生。他只是听说发生了暗杀事件。"我无法用别的词"来描述那个事件，7月8日上午他勃然大怒，语无伦次地论说一气。拉瓦尔确信，命令出自德国政府高层。这很容易使人想到奥托·阿贝茨知道一些内幕。"你立刻去德国大使馆，"他对一位下属说道，"直截了当告诉阿贝茨"事情到此为止。"一具尸体就够了！"

但是很快又出现了一些尸体。

暗杀事件是席卷巴黎的暴徒式武力对抗最新升级的表现。许多同德国人勾结通敌的人突然之间看明白了一点，即当（没有"如果"，只有"当"）巴黎解放时，中立地位不会成为有效的辩护说辞。拉瓦尔一再表示他没有做过任何卖国的事情。直到最后他还说他只不过是"破产受托人"。在他的卖国政府中有些人甚至对他突然发起攻击，公开指责他的"中立政策"，要求法国进一步支持第三帝国，要求出卖他的官僚机构拥有更大的权力。

在通敌妥协的核心集团内部拉瓦尔由于软弱无能受到轻视。在集团外部他也知道许多同胞都憎恨他。巴黎很少有人相信那起暗杀事件不是他指使手下人干的。随着同盟国军队离首都越来越近，审判的时刻就要来临。

乔治·曼德尔遇害后，正如一位同僚后来回忆的那样，拉瓦尔失去了一位在惩罚清算之日可以为他求情的人。拉瓦尔的职业生涯起步于法律工作，因此他对于审判并不陌生。萨特的剧作《禁闭》中早有预言：任何退路都已不复存在。那天上午，他一放下电话心里就明白了这一点。

1940年在波尔多码头，阿莱蒂最后一次看到乔治·曼德尔。她望着那艘船缓缓地驶离海港，把贝特丽丝·布莱蒂送到安全的流亡生活之地。

阿莱蒂决定不搭乘最后可乘的船只离开，反而要回家，回到巴黎。

尽管丘吉尔再三劝告，曼德尔仍然拒绝逃身，继续同北非自由法国抵抗组织并肩作战。他立即遭到逮捕，被出卖者交到了德国人手里。

几天后，阿莱蒂在巴黎的一条街道上最后一次看见了皮埃尔·拉瓦尔。当时他参加完曼德尔的葬礼刚刚回来，正在河畔行走。她注视了片刻，只见拉瓦尔弓着身体、迈着疲惫的脚步向圣母大教堂走去。

接连好几个星期阿莱蒂把汉斯·尤尔根·苏林提出的所有计划和忧心忡忡的建议一概否定了。眼下她开始第一次认真地思考着这些计划和建议。她曾三番五次拒绝他的恳求，"我，离开？"她跟他开玩笑说，"绝不。我情愿在法国被人砍了头。在我的国家里。"

"当我对他说我不会走时，"她后来回忆道，"他对我说：我会挽救它的。"

此时苏林无法再许诺德国人会挽救法国首都。

她给知心老朋友萨卡·圭特瑞打去了电话。她知道阿莱蒂正在为做最后的决定而大伤脑筋。"她变得心神不安，"他后来回忆说，"她甚至还谈到了最后可能遇到的麻烦。她闲聊了一会儿，仅仅是处于礼貌。"尽管她自己不想承认，可是这位平时天不怕地不怕的阿莱蒂这回也变得紧张起来。

阿莱蒂简直无法同现实妥协。在德军占领期间，她一直作为电影明星和名人过着与世隔绝的生活。有时现实生活同那些幻想情境之间的界线变得非常模糊。

那种与现实隔绝的梦幻感就是她失败的原因。安置在丽兹大酒店和巴黎各处的被没收了私人府邸里的德国行政官员正在收拾行李。

勇往直前或是承认脆弱易受攻击，面临这两种选择的阿莱蒂，屡次做出了符合她著名电影人物身份的回应举动。她采用的是嬉笑怒骂的讽刺手段来进行反抗。她用心权衡思考了中立身份和应受惩处等问题，最后判定那一切（指战争及其全部丑恶之处）全都不关她的事。在她看来，她的唯一罪过就是爱上了一位很有魅力的军官，而他恰恰是一个德国人。那是她自己的私事。对于任何指责她同德军占领者有染的人，她都甩出一句尖刻俏皮的现成语句反唇相讥："你们要是没把他们放进来，我也不会跟他们睡觉。"后来她说得更加粗俗放肆:"我的心属于法国,可我的屁股属于全世界。"

她爱着汉斯·尤尔根·苏林;不仅爱得激情似火,而且爱得生动如歌,甚至爱得意乱情迷,神思恍惚。最后她依然固执地再次告诉汉斯·尤尔根,她不会离开巴黎。这一决定绝不反悔。她和汉斯·尤尔根之间从此无法再续温情,后来的事情再无往昔半点相似之处。

汉斯·尤尔根离开以后,阿莱蒂才开始想到她那种蔑视态度和辩解行为将会带来严重后果。巴黎比她想象的更加孤独,更加残酷。她给圭特瑞打了个电话。这一回不仅仅是为了闲聊。

"你以为会发生什么事?"她问道。

萨卡对她说:"不要担心。"

然而这样的话语对他们而言已无任何意义。

阿莱蒂哭着对萨卡说,她真希望当初同汉斯一走了之。也许她会在以后几个星期内离开巴黎。但是此时要想离开却没那么容易了。1944 年夏季,他们在丽兹大酒店全都被隔离审讯——他们在一个即将爆发的由治安维持会成员参与的激进法律制裁运动的城市里被关押起来。这次法律制裁运动的残酷程度甚至将这个对战争感到厌倦的世界惊得目瞪口呆。

阿莱蒂很快会发现,她已成为其中的一个主要制裁对象。

7

酒吧犹太侍者与抗德秘密组织

巴黎解放前夕的丽兹大酒店酒吧

一位优秀的酒吧侍者真的需要具备外交官应该具备的所有能力，而且还要懂得更多。

——弗兰克·梅耶，出自《调配饮料的技艺》序言，1936

在丽兹大酒店靠近康朋街一侧的酒吧里，一切都显得那么明亮安静。桃花心木吧台熠熠闪光。弗兰克看到一夜之间有人把黄铜器皿和镜子擦拭得锃亮，一如既往。

然而，1944年7月21日星期五那天在丽兹大酒店绝非一个普通日子。弗兰克感到忐忑不安。巴黎最高司令官卡尔·海恩里希·冯·斯图普纳格尔和他的联络官凯撒·冯·霍法克上校自上星期五以来一直感到紧张不安。这位将军自任命之日起就一直住在丽兹大酒店的套房里，管理着巴黎市的日常事务。

有一个消息迅速传遍了巴黎全城：前天一位德国民族主义者企图刺杀阿道夫·希特勒未果，遭到惨败。这对于抗德运动而言是个重大损失。

弗兰克知道这个刺杀计划的很大一部分内容是在他举行的鸡尾酒会上酝酿成形的。他之所以知道内幕，因为他本人也参与其中，至少沾个边。

丽兹大酒店的穿堂里已经挤满了海恩里希·希姆莱手下那帮臭名昭著的党卫军士兵。甚至对刺杀希特勒计划一无所知的德国人也吓坏了。冯·斯图普纳格尔将军受命立即返回柏林，那天早晨在巴黎城外的路上企图自杀，此时已被盖世太保拘押起来。冯·霍法克与另一位德军上校汉斯·斯派达尔一起失踪了。

弗兰克曾经为他们这些人担任过代理人。

由于很多纳粹高官卷入到遭到惨败的刺杀行动中，盖世太保不会立即盘问他。反倒是布兰琪·奥泽罗成了他们真正的累赘。6个星期前，盖世太保于6月6日逮捕了她，当时她轻率地跑到外面庆祝盟军部队在诺曼底登陆。她是犹太人，弗兰克知道这一点，因为他曾经帮她伪造过护照。她也在为抵抗组织工作。

实际上弗兰克知道至少还有两名丽兹大酒店的员工也在从事抵抗活动。无论如何，大部分员工都知道这一秘密。丽兹大酒店范围毕竟有限，不可能藏住一切。此刻他们全都面临着忠诚与勇气的最终考验。会不会有人屈服于恐怖环境，把他们全部出卖给盖世太保？是否还有什么办法向他们当中最薄弱的环节发出警告？

弗兰克晃动着身体穿上白色外套，整理了一下夹鼻眼镜，思绪又回到了前一个星期。上星期五是攻克巴士底日（7月14号）——法国国庆日。作为形势迅速发生变化的一种象征，十万巴黎市民走出室外，勇敢面对军政府的装甲车毫不示弱，并且用枪声和火堆封闭了街道。德国军政府采用威胁手段平息了示威活动，但是天空中第一次散发出一股明显的烟火味道，显示出愤怒的抵抗迹象。

那天夜晚，斯派达尔上校出人预料地回到了巴黎。自战争爆发起，他在丽兹大酒店一住就是好几年。当时他于1940年首次担任巴黎最高司令官的参谋长。巴黎陷落后头两年他负责监督丽兹大酒店的运行情况，主要是平息外交纠纷，向客人解释为什么在战争期间鱼子酱货源不足等问题。丽兹大酒店也是他履行第二个使命的最佳场所：他受命扶持一批使巴黎文化保持活力的优秀艺术家、科学家。这也是元首高瞻远瞩的特意安排。实际上阿道夫·希特勒在德军占领时期的第一个夏季访问巴黎时，为他担任导游的人正是汉斯·斯派达尔。

现在斯派达尔又继续处理军政要务，大部分时间在距城外25英里的拉罗什吉永城堡度过。那里是区域性的军事指挥部。4月份他又被任命为陆军 B 集团军陆军元帅，素有"沙漠之狐"之称的埃尔温·隆美尔的参谋长。自那时起，他一直没有回来过。汉斯这次重返巴黎时，丽兹大酒店使他有一种回家的感觉，每个人还都记着他。

弗兰克回想起往日那诸多风险和脆弱环节，回想起酒店员工一次又一次逃过德国人注意的情景，他不能不想到汉斯·斯派达尔。因为汉斯是怀疑布兰琪真正身份的德国人之一。据说早在 20 世纪 20 年代，她就以布兰琪·鲁宾斯坦小姐的身份乘船来到了巴黎。那时她是一位美籍德裔二流电影明星（犹太人），也是一位埃及花花公子的情人。可可·香奈儿一开始也知道她早年的一些秘密。有一天，这位逐渐衰老的服装设计师在丽兹大酒店后面的楼梯上遇到布兰琪时将她拦住。"我的一位女店员说你是犹太人，"可可·香奈儿提到了这一点，"你无法证明你是犹太人，对吧？"随后什么也没说。这是一种含有弦外之音的评语。布兰琪认为这句含沙射影之词有一种不祥的意味。人人都知道，凡事只要一涉及犹太人，香奈儿就不惜使用一些不正当手段。香奈儿的律师德尚布伦，也就是皮埃尔·拉瓦尔的时髦女儿乔茜的丈夫，正在帮助她把她的香水公司从犹太人生意合作者那里夺回来。香奈儿在 20 年代初期曾将一大部分股份卖给了他们。布兰琪本人并不是香奈儿特别喜欢的人。

德国人查看了布兰琪的证件，一切都符合技术要求。她的护照上多年来一直写着布兰琪·罗斯，天主教徒，来自美国俄亥俄州。然而她并不清楚克利夫兰市在地图上标在何处。没有人相信证件上写的内容。不知道为什么，此事没有进一步追究。因为她嫁给了一个法国公民，所以她可以留在巴黎。

让弗兰克感到高兴的是布兰琪以前没有垮下来。他希望她现在也不会垮下来。但是，既然刺杀希特勒和戈林的秘密计划同大酒店里的房客有关，不难想象会有一位精明的盖世太保重新对她施加压力。

护照的事情已是旧闻。10 多年前，弗兰克帮她伪造了那本护照。眼下他仍然帮那些需要离开被占领的巴黎的人伪造护照。弗兰克帮她联系上了一位名叫克里普的犹太人，此人收取了100美元费用，然后伪造了假证件，把布兰琪的年龄减去了几岁。后来她又在美国领事馆延长了护照期限。新护照完全合法。

麻烦的是，最近布兰琪同克里普有过合作。克里普也参加了秘密抵抗组织。他们需要他帮忙协助一位被击落的英国皇家空军机枪手逃出巴黎。布兰琪德语讲得同德国人一样好。在整个战争期间，她通过各种地下组织网络帮助被击落的同盟国空军战士逃出了敌占区。同盟国空军战士再次经常被击落，令人震惊。

布兰琪已经身陷囹圄。麻烦的是，即使她在状态最佳的时候也表现得既不特别谨慎，又不特别可靠。她喜欢不合时宜地摆出一副蔑视一切的样子。正是这种做派造成了她目前的困难。这已经不是她第一次被盖世太保逮捕了。据一位知情者透露，6月6日那天她和一位名叫莉丽·卡玛耶芙的东欧女友在马克西姆餐厅用餐。当时盟军在诺曼底登陆的消息使德国人变得特别残暴。关于那次餐厅出事流传着各种不同的说法。有人说喝得微醉的布兰琪反复用德语要求乐队演奏《上帝拯救国王》，而且还抱怨新鲜牡蛎留给了德国人。还有人说布兰琪对两位同纳粹情人一起吃情侣午餐的法国女人突然发难，直言不讳地说她们是婊子、叛徒。布兰琪的侄子后来回忆说，她声称一名德国人对她说了一句"希特勒万岁"，她立刻把一杯香槟酒泼在了他的裆部。那些最了解她的人不相信别人说的这些事情真的令人遗憾地发生过。有关她数次被捕的传说常常是五花八门，杂乱纷呈。巴黎许多人都理解那种情感，但是将其大声地讲出来反倒不明智。

莉丽和布兰琪因不尊重德国人被送往臭名昭著的拘禁营地。从造成的直接后果来看，当时她们那样做的确不明智，不值得。现在她们都在接受调查。如果盖世太保发现她们暗地里都干过什么，最终她们都会被处决。除了她们以外，别人也要遭到牵连，丽兹大酒店大部分员工都可能跟着她们一起倒下去。

西班牙内战期间，莉丽·卡玛耶芙曾在西班牙战斗过。现在她们又参加了巴黎的法西斯抵抗组织。另外她还同一些流亡的俄国电影制片人和演员有交往，这些人在 20 世纪 20 年代和 30 年代的巴黎同导演雅科夫·普罗塔扎诺夫合作过。也许她和布兰琪第一次相遇是在她 1923 年拍摄的影片《一夜情》的拍摄现场。影片中有一个女配角演员名叫布兰琪·罗斯，那是布兰琪·鲁宾斯坦在 20 世纪 20 年代使用的艺名。这个艺名最后又被她用在了那本假护照上。

无论她们当初怎么样见面，后来莉丽把她的老朋友布兰琪招进了抵抗组织。布兰琪装扮铁路工人的妻子把一些军事照片偷偷带出巴黎。对她们而言最危险的是，有一次莉丽把一位名叫温森佐的共产党战士藏在了丽兹大酒店 414 号房间，让他在那里养伤。有些酒店员工也知道这种情况。看门人把新钥匙交给她们。虽然克劳德对于她从事的神秘活动一无所知，当纳粹党怀疑有问题时，克劳德仍然替她做掩护。大家都竭尽全力不让玛丽－路易斯·丽兹了解到一点儿蛛丝马迹。她的儿子却说，她看到了"该死的一切情况"。

早晚都会有人警告玛丽－路易斯对德国人那么友好是危险的。

德国人已经怀疑布兰琪藏匿逃犯，从事政治恐怖活动。假如她现在撑不住垮下来，盖世太保决定对克劳德进行审讯，很多情况都会暴露。他已经被逮捕过一次，因为怀疑他同情共产党员。他没有参加巴黎的任何一个组织松散的运动，但是他却同一些酒店员工建立自己的抵抗组织，在丽兹大酒店安置一些"元首客人"时向同盟国提供情报。德国人猜测他是为英国情报机关效力。弗兰克和绰号"猎人"的酒店看门人雅克同为克劳德效力。

克劳德组建的抵抗组织是一个别出心裁的系统，利用酒店的各位瑞士联络人开展活动。克劳德同占领区的一个生意伙伴开展合作，经常从办公室里打电话，把密码情报轻松地传递出去。同克劳德接头的人把情报送到靠近瑞士边境的一位铁路工人那里。后者再把情报送到中立地区的同盟国特工人员手里。他们给每个德国军政要员都编了号码，有时密码通过水果或蔬菜的数量来编排。他们给德国元帅赫尔曼·戈林起了一个具有讽刺意味的绰号"土豆"。克劳德还设法动员巴黎的其他酒店经理加入抵抗组织。由于乔治五世酒店的经理拒绝加入，从此便结束了他们之间的友谊。

7月21日下午，就在刺杀阿道夫·希特勒与赫尔曼·戈林的行动失败数小时之后，弗兰克·梅耶也许并不是立即受到怀疑的人，但是如果他的秘密暴露，他就会陷入极为危险的境地。他能否挺过下一周的报复行动，这可不是布兰琪说了算。当天在丽兹大酒店纳粹冲锋队并不是在搜寻受伤的机枪手和法国抵抗运动成员，他们在全力调查德国人的秘密行刺计划。丽兹大酒店里的酒吧是弗兰克的地盘，战争爆发后那里就是德国抵抗运动的组织中心所在地。

奥地利出生的弗兰克一直充当他们的秘密信使。他并不知道秘密情报的内容。他非常精明，不会因好奇而陷入险境。在整个战争期间，他一直为卡尔·冯·斯图普纳格尔和汉斯·斯派达尔传递情报，是一位很能干的特工人员。

丽兹大酒店长期以来已成为许多谍报活动的核心场所。旺多姆广场周围设有多处谍报站。旺多姆广场7号表面上是国际商业公司办事处，其实那是由德国经济学家弗朗茨·格鲁格博士领导的情报组织，专门为阿博维尔情报机关外国情报站提供情报。另外一位谍报大师豪普特曼·韦根把他的住所搬到了旺多姆广场22号，同一位名叫皮埃尔·科斯塔蒂尼的"脾气很坏"的意大利科西嘉特工人员住在一起。康朋街那一侧的酒吧也是体态丰满的德国社会名流英加·海格（绰号"彩绘娃娃"）爱去的地方。她是阿博维尔情报机关首领威廉·卡纳里斯海军上将的侄女。而上将本人是为英国MI—6谍报机关效力的双重间谍。

战争初期，英加·海格在设于被征用的卢泰西亚酒店里的德军高级指挥部担任秘书，但是每周她都和朋友一起参加弗兰克在康朋街举办的鸡尾酒会痛饮一番。海格同她那些圈内大部分朋友一样，也是一位为她伯父的谍报机关和一部分德国抵抗运动成员效力的间谍。对此，弗兰克并不知情。她还负责向犹太居民提供假护照。他们干的也是同样的差事。

同英加来到酒吧的另一位丽兹大酒店的常客是皮埃尔·安德烈·查万尼斯。他经常在酒吧喝酒，为此弗兰克特地为他配制了一种签名鸡尾酒"欢乐甜蜜的安妮"，采用三分之二白兰地酒，三分之一葡萄汁，外加少量蜂蜜配制而成。皮埃尔·安德烈也加入了巴黎的反纳粹组织。早在1941年他就被捕过，被判处死刑。让人啼笑皆非的是，正是弗兰克编写的那本《调配饮料的技艺》（1936）在巴黎于最后关头鬼使神差地救了他一命。当时在福熙大街皮埃尔·安德烈的公寓里，抓捕他的德国人及其随队人员偶然发现了弗兰克编写的那本鸡尾酒调配经典之作《调配饮料的技艺》。喝了几杯浓稠的饮料之后，皮埃尔·安德烈竟得以戏剧性摆脱那些喝得头昏脑涨的狱卒，逃到了巴黎以外的安全之地。

弗兰克为英加和她的朋友们传递过情报。但是英加注意到他似乎同时也在为卡尔·冯·斯图普纳格尔和汉斯·斯派达尔传递情报。他们都在保护那位犹太侍者。具有讽刺意味的是，一伙德国抵抗组织成员在暗中监视另一伙德国抵抗组织成员，彼此都怀疑对方仍然效忠柏林。就像克劳德直到后来才知道布兰琪在暗地里干什么一样，英加和她的伯父似乎从来没有发现冯·斯图普纳格尔和汉斯·斯派达尔正在筹划一次胆大包天的行动。把这种生死攸关的秘密透露给任何人都极其危险，因此只能守口如瓶。

1944年1月英加的伯父威廉·卡纳里斯上将突然失踪，接替他的是油滑的瓦尔特·谢伦贝格。1943年与1944年冬季，女时装设计师香奈儿和瓦尔特·谢伦贝格的助手两次去了柏林，没有人确切地知道他们暗地里都干了些什么，也没有人会怀疑党卫军将军瓦尔特·谢伦贝格参加了德国抵抗组织。

弗兰克注意到，在蓄意刺杀希特勒和戈林的行动失败后又有一批丽兹大酒店的常客失踪了。英国广播电台报道了这则消息。那些暗藏设备的人通过一些模模糊糊，但又颇有吸引力的零碎片段最终了解到这一情况。后来全世界都知道了具体细节。

曾经发生过的是一幕令人惊讶的忠勇与背叛悲剧。不久前，巴黎那三个主要密谋策划者汉斯·斯派达尔、凯撒·冯·霍法克和卡尔·冯·斯图普纳格尔力劝斯派达尔的上司，陆军元帅埃尔温·隆美尔在巴黎会见他们，召开一次秘密战争会议。

这位陆军元帅在2月里已许诺支持他的老朋友冯·斯图普纳格尔采用军事手段推翻希特勒的计划。但是在政治暗杀这个问题上，他固执地拒绝同意。

在攻克巴士底狱纪念日发生骚乱前后他们最后一次会面时，所有那一切都发生了变化。隆美尔这位陆军元帅最终也认为希特勒已经陷入疯狂幻想的境地，这是毫无疑问的。作为陆军B集团军的最高统帅，隆美尔比任何人都清楚随着盟军部队从东面和北面两个方向不断进军巴黎，德国对法国的控制变得日益不稳。

隆美尔仍然在道义上反对行刺希特勒。他想给元帅最后一次明白道理的机会。如果遭到拒绝，这位"沙漠之狐"表示他将全力以赴配合三位谋反者，"公开地无条件地"一干到底。他还表示将利用手中的权力尽一切努力，确保他的副手陆军元帅贡特尔·冯·克卢格在最后一刻绝不退缩。冯·克卢格已经同意支持这个秘密计划。但是每个人都对他的可靠程度表示怀疑。

后来在7月17日一次车祸中，这些谋反者最终还是失去了埃尔温·隆美尔。当天在法国的一条乡间公路上，加拿大皇家空军从空中扫射击中了陆军元帅隆美尔的汽车，司机当场被击毙。汽车以全速猛地一下栽到路旁沟里，造成了严重车祸。"沙漠之狐"头部伤势危险，无法继续履行职责。他将在医院治疗一段时间，然后送回德国恢复健康。由于发生了行刺事件，他不可避免地将被处决。

密谋策划者们必须在控制巴黎后依靠冯·克卢格的支持。此刻他在法国北部掌控着德国军队。

也许贡特尔·冯·克卢格甚至打算支持秘密行刺计划，不过要看最终结果如何。7月20日那天，经过数月甚至数年秘密策划与暗地惊恐之后，刺杀希特勒的瓦尔基里行动迅速展开了。在希特勒遥远的"狼穴"指挥部里，凯撒·冯·霍法克的远房亲戚克劳斯·冯·斯托芬伯格把一个绑有爆炸物的公文包放在了元首桌子底下。他点燃导火索后，很有礼貌地告辞了。当炸弹轰的一声巨响炸穿了木板营房时，克劳斯已登上一架正在等待的飞机返回柏林，准备启动第二阶段军事接管计划。

当天是星期四，在巴黎汉斯、凯撒和卡尔整个下午都在焦急地等待着。下午4点45分，从电线里传来了盼望已久的那份电报，内容只有简短的"内部动乱"几个字。这句密语的意思是"阿道夫·希特勒已死"。下午6点钟，收到了另一份电报。如果元首已死，根据事先早已制订的计划将由当地的将军司令官控制被占领的地区。这些人经过精心挑选早已成为秘密计划中控制德国的骨干力量。法国军事总督冯·斯图普纳格尔对上述命令表示拥护。他立即下令逮捕关押恐怖的党卫军及其情报机关德国保安部的全部指挥人员。

1944年7月20日，夜幕刚刚降临，巴黎就已完全被德国抵抗组织所控制。

本来形势很快就会出现扭转局面。再过几个小时，消息就会传遍巴黎的大街小巷。经过那次攻克巴士底狱纪念日群众大游行之后，谋反者们已经毫不怀疑法国人很快就会使任何人无法继续占领法国。

这一切均取决于贡特尔·冯·克卢格下令军方支持总督。

卡尔和凯撒当天晚上急匆匆地赶到设在拉罗什－基永城堡的陆军指挥部，同陆军元帅进一步策划从内部解放法国的最后几个阶段。有了军方支持，对法国的占领就会土崩瓦解。首都将向距城只有几百英里的同盟国军队敞开大门。他们将采取多种措施挽救德国。几个月以来，那谋划刺杀希特勒及其帝国元帅的人一直在想方设法搜集情报，力图搞清楚怎样才能说服同盟国同后希特勒时代的德国结束战争。

在拉罗什－基永城堡，冯·斯图普纳格尔闯进冯·克卢格的办公室向他传达了最新消息。他们已经动员了纳粹精英保安部队。巴黎已在掌控之中。现在冯·克卢格只需与同盟国军队取得联系，协商和平解决法国问题方案。

冯·克卢格马上向他们透露了不会停战的消息。晚上 7 点钟，希特勒出现在广播里，让他的指挥官们确信他还活着。克劳斯·冯·斯托芬伯格在"狼穴"里没待多久就发现，那个绑有炸弹的公文包就在爆炸前短暂时间里被人从希特勒的身边移开了。他们在没有确定计划最关键的部分是否已获成功的情况下就贸然开始行动。这是一个灾难性的战术错误。

由于行动失败，贡特尔·冯·克卢格拒绝支持他们。他对冯·斯图普纳格尔说，"如果那头猪已死"，情况就不同了。虽然他们说如果军方支持他们，从希特勒手里夺取巴黎控制权的计划仍然可以获得成功。然而冯·克卢格并不准备那样赌一回。对于冯·霍法克和冯·斯图普纳格尔来说，驱车返回巴黎真是一段漫长而又绝望的旅程。他们的汽车开走时，冯·克卢格决定要保护自己免遭那将来临的残酷清算惩罚。必须将冯·斯图普纳格尔逮捕移交给盖世太保。他立即下达了命令。

汉斯、凯撒和卡尔当晚没有回丽兹大酒店的豪华套房或康朋街一侧的酒吧。丽兹大酒店仍然是德国精英领导者的大本营，那里太危险了。这几位密谋策划者在距福熙大街德国保安部指挥部和盖世太保很近的拉斐尔酒店 703 号套房里聚在一起议事。拉菲尔酒店一直是他们召开组织会议的主要行动大本营所在地。

消息很快传到巴黎的其他谋反者那里。当晚一小组德国抵抗者正在等待卡尔和凯撒从拉罗什－基永城堡返回巴黎。此时，卡尔的参谋长汉斯·冯·林斯托上校在电话中接听到从德国传来的令人绝望的消息，震惊得他说不出话来。他跌跌撞撞地闯进了房间向其他人传达消息。有人站起来把他扶稳，还以为他心脏病发作了。他惊恐地望着他们，艰难地说："柏林那边全完了，"他高声喊道，"斯托芬伯格刚刚打来电话，亲自把消息透露给我。他还对我说要刺杀他的人就在门口。"

回到柏林后，克劳斯·冯·斯托芬伯格没有活过当天夜晚。他立刻受到军法审判。7月21日午夜刚过10分钟，他和其余3名密谋刺杀希特勒和戈林的头目人物在军事指挥部大院里，被行刑队借着低照的军车灯光执行枪决。在巴黎，没有人怀疑下一次该轮到他们了。

卡尔·冯·斯图普纳格尔最终回到了巴黎。他决定最后要次花招，绝处求生。那些被捕的党卫军和德国保安部军官被关押在大陆酒店一个大舞厅里。这些首领们既感到迷惑不解，又有些忧心忡忡。他们当天晚上喝了不少昂贵的科尼亚克白兰地酒，一个个酩酊大醉。卡尔终于明白他们必须释放这批囚犯。他还明白，就那么轻而易举地把精英保安部队给一窝端了，这本身绝不仅仅是令人尴尬的事情。要是希特勒知道这件事，又得人头落地了。这就是第二天早晨为什么连丽兹大酒店里的党卫军也感到害怕的原因。

卡尔召集党卫军首领卡尔·奥伯格和德国驻法国大使奥托·阿贝茨来拉斐尔酒店紧急议事。他们一致同意编造一个借口来解除党卫军和德国保安部的尴尬局面，作为掩盖谋反者秘密计划的交换条件。他们同意口径一致地对希特勒和希姆莱说那是一次联合演习，以表明巴黎市有能力对付威胁帝国的一切行动。

要不是冯·克卢格从中作梗，他们的对策也许会奏效。他打电话给希特勒，把卡尔和密谋策划者们的所作所为一五一十地全都讲了出来。当晚，卡尔已经知道他必死无疑。他和凯撒一直在房间里忙到天亮，尽最大努力毁掉所有相关文件以保护其他谋反者。

上午大约 8 点至 8 点半之间，卡尔赶往设在酒店的军事指挥部办公室。30 分钟后，传来接到命令：元首要求巴黎司令官立刻乘飞机去柏林汇报有关情况。卡尔最后环顾了一下办公室，知道该办的事都办完了。

他给柏林方面打电话说正在途中，心想违背最后一道命令不会有任何危害。他要亲自乘车前往柏林。当他乘坐的汽车向东驶出巴黎在一条法国乡间公路上行驶时，他吩咐司机和侍从把车停在第一次世界大战的一处战场上。他曾经在那儿奋勇作战，亲眼看见战友们牺牲在草地上。《凡尔赛条约》使德国人遭受的屈辱迫使他们走到了目前的关口。卡尔对他的侍从们说，他想要独自思考片刻。于是，他便向远处走去。没过多久，万籁俱寂当中两次响起了枪声。司机发现他一只眼睛被打飞，头部中弹，整个人漂浮在被鲜血染红的运河水中。他们急忙把他送到凡尔登医院。他在医院里草草包扎后又遭到拷打逼供。最终他在因极度痛苦而导致的神志不清状态中把埃尔温·隆美尔供了出来。

阿道夫·希特勒在盛怒之下命令残酷搜捕谋反者及其家人亲属，下命将叛徒像牲口一样处死——吊在肉钩上，用钢琴琴弦慢慢勒死。这是一种令人痛苦的处决方式。经过数日有时甚至是数周严刑拷打以后，便采用这种方式处决谋反者。希特勒及其心腹成员在晚上幸灾乐祸地观看令人毛骨悚然的处决行刑录像。夏季结束之前，卡尔也将在柏林被用钢琴琴弦处以极刑。

在巴黎，其他谋反者仍然在逃。盖世太保已经开始追捕他们。汉斯·冯·林斯托逃跑在外，几天后被捕处决。凯撒·冯·霍法克在巴黎躲藏了六天。严刑拷打之下，他也供出了埃尔温·隆美尔。他们最后都将在柏林被用钢琴琴弦处以极刑。

在接下来的几个星期里，由于刺杀行动失败，整个德国大约有 5000 人被捕，其中近 2000 人被处决，许多人都是无辜受害者。

后来在巴黎只有汉斯·斯派达尔没有立即遭到血腥镇压。7 月 20 日以后，那些德国抵抗者成了敌占区中的逃犯。如果汉斯被捕，他会付出生命代价。他仍然在逃，巴黎的盖世太保对他穷追不舍。

如果那些曾经帮助过谋反者的人被发现，他们也会自食其果。那天晚上弗兰克·梅耶望着康朋街酒吧，看着紧张的德国人进进出出，每个人都在焦急地听着皮靴声和敲门声。他知道情况的确如此。他们都在谋反行动中起过这样或那样的作用。由于布兰琪落在了近乎疯狂的盖世太保手里，克劳德看上去显得特别疲惫憔悴。酒吧里平时玩的十五子棋游戏此时冷落了许多，甚至平时弗兰克经常不断地下赌小赌一把的赌注也令人吃惊地收敛了。在这样的日子里，谁还有心思赌博。

毫无疑问，在烟雾弥漫的角落小桌旁坐着的不仅仅是平常见到的那帮间谍和双重间谍。每个人都在观望着，等着看一看会有什么结果，还有谁被牵连进去。

弗兰克也在等待观望。他们最为熟悉的那些德国谋反者（同他们一起生活在丽兹大酒店的那些人）已经赌过一回，输得很惨。谋反计划失败了。但是前天夜晚，巴黎被解放了短暂的几个小时，他们是唯一了解内情的人。他希望布兰琪能够保持沉默，坚持到下一次解放。他希望他们都会保守秘密。今天夜晚，这间酒吧将像平时那样在 9 点整准时关门。眼下心里只想着这一点就足够了。

然而，无论这位酒吧侍者的脑海里涌现出什么样的思绪，对于在那些注视着他的那些人看来，丽兹大酒店的弗兰克就像以一样，看上去仍然是那么短小精悍，面无表情。

8

美国妻子与瑞士经理

布兰琪·奥泽罗

要想收到有效持久的恐吓效果只能依靠死刑，或者是采取措施不让罪犯的亲属了解罪犯的命运……措施一：让罪犯消失得无影无踪。措施二：不透露有关其行踪、命运的任何消息。

——陆军元帅威廉·凯特尔，出自下达的"夜与雾"命令，1941

行刺希特勒的计划失败后，柏林方面颁布了一项最新公告，命令在第三帝国城内所有军礼一律改为伸出一只手臂，高呼"希特勒万岁"。即使在丽兹大酒店站岗的哨兵也不例外，必须照办。在巴黎那个血腥的星期里，没人胆敢违抗柏林方面下达的命令。

　　然而，对元首表现出的新的热情并没有改变后来的局面。整个7月份，同盟国军队地面行动受挫。但是到了8月1日形势发生逆转，对同盟国军队有利。巴黎失守已成定局。在整个都城，德国军官们忙得焦头烂额。那些尚未离开的德国人忙着趁无人到来可以阻止他们之前，尽量在巴黎大肆劫掠财物，带出城外。

　　8月初一位被击落的美国飞行员正在热切盼望盟军部队的到来，同时也关注着德国人在巴黎抓紧最后的机会尽情享乐。来自美国加利福尼亚州雷丁市的美国空军中尉亨利·伍德拉姆已经身陷敌后好几个星期了。这位年轻中尉驾驶的马丁掠夺者B—26飞机白天在巴黎上空的空袭中被击落。

　　8月初他在法国首都巴黎仍然是个自由人。在当地一户勇敢的居民的帮助下，亨利目睹了德军占领军在巴黎最后留念的情景。许多"游客都是德国军人……年龄在50岁左右……正在照相"。德国军官当中有一个通用的俏皮缩略语"JEIP"，代表Jeder einmal in Paris，意思是"每个人都应来巴黎看一看"。亨利轻声笑道："我个人认为，巴黎不会再长期成为德国人的宝地。"巴黎向东出城的道路已经被堵死。

丽兹大酒店的员工非常清楚，德国人要把大批财宝带走。不露声色、气度威严的汉斯·埃尔米格的任务是确保大撤退平安无事，顺利进行。丽兹大酒店以其在任何情况下的完美服务，以及坚定不移的瑞士中立立场而闻名天下。

同巴黎其他豪华大酒店一样，丽兹大酒店自月初起呈现出一副忙碌景象。最后一批纳粹德国空军军官，"按着接到的戈林指示，用大卡车满载着时髦女人、躺椅和其他战利品向德国边境驶去"。让汉斯·埃尔米格感到懊恼的是，他一连好几天试图阻止德国人把入住的丽兹大酒店客房里的昂贵家具同其他战利品一起装车运走，但大多无功而返。

自圣诞节前夕起，他们一直没有在丽兹大酒店见到过赫尔曼·戈林。所以这位德国元帅的指示是从远处下达的。随着战局处于困境，希特勒大发雷霆，戈林逃到了远在德国的乡村休养之地，以旧病复发、身体虚弱为由，闭门不出。元首认为这位空军司令应该对战局失利负责。戈林亲眼见到过那些惹怒元首的人最后落得什么下场。当年冬季戈林警告希特勒不会赢得战争，元首大怒道："戈林，你要再敢得寸进尺，我就毙了你。"这位德国元帅毫不怀疑希特勒说到做到。戈林后来承认，在最后几个月里"一切都变得那么疯狂，对自己说'但愿快点儿结束，让我离开这个疯人院'"。

1944 年 8 月，赫尔曼·戈林在巴黎仍然还有他信任的代理人。同希特勒一样，戈林也是一位贪婪、不择手段的艺术收藏者。他还想着设法把掠夺来的艺术品运出巴黎。其他德国军官也是如此。

除了汉斯·埃尔米格出于他本人的职责而增添一种紧迫感之外，掠夺活动一如平常那样，照干不误。多年来丽兹大酒店一直是战时大多数秘密艺术品交易的中心。希特勒的个人代理人，德国艺术经纪人当中的佼佼者卡尔·哈伯斯托克把这家著名大酒店当成了自己在巴黎的家，奢侈地生活在他收集来的艺术品当中，出尽风头。

他的主要对手，瑞士艺术品经销商汉斯·温德兰也是如此。据美国战略事务办公室（中央情报局的前身）的特工人员透露，温德兰是巴黎艺术界的"无冕之星"；据说他还是旺多姆广场那里生活在他们中间的一位德国秘密特工人员。温德兰同哈伯斯托克在高风险的艺术品经销界曾经是合作伙伴。后来由于卡尔妻子的缘故，两人发生了纠纷，致使他们的友谊早在 20 世纪 20 年代末就结束了。眼下这两人成了竞争死对头。在德军占领时期的最后一个夏季，两位经销商也加入了趁火打劫，大肆掠夺巴黎财宝的行列。

到 1944 年夏季，留在巴黎这座都城的大多数是"次要的"艺术品和一些零星高档家具。当时德国人眼里的一些次要艺术品现在身价百倍，当刮目相看。战争期间，毕加索经常来丽兹大酒店吃午餐。但是在整个占领期间，德国纳粹分子公开把毕加索的作品贬斥为"堕落危险"的作品。

阿道夫·希特勒曾自认为是大有希望的艺术家，据说公开表示："谁要是把天空画成绿色，把田野画成蓝色，谁就应该做绝育手术。"到 20 世纪 40 年代，毕加索不仅仅是在想象着蓝色的田野；他创作的作品里女人更是呈现出多个面孔和扭曲的视角。

一般情况下，德国人并不为难这位著名的西班牙画家，但是禁止他在德军占领时期展出自己的作品，然而德国艺术界有许多人私下里看出了毕加索的作品在国际市场上的价值。在那个星期，有官方背景的纳粹专门掠夺艺术品的组织罗森博格别动队（Einsatzstab Reichsleiter Rosenberg，简称 ERR）把 60 多幅毕加索的作品打包装车，随同最后一批战利品运出巴黎。这些作品可为德军讨个好价钱。几天之内，ERR 总部将被遗弃，"部下成员在歇斯底里的撤离过程中把原来的经营场所搞得混乱不堪，一片狼藉"。

许多被没收的艺术品最终流落到瑞士艺术市场。专家认为其中为数不少仍然留在了那里。当时那是一个非常有利可图的行当。汉斯·埃尔米格肯定知道丽兹大酒店有位资深人士一直在帮卡尔·哈伯斯托克和汉斯·温德兰做生意。

那个人就是苏斯，他的名字可能有德国犹太人背景。现有的历史档案材料中没有列出他的姓氏。他生于1905年。他是瑞士公民，来自布伦嫩，在丽兹大酒店担任汉斯·埃尔米格的副手。他同汉斯很可能有亲戚关系。

在美国战略事务办公室保存的档案里，有一份年代标注为1944年有关艺术掠夺活动的档案，上面写着："苏斯，巴黎丽兹大酒店，德军占领期任丽兹大酒店经理，是哈伯斯托克的经纪人和眼线，为哈伯斯托克安排同访问巴黎的德国人见面。"

在德军占领期间，充当经纪人和眼线是非常冒险的差事。其中一个挑战就是掌握行情，不被人抛弃。到了1943年，随着ERR业务顺利开展，重要的私人藏品均已被没收，由于苏斯知道很多内幕，他要是不能证明自己对德国人还有利用价值，就会成为他们的累赘。

当时对丽兹大酒店进行监视的人不仅仅有美国战略事务办公室的特工人员。德国人自战争爆发初期就开始对丽兹大酒店所有员工实施严密监视，在柏林为所有核心员工建立的秘密档案中可以看到每个人的详细情况。1944年8月初，法国保安队和法国内务部队在密切监视着丽兹大酒店。有时很难分清谁在任何特定时候站在哪一边。8月里有位名叫勒巴泰的间谍兼黑市经纪人叛变加入了共产党组织。此人在战争初期曾经效力一个名为托德组织的德国工程与土木工程机构①。他利用"雷纳德上校"这个假名做掩护进行活动，在丽兹大酒店建立了自己的观察站，并且在卡普西那大街办公室管理着一个情报网。

在楼下康朋街一侧的酒吧里，弗兰克·梅耶对自己意识不到的更多理由感到担心。第三帝国已经知道他是一位活跃的战时英国间谍，将他划定

---

① 译者注：实际上这是纳粹德国的一个准军事化建设组织。

为"德国的狂热敌人"。德国人不断对他进行监视。丽兹大酒店大管家，总经理克劳德·奥泽罗被"极不放心地怀疑为替敌方情报机构效力"。

酒店副总经理汉斯·埃尔米格多少还能得到德国人的信任。这真是让人啼笑皆非，因为他和妻子吕西安娜甚至就在那时把好几位难民藏匿在几个紧挨着的清洁女工隐蔽房间里，只有通过走廊的一个暗门才能到达那里。其中有一位是他们的朋友。他们采用贿赂手段帮助他逃脱了开向令人生畏的德朗西临时难民营的火车。整个丽兹大酒店内有好几个这样的"夹在假天花板和走廊之间"的房间。这是凯撒·丽兹修建"现代"内嵌式套间的爱好，还有此时这种上嵌式橱柜在战时体现出来的预想不到的优势。

即使汉斯·埃尔米格没有真正加入抵抗组织，他也并不缺乏强烈的良知意识。中立身份是他低调行事、躲避风险的保障。他非常谨慎地保持着这种姿态。同德国人打交道，这一直是一种精明而成功的策略。柏林方面保存的档案上写道，"据我们观察"埃尔米格"对待德国军官和普通市民态度得体，处事得当"，保持着恰如其分的中立态度。他的伯父是丽兹大酒店董事长；他的祖父，贵族男爵马克西米利安·冯·普菲费尔·达尔蒂肖芬曾经是凯撒·丽兹的早期导师和支持者。这两点对于汉斯·埃尔米格很有帮助。

19世纪90年代，普菲费尔·达尔蒂肖芬家族在创办丽兹大酒店的过程中发挥着关键作用。德国情报机关的档案把汉斯·冯·普菲费尔非常简略地描述为"瑞士一位极有影响力的人物"。据传，玛丽-路易斯·丽兹同汉斯伯父染长达数十年之久。汉斯·冯·普菲费尔和玛丽-路易斯·丽兹还有一个共同之处：他们都看不起布兰琪·奥泽罗。

布兰琪在战争期间从事的活动比任何人已经知道的情况更加错综复杂、勇敢坚定。为了保护每一个人，她甚至连自己的丈夫都蒙在鼓里。遗憾的是，苏斯是能够了解她所从事的活动的少数人之一，有可能当场抓住过布兰琪。

1944年6月初，布兰琪和卡玛耶芙因醉酒对德国军官不敬而遭到逮捕。布兰琪一直在帮助被击落的同盟国神奇空军战士逃离巴黎这座被占领的城市。情况不仅仅是这样。德国人自 1940 年夏季起一直在监视布兰琪。至少有一次她被关进监狱。1943 年春季，丽兹大酒店里发生过一件不寻常的事情。当时德国人发现在空袭期间有人把丽兹大酒店朝向旺多姆一侧的厨房地下室电灯打开了，电灯照亮了大酒店朝向司法部的正面，使同盟国空军在漆黑巴黎的上空能够准确定位，找到攻击目标。

柏林方面大为震怒，必须有人为这种严重违法乱纪行动负责。"为了维护德国国防军的名誉"，第三帝国外交部建议严惩罪犯，"警示世人"。言外之意就是要严刑拷打，处以死刑。报告进一步建议进行"员工大清洗……越快越好"。

在巴黎对丽兹大酒店实施监视的那些人很是怀疑罪犯就是布兰琪·奥泽罗。

然而，德国人并没有立刻对她采取行动，而是暂时让她放手继续从事战时秘密活动。德国人一定是不仅要搬倒布兰琪·奥泽罗，而且还要摧毁谋反者的整个组织。

1944 年 6 月，德国人终于对布兰琪这位傲慢的美国人失去了耐心。她随后失踪，落入盖世太保手中。到了 8 月，关于她命运如何，音信全无。自 1941 年起，在被德军占领的欧洲各地一些被视为眼中钉的公民直接消失在号称"夜与雾"的恐怖政策下。

8 月第 3 个星期的某一天，在丽兹大酒店电话交换台有人接到了一个令人不安的电话。有位男士称看到一个消瘦光脚的女人跌跌撞撞地在他家附近的街道上行走，几乎站立不住。他问丽兹大酒店是否能派人把她接回来。她说她名叫布兰琪·奥泽罗。

克劳德立即冲出了门外。难道布兰琪设法从盖世太保那里逃了出来？应该怎样去救她？

正如弗兰克·梅耶所担心的那样，她在审问过程中没有撑住，垮了下来。

对于在首都巴黎度过了德军占领期的那些人而言，在整个巴黎的警察署和监狱里发生的事情算不上什么惊天秘密。让·考克托后来回忆起让·保罗·萨特说过恐怖感在首都巴黎蔓延的情形："每当女士们去福熙大街，或索赛街上的盖世太保指挥部想要了解一下她们亲人情况时，她们都受到彬彬有礼的接待……但是那些住在指挥部附近的人却听到了痛苦恐怖的高声喊叫，从白天一直喊叫到深夜。每一个在巴黎度过战争岁月的人都有亲朋好友遭到逮捕、驱逐或枪决。"有时被审讯的是女人。能够幸存下来的人回到家里时常常已是面目全非，乳房上留着烟头点点烫伤，遭受严重虐待，肢体变得残缺不全。这就是为什么如果参加抵抗组织，或者问的问题太多，或者在酒店楼梯下面的壁橱里藏匿被击落的同盟国空军士兵、犹太妇女要冒着极大危险的原因。

刑讯室遍布全市。既有犹太人聚居地玛莱区蔷薇街上的刑讯室，也有16区福熙大街84号臭名昭著的刑讯室；还有第八区索赛街11号的刑讯室。盖世太保就在这些刑讯室里进行审讯，使用的手段包括毒打、轮奸，以及他们拿手的"浴盆"式酷刑，这是一种在原来水刑的基础上改头换面变出来的特别狠毒的酷刑。

一些监狱中心的地下室里设有很大的烤炉，用来烧烤囚犯，先是烤脚板，既算惩罚囚犯，也供看守取乐。地牢房里有很多饥饿的大老鼠。身体严重受损的囚犯被投入单人牢房里，没人记起他们。在巴黎各处的墙壁上，前来解放巴黎的军人们后来发现了刻在石头上的非常令人同情的语句："我害怕。""相信自己就会赋予你抵抗的力量，不怕浴盆和其他酷刑手段。"有时只写着"为我报仇"几个字。

布兰琪被关押了好几个月。审问她的人迫使她承认莉丽·卡玛耶芙是犹太人，参加了抵抗组织。"我在神态清醒的时候，"布兰琪回忆说，"我坚信自己不会从那里活着出来，一两天之后就会死去。"她经常拖着软绵绵的身体被反复审问。

后来布兰琪被逼到绝望的境地，她终于把事情对一位德国特工讲了出来。"我是犹太人，不是莉丽，"她脱口而出，"我出生在纽约市东面的犹太人居住区。我的名字是鲁宾斯坦。我的父母来自德国"。

"奥泽罗夫人，我警告你！"那位德国人严厉地警告她。

她对审问她的人交代了假名和假护照的情况。他再次警告她说，如果她继续这样说下去，他就会把她拉出去枪决。她还是不顾一切地说她是犹太人。也许她还对审问她的人交代了丽兹大酒店厨房里的灯光和空袭破坏活动的情况。也交代了她帮助被击落的同盟国空军士兵逃出巴黎的情况。她等待着被处决。

停了好大一会儿之后，那位气急败坏的德国人最后吩咐他的下属把她带到外面的院子里。

接着，他下令让那位军官释放她。"让该死的法国人照顾她。"他不耐烦地说道。

她虽然在审问之下招供了，然而不可思议的是，那位德国军官既不想处决她，也没有简单地相信她。从逻辑上推论，只能是第一种情况。德国人掌握的有关布兰琪·奥泽罗档案材料里包含着从她嘴里抠出来的所有情况。

最后，盖世太保打开了监狱大门。布兰琪也不知从哪里来的力气，一步一步走出了监狱大门，来到了巴黎街道上。用任何标准来衡量，这位都算得上是一次极其幸运的死里逃生，令人感叹不已。布兰琪要做的只是保持沉默。被德军占领的最后日子很快就会结束了。

布兰琪在审问之下不仅仅是撑不住招供了。被盖世太保关押的那段经历已经使她深受其害，身心俱损。她体重减轻了40磅，精神几乎崩溃。

在随后的日子里，布兰琪的状态逐渐开始失控。她似乎想方设法主动找死，辱骂大街上的德国军官。她胆大妄为，已经到了近乎疯狂的程度。

她站在丽兹大酒店楼上的一扇窗户近旁，对着下面的行人口出狂言。她还向德国哨兵大喊："德国人完蛋了。"战争也许就要结束，但是巴黎还没有解放。她的所作所为只能招来杀身之祸。于是，克劳德急忙把她从窗边拉开；她一边尖叫，一边哭泣着。克劳德既无法阻止她整日酗酒，也无法阻止她刻意让自己变得麻木不仁，忘却一切。

"我恨德国人，"战后她对自己的侄子说，"没错，这一点上态度很坚决，他们要杀死我，我有理由那么仇恨他们。他们仇恨我的家人，仇恨我的妈妈爸爸、兄弟姐妹，只因为他们是犹太人。我感到那就是我仇恨他们的充分理由。"1944年8月，她已经无力控制那种感情了。

如果当时德国人再次登门找她——如果对丽兹大酒店进行一次突袭打击，印证解释一下外交部在其档案材料中记述的有关抵抗组织及潜伏在酒店中的间谍和特工人员的有关情况——那将是一次可怕的惩罚行动，意味着他们当中的许多人必死无疑。

莉丽·卡玛耶芙在巴黎某地遇害了。或者至少永远消失了，没有人再发现过她的行踪。

在柏林米特区距亚历山大广场不远的政府档案馆里保存着丽兹大酒店的档案材料。其中找不到有另外一个人命运的任何信息。苏斯先生也失踪了。

他曾经帮助过德军占领者掠夺巴黎的财富。他密谋侵占他人资产，从见不得人的交易活动中大发不义之财。他讨好德国头面人物和杀手，他充当过密探。

最终解密的柏林档案表明，苏斯先生在1943年曾经包庇过布兰琪·奥泽罗。1943年4月10日夜晚，盟军飞机飞到巴黎中部的核心地带上空，从丽兹大酒店厨房里射出的灯光照亮了一个小型花园和对面的司法部墙壁。德国人找到苏斯先生，希望他像往常一样配合行动。他回答说不是他们的空袭监管员。那不关他的事。他拒绝透露任何情况，德国人勃然大怒。

电报从柏林传到巴黎。此人表现不佳，必须承担严厉的后果。这后果是什么，何时兑现，难以说清。苏斯先生消失得无影无踪，成为战争时期数百万沉默的故事当中一段无言的往事。

9

德国将军与巴黎命运

1944 年 8 月，勒克莱尔将军在解放巴黎的过程中抵达巴黎

自从我们的敌人拒绝听从元首的旨意以来，整个战局变得颇为不妙。

——迪特里希·冯·肖尔蒂茨将军，巴黎，1944

在法国打响的那场战争始于发生在 1940 年 6 月的首次巴黎大撤退。4年后夏季开始的第二次巴黎大撤退在德军占领巴黎期间的最后几个星期内上演。这回逃离的是德国人——德国人以及在占领时期与他们一起过着奢华生活的那些富人名流。

到 1944 年 8 月 15 日丽兹大酒店内的生意已再不是往常那般景象。

在德军占领时期最热闹的日子里，丽兹大酒店在周日晚上举行豪华晚会，巴黎的交际花们一到晚上就同英俊帅气的纳粹军官调情骂俏；艺术家和企业家们畅快痛饮着由默不作声的侍者端上来的香槟鸡尾酒。庭院小花园中那棵开花的核桃树下，经常有人在那里花上很长的时间享用午餐，喝得醉醺醺的；还有人用法语和德语在低声交谈。

那些日子一去不复返了。不仅最后一批留下来的德国人要赶在同盟国军队到来以前撤离巴黎，就连巴黎上层社会许多比较谨小慎微的人士也纷纷躲藏起来，其中不少人悄悄离开巴黎移居乡间别墅，或者关闭市内豪宅躲了起来.

然而迪特里希·冯·肖尔蒂茨将军刚刚抵达巴黎。与所有德国高级军官一样，他也被安置在丽兹大酒店。他是最新到任的巴黎军事总督，前来接替汉斯·冯·博恩纳伯格男爵。这位男爵曾经是刺杀希特勒瓦尔基里行动的谋反者之一。法国首都巴黎暂时掌握在德国抵抗组织手里时，由于卡尔·冯·斯图普纳格尔的力保，才使这位男爵在宝贵的几个小时之内得到拯救，免遭绞架之灾。

到 8 月 15 日，冯·肖尔蒂茨将军来到巴黎仅仅一个星期，就忙着防止巴黎爆发一场革命。当时法律与秩序正在迅速崩溃。其余大多数德国人已经离开丽兹大酒店。情报机关的军官正在全面烧毁秘密文件。法国共产党抵抗组织战士加强了针对著名通敌者叛国的游击战打击力度。法国内务部队（FFI，20 世纪 40 年代在巴黎市民俚语里被称为"菲菲"）特工人员在巴黎各地组织互相协调的抵抗行动。当天法国警察走向街头罢工。到了下午，地铁停运。盖世太保正在围捕可疑的持不同政见者和煽动闹事的人。冯·肖尔蒂茨将军没有要求他们装出一副履行正常法律程序的样子。2.6 万难以管束的巴黎居民当天下午被塞进了一列开往布痕瓦尔德集中营的列车上。

第二天上午又清洗处决了一批人。有位告密者把 35 位法国内务部队成员出卖给了盖世太保。冯·肖尔蒂茨下令在布洛涅森林公园用机关枪和手榴弹将他们统统消灭。

这是一场必然降临的噩梦。德国人的全套行政管理班底几乎均已撤离巴黎。摇摇欲坠的维希傀儡政权正在土崩瓦解。但是有组织的大规模恐怖行动仍然使巴黎市心有余悸，不敢轻举妄动。迪特里希·冯·肖尔蒂茨来到巴黎就是为了发动一场这样的恐怖行动。

他首先派部队去烧毁位于庞坦东北郊外的磨面厂，让巴黎人慢慢地挨饿。根据行动计划，他的部队还要在市内各地的大桥和地标建筑下安放炸弹。只要一点燃导火索，整个巴黎就会变成火海地狱。阿道夫·希特勒要求在德国人撤退之前把法国首都夷为平地。这位元首声称，摧毁世界上一座伟大的城市将成为对付敌人的一种强大的"道德武器"。他命令冯·肖尔蒂茨将巴黎变成一片废墟。

这位将军表现出不折不扣地执行命令的迹象，就连一些德国人也对此表示不安。他素以心狠手辣而闻名。在俄罗斯他曾经屠杀过许多犹太人。德国大使奥托·阿贝茨多次发电报给柏林政府，抱怨冯·肖尔蒂茨残爆粗野，指责巴黎暴力不断升级。这样抗议毫无用处。元首杀气腾腾，要把巴黎夷为平地。

然而，同盟国军队就在城外不远，从理论上讲几乎可以随时进城。即便如此，计划中的毁城行动却迟迟没有动静，让人百思不得其解。1944年8月17日，美国部队抵达塞纳河畔以及巴黎北郊和南郊地区。

几天过去了，仍然没有动静。

点燃导火索也不应该花费这么长时间。希特勒见状勃然大怒，在柏林对手下人高声大叫："巴黎烧起来了吗?"

迪特里希·冯·肖尔蒂茨早就得出结论：这位德国领导人是个疯子。他还意识到交出巴黎是不可避免的。他是位将军，不是人道主义者，在这场战争中双手沾满了鲜血，这毫无疑问。但是他已经做出了一个明智的决定，他不想毁掉法国首都。他不想以那样的罪名载入史册。

到了8月第3个星期，他盘算着至多只能拖延焚毁巴黎48个小时。如果同盟国军队能在那之前解放巴黎，他将坦然接受。

如果过了48个小时，他只能按照柏林方面的指示行事。只能点燃导火索。那将是现代世界大名鼎鼎的"不夜城"的最终结局；将是20世纪拥有最漫长传奇历史的那个巴黎城的最终结局。

冯·肖尔蒂茨在巴黎城内一些抵抗组织反叛者代表的协助下（他不可能体面安全地向他们投降），安排一名外交使者越过战场前线，给流亡的正规法国武装力量和美国将军艾森豪威尔送信。其主要内容是：在我不得不毁掉巴黎之前赶快入城。迪特里希·冯·肖尔蒂茨警告他们，他只有24至48个小时。约定时间一到，他就必须向希特勒表明开始爆炸毁城行动。同盟国军队必须在1944年8月24日中午以前开始行动，解放巴黎。

一过中午，如果他不向元首展现行动结果，他坚信肯定会有别人被授权下达毁城命令。

这位将军开始把德军重炮和坦克移到巴黎城外。8 月 23 日上午，因为事先料到同盟国军队就要开进巴黎，迪特里希·冯·肖尔蒂茨搬出了丽兹大酒店套房，住进了位于里沃利街被征用的默里斯酒店里的德国政府办事处军官套房。

本来一切都应该一帆风顺，问题是法国及其他同盟国军队——特别是负责巴黎城军事行动的美国人和英国人——陷入了另一场有可能使拯救巴黎的机会稍纵即逝的激烈争执当中。

法国军队和英美军队之间爆发的这场激烈争执，无论如何，最终将会影响战后欧洲政治格局达半个多世纪之久。

同盟国军队在巴黎城外集结，没有立刻进城，其中的原因很多。他们也像迪特里希·冯·肖尔蒂茨一样，主动拖延行动时间。这样做的一个最重要原因确确实实同后勤保障有关，没有任何浪漫色彩。一旦巴黎解放，同盟国军队需要向城市居民提供大量食品和燃料，而这些生活必需品，战场前线同样急需。拿下巴黎会影响部队向东快速推进直扑柏林，取得最后胜利。此时德国将军主动提出行动建议，法国人执意要解放巴黎，从而迫使盟军部队提前采取行动。他们不得不提前解放巴黎。

于是盟军部队迅速行动起来，占领巴黎。真正的麻烦即从此开始出现。

为了国家荣誉，法国军人要成为首批进城部队。在这个问题上双方吵闹了好长一段时间。同盟国许诺满足法国人的心愿，但是法国人满腹狐疑，很难对付。其实法国将军菲利普·勒克莱尔已于 8 月 24 日上午率领法国师抵达巴黎郊区。如此提前行动是严重违抗军令的行为。

郊区当地居民把勒克莱尔的部队当作攻城略地的英雄热烈欢迎。在同盟国军队的一些指挥官看来庆祝活动搞得有点儿过早。

法国人突然减缓了整个行动的行军速度。时间剩下不多了，他们必须在中午以前拿下巴黎。

但是勒克莱尔不愿意让步。法国人没有向前推进。同盟国军队正在对他失去耐心——特别是对夏尔·戴高乐失去耐心，因为他是总后台。自1940年起，这是一次几乎公开爆发的紧张对抗局面的升级。

"如果冯·肖尔蒂茨交出巴黎，"美国将军奥马尔·布拉德利说道，"我们还要履行一个协议。"这意味着部队要沿大道行军，直奔巴黎，而不是集结在城外周边地带。在布拉德利看来，"勒克莱尔的部队当天步履蹒跚，很不情愿地穿过市镇居民组成的高卢人墙，接着饮酒庆祝，减慢了向前推进的速度"。

当盟军指挥官下令"采取更加勇猛行动，加快行军速度"时，勒克莱尔将军对于这一道命令不屑一顾，别看这是他的军事上司下达的命令。

8月24日中午过去了，巴黎仍未解放。

巴黎城外，盟军部队遭遇到激烈抵抗，着实出乎预料。连接巴黎和城外西南部道路的塞弗尔大桥发生了爆炸。

勒克莱尔将军难以启齿的事情包括他事实上一直在想方设法拖延解放巴黎的行动，即使这意味着超过冯·肖尔蒂茨定下的最后期限，破坏统一的盟军行动。戴高乐将军早已明确对勒克莱尔表示，在他尚未做出政治安排驱逐亲共产党的抵抗组织，在德军占领期结束后建立自己的政府之前，他不想让法国部队控制巴黎。他在战后要掌握的巴黎领导权受到了威胁。

到1944年夏季同盟国对戴高乐极为恼火，即使他们已经知道了背后的原因，也不会非常在意。他们在戴高乐计划独立领导战后法国这个问题上已经发生过争执。1944年，英国首相丘吉尔到处宣称，他真希望在法国政府一开始撤离巴黎时就能拯救乔治·曼德尔。戴高乐把同盟国斥为匪徒、恃强凌弱者。同盟国则认为戴高乐渴望权力，忘恩负义。诺曼底登陆以来同盟国已伤亡数万人，因此在英美两国看来应该早点儿结束欧洲这场流血战争。

奥马尔·布拉德利将军声称谁也等不起法国人"一路载歌载舞奔向巴黎"，于是他便直接自己做主了。"让名望面子见鬼去吧。告诉（美国陆军）第四师冲进城去，解放巴黎。"

当勒克莱尔得知美军准备第二天凌晨向巴黎进军时，他派遣一支由雷蒙德·德罗纳上尉指挥的法军小型先遣队，命令他们立马象征性地开进首都巴黎。第一批法国士兵（人数极少）通过城门，跨过塞纳河上的奥斯特里茨大桥。他们进发的目的地是位于第四区具有中世纪风格的古老市政厅。

无人知道停战局面是否继续下去，盟军部队上午是否能拿下巴黎。

那天夜晚，迪特里希·冯·肖尔蒂茨就坐在里沃利街不远处等待着。没人知道他和远在德国的家人会因为他自己的决定承担什么后果。最后期限已经悄悄地过去了。他感到孤独、忧虑。如果同盟国军队第二天早晨没有到来，如果他不能体面地投降，他就会在柏林以叛国罪名被用钢琴琴弦勒死。在那些最后的日子里，他曾经对一位共进晚餐的手下人员说："自从我们的敌人拒绝听从元首告诫以来，整个战局进展非常糟糕。"眼下处在十字路口上，他也做出了拒不听从的决定。

他前面是宁静的杜乐丽花园，再往前，塞纳河一直流向南边远方的一座座桥梁，同盟国军队就在巴黎城外等待在那里。塞纳河从巴黎城中穿过，奔流的河水不断冲刷着防波堤的岸边，再往东流，时刻拍击着法国的中心西堤岛。岛上雄伟的巴黎圣母院矗立在茫茫夜色中，数百年来一直如此，成为巴黎的一个古老传奇。

就在这座古老大教堂的下面，早已放好的炸弹也在静静地等待着。

接着就在午夜之前，迪特里希·冯·肖尔蒂茨听到了从远处传来的教堂钟声。没过多时，钟声响得越发猛烈有力。

轰鸣的钟声只能传递着这样一个信号：解放巴黎的行动终于开始了。

10

记者团风风火火赶赴巴黎

1944 年 7 月 30 日，罗伯特·卡帕，欧林·汤普金斯和
欧内斯特·海明威在法国博卡德山区

　　说来也怪，我感到喉头一阵哽咽。我必须把眼镜擦干净，
因为此时此刻，在我脚下的这片灰蒙蒙却永远美丽的土地，是
我在这个世界上最钟爱的城市。

——欧内斯特·海明威

海明威对玛莎·盖尔霍恩仍然很生气，就因为她在诺曼底抢了他的风头率先登陆。但是到了 8 月份，爸爸心里又有了一个新的目标。他决心一定要成为德军占领时期结束后第一个回到丽兹大酒店的新闻记者。

他并不是孤身一人。正如卡帕所说的那样："通往巴黎的道路在召唤……第一个国际打字员……每个官方认可的战地新闻记者都争得面红耳赤，使出浑身解数想成为第一个进入巴黎的人，从那座曾经辉煌的伟大不夜城发回具有历史意义的新闻报道。"

海明威很有把握地认为，他可以指望卡帕或者玛莎赶往旺多姆广场，只要他们当中有一人能设法回到巴黎。此刻海明威却对他们二人火冒三丈。他当然不想再次被别人抢在前面，痛失良机。

大家都知道，丽兹大酒店是爸爸在巴黎入住的酒店。而且每个人都能猜得出玛丽·威尔士也会尽可能地和他在那里相会。在伦敦整个记者团都怀着一种不胜其烦、玩世不恭的看笑话态度关注着他们情侣关系的发展势头。在这个记者圈子里可能只有玛莎·盖尔霍恩被蒙在鼓里，对此并不知情。

海明威在各个方面都是强手，不输别人，这是明摆着的。但是在最近几个星期里赶在罗伯特·卡帕前头率先回到丽兹大酒店，对这位大名鼎鼎的文学大师而言，却有一种非比寻常的意义。这倒不是因为卡帕（多数人这样称呼他）曾经赶在他前面回到法国，或者这位摄影师拍摄的盟军部队在法国穿行的真实照片一直成为《生活》杂志的重要新闻报道内容。那是他个人的事情。

让海明威耿耿于怀、颇为不悦的事情同玛莎·盖尔霍恩有关。玛莎和卡帕二人关系密切，感情深厚，对此他们从不隐瞒。在玛莎那个挚友小圈子里，罗伯特·卡帕是"在各个方面都是我最要好、最亲近的……我的兄弟，我真正的兄弟"，玛莎这样坦率地说过。海明威同玛莎的婚姻可能告吹。那年春季玛莎又患上了抑郁症，苦苦挣扎。所以海明威也许感到只有招架之势，甚至感到有些嫉妒。毕竟卡帕同海明威的友谊可以追溯到往日的美好时光。他们二人曾于1937年在一起报道西班牙内战。"当年我是一位年轻的自由职业摄影师，"卡帕回忆道，"海明威是一位很知名的作家，他的绰号叫'爸爸'。我很快就认他做了干爸。"因此所有这一切都成了一段复杂的小小家庭浪漫史。即将破裂的名人婚姻使大家都承受着一定的压力。

眼看巴黎就要解放了。玛莎当时远离法国，同加拿大的一家机构在一起，正在报道盟军部队在意大利进发的情况。而在诺曼底的地面上，卡帕和海明威之间愈演愈烈的紧张关系早在8月5日那一天就带有一种恶性竞争的色彩。

爸爸总想成为几乎要解放一切的第一人。那天上午他派人捎信给卡帕。当时卡帕已离开格兰维尔市，正在离圣米彻尔山不远的诺曼底海岸上做现场报道。美军第四陆兵师"打得很漂亮，值得摄影师拍摄报道"，便条上这样戏说道。卡帕"不要再躲在一大群坦克后傻乎乎地乱转了"。海明威刚刚从一伙德国人那里缴获一辆梅赛德斯牌汽车，并派司机开车来接卡帕。这位摄影师知道爸爸一心要想冒险时可以变成什么样的人，于是勉强上了汽车。

司机开着梅赛德斯汽车载着坐在后面的卡帕，一路轰鸣驶进了兵营。

海明威满面春风，兴致勃勃。这是他们两个人自从盟军登陆之前在伦敦见面后第一次再度相见。当时卡帕带着重要的新闻报道离开了战场。眼下这位摄影师注意到海明威已经剃掉了花白的胡须，而且那天晚上因司机醉酒驾车穿越梅菲尔区时出了车祸后，海明威头部缝的 48 针针口也已经痊愈了。

卡帕还注意到，爸爸在盟军部队驻地也能吃得开，很有气派。海明威通过自己的战地报道，甜言蜜语劝诱绰号"胖子"的雷蒙德·巴顿将军，几乎全凭个人魅力拉起了自己的一队人马。他任命史蒂文森为"中尉史蒂夫"，担任他的公关官员，私人厨师，兵营摄影师，还藏了一批自己享用的苏格兰威士忌酒。他的得力助手是一位 29 岁、自以为是的吉普车司机，长着一头红发，名叫阿奇·佩尔基，绰号"红毛"，是一位美国列兵。"所有的战地记者一律不许携带武器，"卡帕回忆道，"但是海明威一定要让他手下的人携带'各种能够想象到的武器'——既有德式武器，也有美式武器。"

海明威欢欣鼓舞地对外宣布，他的那支"杂牌军"队伍计划要解放圣普瓦村庄。他慷慨地邀请卡帕一同随队前往战场，为这次行动拍摄一些快照。正当爸爸展开地图开始讲解他的作战方案时，卡帕便有一种不妙的感觉。海明威对他解释说，那个盟军团计划从标在地图左侧的那条道上攻占村庄。海明威的想法是走地图上标出的一条捷径，从右侧冲进村庄，痛击顽敌，以他们不合常规的支援取得辉煌胜利。布达佩斯出生的卡帕对此明确表示怀疑。他对海明威说自己的"匈牙利式"作战方案"总是明智地"绕道一大群敌兵背后，从不孤军穿过无人区捷径。

气氛很快变得紧张起来。海明威认为卡帕是胆小鬼。这位老练的战地摄影记者感到愤愤不平，禁不住上了钩，勉强认为随队前往是唯一的选择。即便这是一个愚蠢的计划，也许还会有精彩的报道素材。奇怪的事情发生了。卡帕不会被指责为缺乏男子汉的刚强硬气，不会受到爸爸这样的指责。

除了梅赛德斯牌汽车以外，海明威另外还征用了一辆带有挎斗的摩托车。爸爸、"红毛"佩尔基和他们那位军队指定的摄影师在摩托车挎斗里装上了威士忌酒和机关枪，率领一行人马沉着平静地出发，淡定得令人吃惊。卡帕和"中尉史蒂夫"坐在豪华小轿车里跟在后面，感到有些懊悔。

作为一名战地摄影师，罗伯特·卡帕在他的成人生活中经历过一场又一场战争。他有着习惯于靠耍小聪明过日子那种人的直觉。他们来到了道路中一个急转弯处，每隔几分钟就停下来查看一下地图和周围的地形地势。他有一种不祥的感觉，周围的 切太平静了。海明威不理睬他的提醒，大摇大摆地要转过弯去。

正在爸爸转弯时，突然响起了隆隆的炮击声。

一发炮弹在离行驶在车队前摩托车10码处爆炸。摩托车一个急刹车，停了下来，把海明威从挎斗里甩出，抛向空中。爸爸重重地摔在地上，掉进了路边一条窄沟里。另外两人急忙丢弃摩托车，跑到道路转弯处较远的安全地带，躲开了炮火射程。战友们在密切观察着，曳光弹打得海明威头部周围的泥土四处飞溅。卡帕心里明白，如果他们可以看到海明威的头伸出沟外一英寸，德国人照样也可以看到。

接着，他抬起头看到一辆装甲坦克朝着他们这个方向缓慢平稳地开了过来。

四处出击可不是个好主意。他一开始就不想这样逞能蛮干，可是他又不能把朋友丢在沟里不管，让德国人开枪打死。尽管他考虑过这一点。正当他们开始缓缓地向前移动，要以新的目标引诱德国人时，海明威火冒三丈，喊了一声："回去，找死啊！"

但是没人执行爸爸的命令。

德国人最终把瞄准器转向了一个更大的打击目标——即将到来的另一翼同盟国军队。于是海明威趁机突然逃窜，跑到了道路中的拐弯处，气得脸色煞白。卡帕后来就拿这件事逗人们开心。卡帕大笑道："他责备我在他遇险时就站在他身边，等着给这位伟大作家的遗体拍摄第一张照片。"到了晚上摄影师俏皮地说道："他这位战略家同匈牙利军事专家之间的关系有点儿紧张。"

虽然卡帕在公共场合下对此事一笑置之，但是对于这两位朋友来说绝不是一件开玩笑的事。海明威大发雷霆，颇为震怒，最后以故作冷淡沉默而收场。一连好几天他们彼此都不说话。过后爸爸在他那队军人当中没能容下一位匈牙利摄影师。罗伯特·卡帕离开了部队驻地，回到圣米彻尔山区。后来在8月18日又出发了，这回是为了会见《时代》杂志记者兼编辑查尔斯·沃登贝克，作为记者团先遣队报前去报道沙特尔的解放进程。那里的法国平民已经对当地的卖国贼采用暴民手段予以严惩。

对于海明威来说，快速赶到丽兹大酒店是他唯一可以考虑的事情。他在圣普瓦村外路边窄沟里太伤自尊的那段屈辱经历，使他更加坚定了决心，决不让卡帕抢在他前面发表新闻报道。"此时此刻，我的暂时目标就是，"海明威在发给《矿工杂志》的一篇新闻报道中写道，"进入巴黎，而不被击毙。"他决意一争高下，对遵守战作战法则和军事秩序并不太在意。即使这意味着他无法参加军事行动，在解放巴黎的过程中错失头排观瞻座席也在所不辞。

8月19日卡帕在沙特尔时，海明威抽身摆脱了美国第四陆兵师和跟随盟军大部队进发的国际记者团。"当时记者团的300多名记者……纷纷要抢占有利位置赶奔巴黎：这座都城的解放就是下篇重要新闻报道的内容。"海明威要把他们都甩在后面，于是便赶奔距巴黎60英里处一个名叫朗布依埃的村庄。他的4个随从人员在村庄里遇到了10多个前往巴黎的法国游击队战士。

那天上午——"那天天气晴好"，海明威称赞道——爸爸、"红毛"和那帮杂牌军决定在村庄里建一个集结待命兵营，准备作为一支私人武装力量打进巴黎。他们甚至还拥有自己的军服。"玛丽，"海明威后来在一篇典型的电报式含情脉脉的报道中写道，"自从上次给你写信以后，我们一直过着非常陌生的生活。19 日那天，我遇到了一伙游击队战士，他们主动要求归我指挥。我猜想是因为我长得又老又丑吧。我给他们换上了骑兵侦察员服装，是从村口被打死的敌军身上扒下来的。"这样做完全违反了战地记者和非战斗人员应该遵守的所有规则。

到了 8 月 22 日，海明威和他的人马据称用手榴弹消灭了一些躲藏在地窖里的德国人。由于厌倦了兵营生活，他们还在朗布依埃村住进了旅店。由海明威用新闻报道预算资金来付费。跟他在一起的，还有美国战略事务办公室谍报活动处的戴维·布鲁斯上校，随军历史学家 S. L. A. 马歇尔中校，约翰·威斯多弗中尉，一位名叫马塞尔的抵抗组织战士，一位名叫让－玛丽·拉里尼斯的当地爱国者。另外还有一小伙一旦被捕就使用代号的法国人。

他们这些人在最后几天里一到晚上就豪饮当地的葡萄酒，外加一瓶法国柑曼怡甜酒，称兄道弟，好不亲密。海明威对于喝烈性酒和男子情谊非常讲究。"嘿，让－玛丽，你要是不喝一杯？"他数落着头脑清醒的拉里尼斯，"我们就显得生分了。咱们喝几杯吧——那样就亲近了。"

海明威真正想拉近的是朗布依埃和旺多姆广场之间的距离。多年后，让－玛丽对一位《旧金山纪事报》记者说道："他不仅仅要成为在巴黎的第一位美国人。海明威说过：'我要成为住进丽兹大酒店的第一个美国人。我要解放丽兹大酒店。'"

没过多久，那个法国师也来到了村庄里。随同这支法国部队到来的还有海明威暗地里一心要甩掉的记者团。到 8 月 22 日，整个村庄里住满了新闻记者。

8 月 22 日夜晚，在同一家咖啡馆里喝酒的还有好莱坞电影导演乔治·史蒂文斯上校和他的电影摄制组成员。不一会儿，欧文·肖也来了，和他们坐在了一起。欧文早就习惯了从容大度地对待海明威喝醉后表现出的哗众取宠的行为。那些"杂牌军"也学会了爸爸那种吵吵闹闹的做派。罗伯特·卡帕开玩笑说，他们到处转悠，"用各自不同的语言从嘴里挤出一些简短的话语，携带的手榴弹和白兰地酒比一个整编师带的还多"。

占了酒店，让别人搞不到一个像样的床位，这件事特别让美国记者布鲁斯·格兰特恼火。他扯开嗓门儿表达了自己的不满与愤怒。接下来就发生了一场别具特色的对骂和酒吧打斗。海明威挥起一记老拳狠狠地打在了那位美国记者的下巴上。这两位战地记者很快就在小酒吧扭打在一起。双方你来我往，用拳很打，用军靴猛踹，战在一起。有位名叫安蒂·鲁尼的年轻战地记者坐在咖啡桌旁观看了整个打斗过程。事后他说："从那以后我再也无法高看海明威了。以前我一直喜欢他这位作家，可他表现得就跟学校男生一样。"

当卡帕也出现在朗布依埃村时，这让海明威忍无可忍。当时有太多的新闻记者和摄影师闲着没事，坐等有人给他们下达前进的命令。海明威则要趁机独立行动。"每天夜晚，"卡帕透露说，"海明威和他的一队人马出去骚扰留在朗布依埃村和巴黎之间的德国人。"他就是故意不邀请老朋友前来助阵。

8月23日，随着军方高层解放巴黎的计划终于酝酿成形，记者团中也开始充斥着各种传言。

看样子似乎是勒克莱尔将军不想让来自同盟国的外国记者跟随部队目睹任何军事行动，不想让他们分享一点光荣时刻。那天上午，记者团获悉勒克莱尔已经把法国第二装甲师开出朗布依埃村，向巴黎进发，故意没有告知他们当中的任何人。对于一群很有经验的战地记者和新闻记者来说，这等于是提出挑战。由于许多人可能完全失去目睹报道解放巴黎过程的机会，于是看谁能有幸成为第一个到达巴黎报道解放过程的记者的竞争进一步加剧了。

英美军队和法国军队之间也展开了全面竞争，看谁第一个解放巴黎。

不出所料，卡帕和海明威各自采取了不同策略。卡帕和沃登贝克从朗布依埃村出发，想方设法要赶上勒克莱尔的大部队。8 月 24 日晚上，他们在距巴黎市中心西南 30 英里处的埃坦普发现了坦克车队。卡帕仍然希望让他前面的士兵越多越好。那天夜里，他们就睡在 20 号国道边上。"北斗星下面不时闪现出亮光，紧接着从远处传来了隆隆的炮声。树下显现出法国坦克模糊的黑影。"卡帕后来回忆道。远处地平线上闪现出的亮光和静静地停在路边的法国坦克均处于仍在继续酝酿的外交军事风暴中心。

　　在记者驻地，海明威、布鲁斯上尉和他们自己那伙人组成了杂牌部队。另一位《时代》杂志记者拉尔夫·莫尔斯曾与玛丽·威尔士合作发表过一些新闻报道。他和海明威也是亲密好友。他回忆说："我们就这样在驻地等待着。海明威说：'你知道德国人不可能在通往巴黎的每一条道路上都埋设地雷。为什么不找一条偏僻小道呢？我可以赶在军队前面到达香榭丽舍大道。'"

　　"多年来我骑着自行车经常穿过这个地区，"海明威解释说，"骑自行车旅行是了解这个地区地形特点的最好方式，因为你必须用力骑上山坡，也能轻松地从坡上往下滑行。"他坚信可以带着他们赶在大部队之前到达巴黎，专挑罗伯特·卡帕认为不可靠的那种捷径走。

　　不管怎样，新闻记者之间的竞争使得那次冒险行动计划胎死腹中。海明威"设想赶在美军前面进入巴黎的计划变成了泡影"。拉尔夫·莫尔斯后来说道，"因为有人，也许是没有受到邀请的记者吧，谁知道呢？把这个计划透露给巴顿将军，在我们还没察觉的情况下，记者驻地就被宪兵队包围了。巴顿走进来说：'如果你们有谁敢在军队行动之前向巴黎进发，军法处置！'"因此，就连海明威也要像每个人那样等到第二天天亮。他已经违反了许多战地记者应该遵守的规则，巴顿将军迟早要处理此事。

　　海明威只能暂时留下来。但是碰巧他和"红毛"在当地一家咖啡馆里遇到了随军历史学家马歇尔中尉和威斯多弗中尉。中尉的活动范围比记者

123

大得多。爸爸又开始活动了。"马歇尔，有酒吗？"海明威满心欢喜地大声说道。马歇尔听罢哈哈大笑，从吉普车里拿出一瓶威士忌酒。当天夜晚，他的民兵借着黯淡的星光，听着远处传来的隆隆炮声，也在一条小河边安营扎寨。

8月25日，罗伯特·卡帕、查理·沃登贝克，还有他们的司机休伯特·斯特里克兰德在20号国道上一觉醒来发现赶奔巴黎的联合行动已经开始。到了上午过半时刻，他们已经到达距巴黎城外两英里处，看样子他们很快就要进入巴黎，目睹整个解放过程。

接下来，不幸的事情发生了。法国第二装甲师把记者们拦在了一个公路检查站。勒克莱尔仍在让部队执行他的命令：除了法国部队以外，当天任何人不得进入巴黎。"这个老小子，"卡帕抱怨说，"越来越不讨人喜欢了。"

他注意一个有趣的现象，阻拦他们进入首都的那些军人讲法语时带有西班牙口音。他再一看，发现在一队坦克中有辆坦克上面用油漆涂写着西班牙内战中一场最惨烈战斗的名称。同他们一样，他也是那场战斗的幸存者。"真可耻！"他用西班牙语高声喊道，他知道他们是西班牙共和党人，作为那场内战的难民来到了法国，现在同勒克莱尔的部队一起为解放巴黎而战斗。但是他也曾是他们当中的一员。他们真的会阻拦他，不让他参加这场战争中最伟大的一次战斗吗？

那些西班牙军人听到他用西班牙语提出告诫，知道他是一位老战友。从此刻开始，一切都改变了。他们不仅热烈欢迎他，而且还在障碍物另一边向他装模作样地挥手致意。这些西班牙军人一再要求卡帕乘坐坦克同他们一起进入巴黎。斯特里克兰德和沃登贝克坐在吉普车里，跟在后面直奔巴黎。

上午9点40分整，这3个人通过了奥尔良门。这是进入巴黎的历史名门，其来历可追溯到数百年前，当时巴黎只是一座四周竖有围墙的小城市。

沿路两旁早有手持鲜花的民众等在那里，女士们高呼，"谢谢，谢谢"，随后就亲吻他们。卡帕在回忆录中描述了8月那天清晨的心情。"通向巴黎的道路畅通无阻，"他回忆道，"每一位巴黎市民都走到室外来到大街上，触摸第一辆坦克，亲吻第一个进城的军人。又是歌唱又是欢呼。这么一大早，从来没有这样多，这样欢快的人群……我感到这次巴黎入城仪式好像是专门为我举行的。坐在接受我的美国人制造的坦克上，同那些多年前与我并肩作战抗击法西斯的西班牙共和党人士一起驱车前进。我又回到了巴黎。回到了我第一次学会吃喝、学会爱的美丽城市。"

那天上午，坦克车隆隆驶过曾经呈现在另一段人生历程中的不同场景，那时他的恋人戈尔达·塔罗还没有在西班牙前线拍照时不幸身亡。那时她的葬礼尚未在巴黎举行，进攻日还没有到来，登陆具体行动也未展开。罗伯特·卡帕在他的旧居前看到了他以前的女房东，兴高采烈地挥舞着手帕，"C'est moi，C'est moi！"[①] 他冲着她大声喊叫，希望她能看到他，想起他来。可是现在，"成千上万张面孔在我的照相机取景器前面变得越来越模糊，取景器也变得非常潮湿"。"卡帕和我乘车进入了巴黎。"查理·沃登贝克回忆道，"眼睛一直湿润着。我们就像那些哭泣着拥抱我们的民众一样，并没有感到不好意思。"

他们把吉普车停在了荣军院林荫大道，然后乘坐坦克一路轰鸣着向塞纳河畔以及奥赛码头方向驶去。街道中间，有位德国军官在一群准备处决他的法国爱国者面前跪地求饶。当他们转身离去时，3位法国水手来到近前逮捕那位德国军官，救了他一命。他们在蒙巴纳斯街区的多姆咖啡馆停下来喝了杯咖啡。只见那里漂亮的姑娘身穿薄薄的夏装爬上了他们的坦克，在他们的脸上印满了口红。"在众议院附近他们被迫打了一仗，脸上的一些口红也被鲜血冲刷掉了。"卡帕后来这样轻描淡写地说道。

---

① 译者注：法语，"是我，是我！"

法国第二装甲师进入巴黎，往西穿行通过凯旋门，驶过过香榭丽舍大道。盟军部队向东进发。上午 10 点 30 分，迪特里希·冯·肖尔蒂茨终于收到了等待已久的最后通牒。他仍然准备着让出巴黎。看起来巴黎这座"不夜城"已经奇迹般地得到拯救，免遭最后的灭顶之灾。

罗伯特·卡帕心里明白，他"就是想在一流大酒店中的顶尖丽兹大酒店度过第一个夜晚"。根本无法让他打消这个念头。他比海明威早两个多小时抵达巴黎，旗开得胜。

不出所料，海明威决心让自己进入巴黎的经历成为很好的新闻报道素材。那天他已经开始构思准备写给玛丽·威尔士的一封书信。他要告诉她，那天上午他和自己领导的民兵组织如何执行巡逻任务，如何在法国人开始进军时把"真货"提供给他们。"真货"是海明威使用的个性化术语，意思是"货真价实的"有用情报。

他和他率领的一小队人马同布鲁斯上校一起乘坐吉普车，赶在中午跨过塞弗尔大桥，从西部进入巴黎。他们绕过辽阔的布洛涅森林公园南端后，便处在德国死硬分子的火力打击之下。他们一路上小心翼翼地躲避狙击火力，沿着一条穿过古城巴黎中心地带的道路进入首都。在星形广场雄伟壮观的中轴线上，他们乘坐吉普车通过了渐渐展现在眼前的壮丽的凯旋门。接下来，司机又调转车头，往东驶向宽阔的香榭丽舍大道。右侧，埃菲尔铁塔静静地闪耀在塞纳河对岸。左侧，高耸于巴黎铺瓦屋顶之上的是坐落在殉道士之山——蒙马特高地之巅的圣心教堂圆顶。

一两天后，海明威坐下来开始给玛丽写信。他在信中没有提及、而后却让玛丽想起来的事情是，他在赶往巴黎的路途中时常在小餐馆或旅店里停下来喝酒，相当耗费时间。"他居然抵达了丽兹大酒店，真是奇迹！"这位法国人惊叹道。当他们乘坐的吉普车开到了塞纳河畔时，马歇尔将军在车里已经数到了 67 个香槟酒空瓶。

海明威在星形广场东侧遇到了老熟人埃米尔·维厄布瓦，此人是勒克莱尔第二装甲师的军人。虽然香榭丽舍大道西边较远处一片宁静，埃米尔提醒说，双方军队在这条大道对着谐和广场和里沃利街西北方向两处进行着激烈战斗。显然，那是通向旺多姆广场的道路。海明威只想知道在这种情况下怎样才能最快地抵达丽兹大酒店。那天夜晚，海明威请埃米尔到时候来丽兹大酒店酒吧里喝酒。那里是举行胜利晚宴的好地方。

要想躲开香榭丽舍大道上的战斗就得绕到旺多姆广场北侧，往歌剧院方向走。海明威和他那伙民兵战士此前已多次停下来歇息喝酒。看起来这回又是一个喝酒提神的好机会。在卡普西纳林荫大道与和平街的中轴线上，恰好有一家他们喜欢去的小餐馆，距他们的最后目的地很近。这伙解放者在那家有个好名称的和平餐馆里再度歇脚庆祝胜利，而且又在当地招了一些新兵。他们这伙人一路上有说有笑，浩浩荡荡向南进发，赶往丽兹大酒店，他们的总人数已经达到 55 至 75 人。这样重返巴黎很有光彩，很有面子。

让海明威感到高兴的是随军历史学家当天下午也和他们在一起。"要不然大家会以为这是个该死的谎言。"他沉思着说。后来他对玛丽大肆渲染吹嘘他所遇到的种种危险。他在信中写到他"强烈地感觉到好运气已到头了，但是还准备再掷几次骰子碰碰运气"。除了香榭丽舍大道上不时响起的狙击枪声以外，进入巴黎的过程相对而言比较平静。但是海明威已经在为不朽的巴黎传奇书写了崭新的篇章。

在和平餐馆喝酒提神必须速战速决，因为海明威还没有实现他最重要的目标，他要再次出现在康朋街入口处，把丽兹大酒店从德国人手里解放出来。他和手下的追随者们已经准备好打一场硬仗恶仗，唯一的问题是他是否能成为抵达那里的第一个美国人。

11

欧内斯特·海明威与丽兹大酒店的解放
1944 年 8 月 26 日

1944 年在巴黎凯旋门庆祝解放的欢乐人群

查理（丽兹）和我一起走过铺着红色地毯的华丽大厅。他脸上洋溢着爱意，好像我们都是迷路的孩子，缺少见识，没能投胎生为瑞士人，反而卷入到肮脏的战争活动中。

——欧内斯特·海明威，出自《朝向花园的房间》

在和平餐馆里喝过几杯酒后，戴维·布鲁斯和欧内斯特·海明威又跌跌撞撞地登上了卡车。"红毛"阿奇·佩尔基仍然坐在方向盘后面，掉转车头向南开去，直奔旺多姆广场。片刻之后，即当天下午 2 点钟，海明威的那队人马在沿路征召的一些法国战士和一位名叫杰奎琳·塔维涅的美国年轻女子陪同下闯进了宽阔的被文艺复兴风格的宫殿式建筑包围的旺多姆广场。

迪特里希·冯·肖尔蒂茨已于 8 月 23 日带着最后一批德国人和他们掠夺来的财物离开了巴黎。德国人一走，汉斯·埃尔米格和克劳德·奥泽罗便在酒店上面升起了法国三色旗。后来有传言说德国人走错了撤离巴黎的路线，又沿着大道回来了，形势一度十分危险。经理们镇定地坚守，决不退缩，无论出现什么后果，也不肯撤下法国国旗。大约 24 小时后，那面旗帜迎风飘扬，发出哗啦啦的声响。豪华客房空荡荡的，正是挑选客房的大好时机。

美国人并不是首先抵达丽兹大酒店的那批人，海明威也不是唯一一个梦想着入住豪华客房的来客。一些有远见的英国部队一小时前已经抵达丽兹大酒店，并打算在那里驻扎下来。

他们不会占用这些宫殿式套房很久，只要海明威一插手，他们就得搬走。海明威时刻准备着同任何人进行斗争。

海明威一行人在丽兹大酒店前面刚一停下来，周围就响起一片欢呼声，这是海明威一直在等待着的时刻。克劳德·奥泽罗在大门口迎接他，以丽兹大酒店颇为讲究的礼节热情欢迎海明威先生。无论在什么情况下，优雅得体，礼节不乱，这就是他们的招牌式迎客特色。海明威抬高嗓门宣布了他的任务：他来到那里就是为了亲自把丽兹大酒店从德国人手里解放出来。"当然了，海明威先生，"克劳德以庄重而平缓的语调说道，但是他那双疲惫的眼睛却闪闪发亮。"请您把武器留在门口，可以吗？"

汉斯·埃尔米格的妻子吕西安娜正站在大门口附近。在走廊里英国军人正忙着设立指挥部。这是个既紧张又滑稽的时刻。海明威看了一眼英国军人，理由十足地声称丽兹大酒店他说了算，而且立刻傲慢无礼地吵闹起来。"我就是要占领丽兹大酒店的人，"他气势汹汹地冲他们嚷道，"我们是美国人。我们要像过去那样的美好生活。"接着他又开始命令那些英国人滚到大街上去，首先用德语向他们发号施令。英国人感到非常吃惊，而更让人感到吃惊的是他们居然服从了他的命令。

即使在几十年后吕西安娜对当时的情景仍然记忆犹新：

他刚进来时那派头就像个国王，把那些早到一小时的英国人全部轰了出去。他穿着卡其军装，衬衫大敞，裸露着胸膛。大肚腩下面系了一条皮带，随身携带的枪支不时撞击他的大腿……他很引人注目，摆出一副人们熟知的海明威的样子，但是一点儿也不时髦文雅。我丈夫看到在他管理的丽兹大酒店里居然发生这样的事情，心里有些不高兴。

弗兰克的侍者助手乔治·舒尔还记得有些员工感到不舒服的另外一个原因。海明威大喊大叫着走进门来，身穿那种人们熟悉的战地记者等非战斗人员常穿的制服，手里挥着9毫米英国半自动步枪。尽管大家知道手里挥舞着枪支也不算"大错"，可这还是让人感到非常危险。过不了几个星期爸爸就得因为这种不轨行为面临着军方调查。

海明威在战前就记得舒尔，看到熟悉的面孔无论在哪里都很高兴。"他17岁时我就认识他。他是我认识的最聪明的17岁男孩，身手最敏捷，最有本事。"海明威回忆道。舒尔认识爸爸时，"这位作家来到酒店里，身上只带着够买两杯酒的小钱，每个月只来一次。在不锈钢这种东西还没出现以前，他一看到不锈钢般光鲜闪亮的上流时髦社会就满心欢喜"。海明威对在巴黎度过的那段青春时光的怀恋溢于言表。

丽兹大酒店刚从一伙英国人那里解放出来，海明威就率领他的杂牌军对整个酒店开始大搜查，冲到楼顶上看看有没有躲在阁楼里的德国人。经过一番仔细搜查之后，他们终于有了收获，在屋顶找到了刚刚洗完晾在绳子上的一些床单。这些床单在不该响的时候被风吹得哗啦啦直响，惊动了他们。

接下来对地窖的搜查没人完全认为是一种军事行动。一心要做得完美无缺的汉斯和吕西安娜虽然暗地里不喜欢海明威那种哗众取宠的行为，然而他的民兵干将让－玛丽·拉里尼斯却吃惊地看着克劳德·奥泽罗跑来跑去，一副欣喜若狂的样子。私下里克劳德总是说，丽兹大酒店真正解放是一天前经理们升起法国国旗，看到德国人带着他们掠夺的财物滚出去的时候。不过他还是让前面这位贵客，伟大的美国作家尽情享受自己的光荣时刻。"我们反抗了那些德国人，把最好的酒藏起来不给他们喝。我们保住了白马名酒！"克劳德兴高采烈地告诉海明威。"啊，快拿酒来！"爸爸命令道，咧开大嘴笑个不停。"他们送来了几瓶酒，爸爸就开始猛喝起来，"让－玛丽多年后回忆起当时的情景时这样说道，"想想看！那可是陈年波尔多葡萄酒，非常名贵，他喝起来就像喝水一样。"

接着海明威去了弗兰克的酒吧，为他手下那伙人点了73瓶马丁尼酒，又忙着自封为丽兹大酒店驻军指挥官，安排警卫，给自己分到301号客房，然后带着几瓶香槟酒和白兰地酒上了楼。"不可思议，真是不可思议，"吕西安娜回忆道，"看到他简直把大酒店当成了自己家，太让人吃惊了。"

海明威和他的一队人马严格说来是第一批到达丽兹大酒店的美国人，所以他很乐意去取笑一下那两位比他们稍微晚一点儿来到丽兹大酒店的美国战地记者阿兰·莫尔黑德和泰德·吉林。他们乘坐一辆载有宿营装备，落满灰尘的大众牌汽车来到了旺多姆广场，好像时空倒错闯差了地方，胡子没刮脸没洗，看上去非常邋遢。海明威兴致勃勃地对他们说，赶快去洗个澡，然后可以到他的客房里喝几杯香槟酒。说完，爸爸向楼上走去，开始热烈庆祝他的捷足先登。

罗伯特·卡帕还没有到来。他虽然抢在海明威前面率先进城，但是没有比他抢先一步来到丽兹大酒店。当时巴黎城内塞纳河附近零星战斗仍在进行。同往常一样，这位摄影记者只想赶到发生战斗的中心现场。他正忙着拍摄一卷又一卷照片。这些照片将成为当时非常著名的战地新闻照片。

4点钟，夏尔·戴高乐终于走进了首都巴黎。德国人正式停止抵抗。大多数留在城里的德国兵乖乖地集体投降，双手高举，肩上搭着白旗。当戴高乐将军抵达警察指挥中心时，一些德国人和亲维希政权的暴乱分子进行了极为凶猛的反扑。傍晚时戴高乐将军才站在市政厅前面，对那些拥挤在公共广场前来欢迎他的数万民众发表解放演讲。

晚上7点，戴高乐将军从自由巴黎发表的首次讲话向全世界进行现场转播。丘吉尔在伦敦通过BBC广播收听到了戴高乐将军的讲话，他也许会再次原谅戴高东将军，因为他没能在1940年的时候挽救乔治·曼德尔，那时所有这一切才刚刚开始。在布拉德雷将军和勒克莱尔将军之间的紧张关系不断升级以后，有些美国人也会持有上述观点。法国与英美同盟国之间日益加剧的冲突将会持续好多年，这将对德军占领期结束后的丽兹大酒店命运产生重大影响。

"我们为什么要掩饰涌动在我们所有人心中的那份强烈感情呢？"夏尔·戴高乐在胜利演讲中用庄重而平缓的语调对一个等待观望的世界慷慨

陈词。我们"站在这里,我们的国家,我们相聚在奋起解放自己,用自己的手独立解放自己的巴黎"。接下来他又激昂慷慨地直奔主题:"巴黎啊!惨遭蹂躏的巴黎!破败的巴黎!受苦受难的巴黎!但是此刻也是一个解放的巴黎!依靠自己获得了解放,在法国军队的协助下依靠人民获得了解放,依靠整个法国的支持和帮助,依靠的是奋勇战斗的法国,唯一的法国,真正的法国,永恒的法国的支持与帮助!"这篇演讲不会作为夏尔·戴高乐心中最美好的法—美同盟时刻的见证而载入史册。

在巴黎公共广场清洗整肃运动开始了。当天下午在聆听戴高乐演讲的人群中有一位丽兹大酒店的战时老常客。他就是让·考克托。这位作家在巴黎解放后处境有些不妙。他的德语诗集已于当年夏季出版。在整个德军占领时期,他同法西斯分子关系密切,一直是丽兹大酒店的一位快活的旁观者。他开始感到有些紧张。

傍晚过后,考克托最后要回到丽兹大酒店的酒吧。海明威很快就要起身下床,兴致勃勃、吵吵嚷嚷地来到楼下。可眼下海明威却置身于他心目中最美好的情景当中——"发生在巴黎丽兹大酒店里的情景"。在他的梦幻之中,

那是夏季一个美好的夜晚,我在酒吧——康朋街一侧的酒吧里接连喝了几瓶马丁尼酒。然后就有一场精彩的晚宴……喝了几瓶白兰地之后,我就上楼回到自己的房间,躺在了丽兹大酒店客房特有的大床上。那些床都是铜床。我头枕的一个长形枕头简直有齐柏林伯爵航母那么大。4 个方形枕头里面填满了真正的鹅毛。2 只枕头我用,另外 2 只枕头留着给我那天仙般的好友使用。

他没有吃晚餐。巴黎解放之夜他也没有遇到天仙般的好友。以自己的名望,海明威可以迎来络绎不绝的来访客人,这当然是一种很有面子的事情。

那天下午在第一批来访的客人当中有哲学家和作家让·保罗·萨特,

他的情侣西蒙娜·德·波伏娃。他们二人在 7 月中旬明智地离开了巴黎到外地"度假"，因为担心萨特为新推出的地下出版物《战斗报》撰稿会招来一些麻烦。他们至少早在 8 月 22 日就回到了巴黎，当时他同一些戏剧家一起占领了法兰西大剧院。在巴黎并非每个人都对萨特的战时政治观点感到敬畏。有位历史学家说："有些才子回忆说，萨特与巴黎警察在同一天参加了抵抗运动。"换句话说，是在巴黎解放前 10 天。

后来海明威迎来了梦幻中的晚宴。在丽兹大酒店餐厅里举办了一场非常热闹的晚宴。战场记者们很快就纷纷赶奔旺多姆广场上的老地方，为了庆祝胜利欢聚会餐，痛饮香槟美酒。记者团中的大部分记者入住在相隔几个街区的斯克里布酒店客房里。《时代》杂志编辑查理·沃登贝克在那里设立了办事处，招聘外派记者采写新闻报道。

到了晚上，巴黎重获自由，留在巴黎的大部分德国人已经投降。整个巴黎城内几年来首次灯火通明。尽管有一些为了国家荣誉和优先地位而产生的军事争端使将军们感到不快，但是法国三色旗和美国星条旗仍然在埃菲尔铁塔和凯旋门上并排飘扬，纪念具有象征意义的这一历史时刻。

没过多久，各路军人开始陆陆续续来到丽兹大酒店。康朋街酒吧成了同盟国所有高级军官们首选的饮酒聚会之地。跟着爸爸一起进入巴黎的随军历史学家之一约翰·威斯托弗中尉回忆道："那天傍晚，马歇尔和我一起去了丽兹大酒店，同海明威和布鲁斯上校共赴晚宴。我们传递着一张纸，每个人在上面签下自己的名字。我们都说我们是首批（从外地）进入巴黎的人。"

"大家都不要去写最近这欣喜若狂的 24 小时，一行字也不要写。"海明威宣布，"谁要写谁就是傻瓜。"

这只能说是一条没有约束力的命令。海明威当时不在状态，写不出什么东西来。一想到其他记者在忙着赶写新闻报道，他气就不打一处来。

晚宴结束后，有位侍者不假思索地"在账单上填写了维希政府税收数额"。这位侍者没有完全明白，巴黎解放后谁也不必再去执行战争时期颁布的那些压迫性的命令。结果在餐桌旁出现了喜气洋洋的集体抗议一幕："我们齐刷刷地全都站了起来，异口同声地对侍者说：'拿出几百万保卫法国，拿出几千元报销你的费用，但是一分钱也不交给维希政府'。"

在"拿出几千元报销你的费用"方面，当天晚上那几位就餐者们表现得很有骑士风度。但是解放之夜提供的晚餐，按着丽兹大酒店标准来衡量，确实不够丰盛，没有体现出本家酒店特色。当时巴黎市内食物到处短缺，没有挨饿就算幸运。即使其他东西短缺，但是在丽兹大酒店的酒窖里——幸亏数年前汉斯·埃尔米格机敏过人——仍然藏满了宝贝。巴黎陷落后，汉斯·埃尔米格在塞纳河对岸拉库比街 205 号的几处酒窖里总共贮藏十二万瓶葡萄酒，堪称法国巨大酒藏之一，在整个巴黎也属上品。因此，在德军占领期间优质波尔多葡萄酒从来没有缺货断档。此时此刻，人们正酣畅淋漓地享用数百瓶高档法国葡萄酒。

首都巴黎的庆祝活动结束后，罗伯特·卡帕跟在军人的后面终于赶来了。

他也想在巴黎最为惊艳的这个欢庆时刻，在丽兹大酒店度过他来到巴黎的第一个夜晚。他确实这样想过。但是当他来到大酒店时却发现海明威已经将那里占据为个人领地。"海明威的队伍，"他沉思道，"通过另一条道路进入了巴黎，经过一番短暂轻松的战斗之后实现了他们的主要目标，从德国人的枷锁中把巴黎解放出来。"鉴于眼前的形势以及他和海明威之间还在明争暗斗这个事实，卡帕对于海明威能否欢迎自己心里没底。

卡帕在丽兹大酒店住了下来。"红毛"佩尔基在豪华套房门口站岗放哨，咧开大嘴直笑，把整排前牙都笑没了。"红毛"模仿着自己崇拜的英雄海明威，只说一些不连贯的语句。他告诉卡帕："爸爸占领了很好的酒店。地窖里东西多得很。你赶快去吧。"两个人对视了片刻。卡帕向大堂对面走去。

"说得千真万确。"卡帕在回忆起有关酒窖的事情时这样说道。那天夜晚在愉快的氛围中结束了。海明威知道自己已经实现了一个传奇式的目标。周围簇拥着朋友,受人崇拜,海明威也变得慷慨热情起来。

"爸爸与我和好了,"卡帕在回忆录中写道,"为我设宴接风,还把大酒店里最好房间的钥匙交给了我。"后来新闻记者们到处逛了逛,在斯克里布酒店的酒吧里停下来喝了几杯。卡帕和海明威在那里看到了许多诺曼底登陆前那些日子里参加过贝尔格拉广场聚会的人。其中就有罗伯特·卡帕的朋友查理·沃登贝克和有贵妇人之称的美国摄影师李·米勒,她的美貌使她成为 20 世纪 30 年代巴黎的一个传奇人物。

玛丽·威尔士和玛莎·盖尔霍恩都没露面。海明威只得独自爬上他那张硕大的铜床。两位传奇女士谁也没有前来陪伴他。

那天夜晚,一条条大街上呈现出"令人叹为观止的景象,令人百感交集的感觉",参加聚会的一位新闻记者这样回忆道:

> 大街上人山人海,大家手挽着手朝着香榭丽舍大道和凯旋门走去,就好像在纽约每逢有重大事情发生时,大家都向时代广场奔去一样。真的是……啊,自由奔放,无拘无束……空气中弥漫着一种信心满满的感觉。大家都知道那已经结束了。我指的不是争夺巴黎的战斗。我指的是战争。我们都清楚还有许多战斗在后面。几个月之后爆发的坦克大决战证实了这一点。谁知道在太平洋还会出现什么情况?但是在德国人交出巴黎时,我们都觉得现在只是一个时间问题了,而且用不了多长时间我们就会攻占柏林。

似乎战争真的很快就会结束。

虽然玛丽·威尔士没有出现在斯克里布酒店的酒吧里,但她已经到了巴黎。8 月 24 日晚些时候,她接到动身出发的指令。第二天早晨,她挤上了美国陆军的一辆后勤补给吉普车,车上还坐着一位百无聊赖的少校。她在赶往巴黎的路上只比海明威和卡帕落后几个小时。

"巴黎啊，巴黎，我就像一只发情的猫。"她以习惯性的在性事方面的坦率态度讲出了自己的心里话。她也很想写出颇有分量的新闻报道。要不是因为那个百无聊赖的少校和司机误了事，她很有可能抢了海明威和卡帕的风头，率先抵达巴黎。少校不讲法语，不停地让司机往错误的方向开车。后来司机有一次吃午餐时耗费了很长时间，着实令人气愤，而且喝卡瓦多斯苹果酒还喝醉了。当他们的吉普车路过凡尔赛宫，最后通过圣克劳德大门进入巴黎时，她终于可以看到远处的星形广场了。此时太阳已经在解放了的巴黎上空西下沉落了。如果她抢在海明威前面发表新闻报道，她和海明威之间的爱情故事也许就要画上句号了。

玛丽·威尔士下午晚些时候落脚的第一个地方是斯克里布酒店。她在那里找不到她的编辑查理。"我知道我本应该去圣母院大教堂，看看那里的情况如何。"她事后这样写道。但是她没有去。后来她也没有去丽兹大酒店。由于非常疲惫，她在斯克里布酒店客房里洗漱完毕以后就上床入睡了。而此时周围的巴黎市区到处都在欢庆聚会。在楼下的酒吧里，海明威根本不知道在巴黎解放之夜，她就睡在比他仅仅高几个楼层的客房里。

海明威离开斯克里布酒店时，他的目的就是回到旺多姆广场。在玛丽无梦安眠、他的妻子玛莎距巴黎还有好几个小时漫长路程的情况下，海明威做了唯一一件看上去合情合理的事情。在让·保罗·萨特和西蒙娜·波伏娃二人的陪伴下，他把聚会的地点挪到了自己的套房里。他们全都坐在大铜床上，爸爸穿着睡衣睡裤。没过多长时间，西蒙娜和海明威就达成了默契，彼此心领神会。"你看，"西蒙娜对不知所措的萨特说道，"你怎么还不走啊？我们准备留这儿喝点酒，好好谈一谈。"

凌晨3点，萨特最终接受了无法回避的局面。第二天上午波伏娃离开了海明威时，空酒瓶子堆在海明威四周，身边尽是凌乱的床上用品，在那个巴黎之夜，被解放的不仅仅是丽兹大酒店。

12

不让须眉的战地女记者

1944 年 8 月 26 日

解放巴黎期间市政厅遭到狙击火力袭击，众人纷纷扑倒在地

我注意到炸弹从未击中居住在克拉里齐斯或住丽兹大酒店的人们。

——克莱尔·布思·鲁斯，1940

第二天早晨，对于那些经历过德国 4 年占领期的人们来说，巴黎第一个自由的日子开始了。战争没有结束，远远没有结束。事实上在巴黎城外不到 50 英里的地方，战斗仍在继续。再过 8 个月以后欧洲才会出现和平局面。然而，这确实是巴黎新的一天。

那天上午，海明威提起精神之后，又做了在丽兹大酒店入住的 7 个月期间每天早晨都做的一件事。他打开一瓶巴黎之花香槟酒，然后便埋头写作。

他心里惦念着玛丽·威尔士。于是他开始给她写信，向她讲起朗布依埃村的冒险经历，讲起他手下那伙忠诚的战士。当然还要提到解放巴黎的经过。"以前在巴黎住过的老地方我都去过了，一切都好。但奇怪的是，不时有一种已经死去的感觉。这一切都是梦幻。真希望你能在这里，我竭尽全力奋战，很想有个心爱的人实实在在地陪伴我。非常感谢你。"他还在信中谈到了勇敢面对武装斗争，击毙一些德国人的经历。

然后他把信放在了一旁。也许明天他会写完这封信。他还不知道应该把这封信寄到什么地方。

接着就到了该下楼的时间了。对于深夜狂饮他一点也没有痛悔之意。记者团里关系密切的一些美国记者用餐前聚在一起要喝点鸡尾酒，于是海明威就主动做东。客人都是战地记者中的名人，可以看到一些熟悉面孔，比如欧文·肖，查理·沃登贝克，还有海伦·柯科帕特里克，她可是《芝加哥每日新闻》的大牌记者，在美国和欧洲很有名气。

在20世纪40年代的战地新闻界，海伦·柯科帕特里克绝非等闲之辈。这位35岁的美国女记者长着一双蓝眼睛，身材高挑，仪态大方，尖刻善辩，非常善于挖掘冷门棘手的新闻素材。她也曾是新闻界最强音之一，从英国报道揭露阿道夫·希特勒上台掌权带来的种种危险，以及绥靖政策和温莎公爵的愚蠢之处。1940年她成为《芝加哥每日新闻》首位女记者，从伦敦勇敢地报道了德国对英国的空袭行动。她也曾同罗伯特·卡帕和玛莎·盖尔霍恩一起赶赴前线，报道诺曼底登陆战况。当时自由法国军队要挑选一位记者进驻他们的指挥部。他们选中了海伦。

8月25日，她作为勒克莱尔指挥的第二装甲师随军人员乘坐坦克进入巴黎，足以让海明威和卡帕心生妒忌。那是第一批进入巴黎的部队。在巴黎第一个自由日那天，她回忆道："海明威是个我行我素的人……他把这些武装力量都聚拢在自己身边。他这样做完全违法，而他自己却根本不在乎。"

在丽兹大酒店里，饮过酒后客人们开始吃午餐。最后海伦说她该走了。那天下午，夏尔·戴高乐将军指挥着一支爱国游行队伍，从凯旋门一直行进到和谐广场。数万民众早已站在巴黎宽阔的林荫大道两边参加官方举办的庆祝解放活动。盛大游行结束后，要在圣母院大教堂举行感恩弥撒仪式。海伦不想错过报道当天胜利大游行的机会。

正当她起身站立时，出现了尴尬的一幕，她本想赶往庆胜大游行的必经之路现场，这时海明威再次扮演起爸爸的角色。他对她说道："好闺女，坐下来品尝一下这上好的白兰地。看游行有的是机会，但是在巴黎解放后的第一天8月26日在丽兹大酒店吃午餐，你不会再有第二次机会了。"

无论如何，海伦还是离开了。同她一起离开的还有约翰·莱因哈特中尉。那天下午，海伦、约翰·莱因哈特，还有罗伯特·卡帕，出乎预料地发现他们自己又回到了战斗现场。

总是在寻求报道新视角的海明威以前听说过有位被击落的美国空军士兵自5月以来一直在巴黎潜逃。那就是说，这位年轻人肯定是同盟国军队中抵达巴黎的第一人。这一定是个特别的新闻报道视角。于是他捎信给亨利·伍德拉姆，请他来丽兹大酒店酒吧喝一杯。他想亲自握一握这个人的手，听一听他的历险故事。必须有一些实实在在的"真货"可供他用来为《矿工杂志》撰写下一篇新闻报道。

接下来，海明威同一些好友登上一辆吉普车，沿塞纳河左岸去实地考察一下那里的事发现场在德军占领时期是什么情况。另外也顺路拜访他的老朋友、莎士比亚剧团书店美国店主西尔维娅·比奇。

吉普车在奥迪恩街停下来。海明威跳下车，开始大声呼喊她的名字。很快"大街上每个人都跟着呼喊'西尔维娅！'"。她的伙伴艾德丽安最后猜出是谁了。"是海明威！"艾德丽安大叫道。"我飞快地跑下楼去，"西尔维娅说道：

我们迎面撞在一起，终于见面了。他抱起我来转个不停，亲吻着我。大街上的人和站在窗户后面的人齐声欢呼着。我们上楼来到艾德丽安的公寓，让海明威安坐下来。他身穿战斗服装，上面满是污垢，还带有血迹。一挺机关枪"咣当"一下放在了地上……他想知道能否为我们做点什么。我们问他能不能帮我们解决一下出现在我们街道屋顶上的纳粹狙击手，尤其是躲在艾德丽安屋顶上的狙击手。于是，他把手下那些人从吉普车里叫出来，带着他们爬上了屋顶。我们最后一次听到在奥恩街道上响起了枪声。海明威和他手下那些人从屋顶上下来后就乘坐吉普车走了。据海明威自己说，去"解放丽兹大酒店的地窖"。

尽管前一天傍晚他们已经解放了大部分酒店，反复讲述那段英勇经历日益成为海明威夸张传奇的一个显著特点。

西尔维娅也有自己极其痛苦的战时经历。在美国人于 1941 年放弃中立立场参战以后，西尔维娅与在巴黎的同盟国其他女性一起，比如电影明星出身的抗德战士德鲁·塔尔蒂，"美国天使"劳拉·梅·克里甘，以及其他一些女性，在维泰勒俘虏营里被关押了一段时间。和她们一起被关押在维泰勒俘虏营里的还有一位美国女性，她的名字也叫西尔维娅，以前同其法国上校丈夫住在丽兹大酒店。她立即就被释放了。

海明威和他的随从人员接下来又在寻找毕加索。他的画室离西尔维娅住的地方仅仅相隔几条街，位于大奥古斯街 7 号。海明威和毕加索在 20 多年前见过面。那时海明威第一次来到巴黎，是一位 23 岁的无名作家，而毕加索早已成名多年。

但是海明威并不是第一位拜访这位大画家的美国记者。在巴黎解放的那天下午，李·米勒已经先到一步。

作为《时尚》杂志的战地记者，她在盟军于诺曼底登陆后从陆军医院里做过新闻报道。在军官当中人人都知道她扑克牌打得好。现在她又回过头来对在 8 月中旬圣马洛战斗中因工作时离战区太近而受到冷落的那段经历感到好笑。当时有位男记者怀着毫不掩饰的敬佩之情说，她是"唯一一名记者，唯一一名摄影师，更不用说是唯一一名女性，一直坚持到围攻结束"，同战士们一起面对着战场险情。

在圣马洛市外的塞泽姆布雷村，她无意中抢拍了一次空袭照片，画面非常生动。但是她并不知道那些照片记录佐证了美国首次在现代战争中使用凝固汽油弹的情况。《生活》杂志打算发表这些照片，但是新闻审查人员没收了胶卷。结果作为惩罚，她被打发到巴黎西南边大约五十英里处比较冷清的内穆。

这就是为什么在 8 月 25 日上午李·米勒仍然等待着允许她动身前往巴黎的指令。她也想参与到奔赴巴黎的竞赛当中，然而她的相关旅行证件却迟迟未到。"我不会成为到达巴黎的第一位女记者，但是我会成为到达巴黎的第一位女摄影师，除非有人跳伞进城。"那天她至少这样安慰过自己，似乎大家都认为她说对了做到了。

李·米勒在战前巴黎超现实主义圈子里就是一位宠儿，此时30多岁的她仍然美艳如花，楚楚动人。她认识艺术界的每一位名人。她是一名颇有才华的摄影师，也做过美国艺术大师曼·雷的情人。她是让·考克托信赖的知心密友，也是先锋派设计师爱尔莎·夏帕瑞利喜爱的时装模特。毕加索为她画过肖像画。她仍然把这些名人视为自己的朋友。因此，在蒙庞西街36号拜访过让·考克托之后，她立刻赶往位于塞纳河左岸的毕加索画室。

当天下午到达那里时，毕加索热情接待了她这位好朋友。"这是我见到的第一位同盟国军人，那就是你！"毕加索兴高采烈地说道。李·米勒是一位机敏聪慧的新闻记者，她及时拍摄了一些新闻照片来纪念这次好友重逢。晚上她同毕加索以及超现实主义摄影师多拉·马尔女士前往附近的一家他们都很喜欢的餐馆进晚餐。多拉·马尔同毕加索保持了长达10年风风雨雨的情人关系。后来毕加索在3月里抛弃了她，另外寻得一位年轻的美女。

在一个食品短缺而激情高涨的城市里，这3位名人在庆祝自己热爱的城市获得解放时，仅仅食用了一只瘦骨嶙峋的烧鸡，喝了一些葡萄酒和一小瓶白兰地。毕加索告诉米勒快点儿回来。战争已经改变了她。她的容颜又增添了一些新的迷人的韵致。毕加索要给她画一幅新的肖像画。在整个战争期间，他为马尔画了数十张肖像画。然而对于马尔而言，这些画并没有让她显得更漂亮。一张又一张肖像画表现的是她陷入痛苦时的形象。"在我看来，多拉总是一位在哭泣的女人。"毕加索曾经这样说过。"女人是受苦受难的机器。"他以哲学家的口吻解释道。说来也奇怪，毕加索的情人不止一位到最后都精神崩溃了。

与此同时，8月26日上午在斯克里布酒店，玛丽·威尔士终于找到了查理·沃登贝克，并且分派给一项报道任务。她要做的就是要为《时代生活》报道德军占领巴黎如何改变了巴黎时尚界的面貌。《时尚》杂志也为其新闻记者李·米勒分派了同样的报道任务。在女性战地记者当中，这意味着抢先采访时装界人士写出一流的新闻报道。许多女记者在亲身经历过战斗场面以后，很难再变得极度兴奋起来。

对于玛丽而言，在旺多姆广场开始她的工作是再自然不过的事情了。20世纪40年代巴黎的著名时装商店几乎都全设在香榭丽舍大道，旺多姆广场和圣·奥诺雷街之间习惯上被誉为优雅殿堂的那一片地方。1942年，出版的巴黎电话簿上列出了六七家设在丽兹大酒店周围的时装商店。其中有的坐落在旺多姆广场，有的因受可可·香奈儿名气的吸引坐落在从八边形广场向北延伸的康朋街上。

那并不说玛丽就没有私心。到了旺多姆广场，她就立即寻找海明威的踪影。"我绕了一圈来到了旺多姆丽兹大酒店的门口，问一位自1940年我就认识的门卫海明威是否在丽兹大酒店里，"她后来回忆这段经历时说：

"当然在了。"门卫说，并告诉我海明威住在楼上31号客房。于是我乘着小型电梯来到三楼。那位身穿得体制服，戴着白手套的电梯管理员敲了敲31号客房的门，随后问开门的那位脸上长有雀斑的士兵海明威在不在客房里面。"爸爸，这来了一位女士。"陆军一等兵阿奇·佩尔基朝客房里大声喊道。海明威像一阵风似的出现在了门厅，连呼带叫，兴致勃勃地欢迎我，还给我来了一个转圈熊抱……客房里有几位在朗姆依埃村时就一直跟随他的法国地下组织的朋友坐在光秃秃的地板上，不时地擦着步枪，喝着香槟酒。

海明威从放在帝国风格小桌子上面的那个易碎的盘子里拿出"巴黎之花"香槟酒，给她倒了一杯。两个人站在落地窗前欣赏了好长一会儿窗外景色。爸爸手下的一位伙计穿着脏靴子就躺在整洁的粉红色床罩上睡觉了。海明威要玛丽留下来。这里有的是冰镇香槟酒，自回到伦敦以来，他也没有毫不顾忌地说起自己的打算。玛丽还需要为查理·沃登贝克写出一篇指定题材的新闻报道。玛丽认为他可能带着她去参加晚宴。

在走出丽兹大酒店穿堂之前，她想到了一个更好的主意。她问汉斯·埃尔米格能不能为她找到一个居住的地方。不大一会儿，他就把 86 号客房的钥匙交给了她。那是一套温馨舒适的客房，里面摆放着对床尺寸的大铜床，一张上面饰有玫瑰金锦缎图案的躺椅。大型梳妆台上放着一个粉红色针垫。大理石壁炉上方悬挂着一个老派贵妇人的侧影青铜像。"位于花园一侧"的房间对着司法部后面的那片绿地。那里就是她的家，一直住到来年 3 月份为止。事实证明，那是一个情况复杂、世事纷争的新家。

她对汉斯·埃尔米格说晚上带着行李过来。那里的一切都让她感到满意。她漫步走过穿堂，从大酒店的旺多姆广场一侧走到了康朋街一侧的出口处——穿过了玛丽 - 路易斯·丽兹于 1909 年为扩建这座宫殿式豪华大酒店而修建的独具特色的走廊。这个走廊里面摆放的玻璃柜里展示着巴黎最精美的奢侈品，因为每个人都把它称为"迷人的小巷"。经过数年的战时配给供应和物资匮乏生活之后，所有那些奢侈品让人看了都有一种令人陶醉的感觉。

那天下午，玛丽沿着圣·奥诺雷街漫步向马提翁大街和香榭丽舍大道走去，想要看一看更多的时装商店。街上无论在哪个地段，人们都朝着香榭丽舍大道走去；它简直就是"流动的人山人海"，她回忆道。夏尔·戴高乐将军随时都可能到来。她也想看一看很快就要开始的胜利大游行活动。

当戴高乐将军率领军人队伍穿过巴黎的中心大街时，簇拥在街道两边的人群已经绵延数英里。关于那一时刻，一位又一位历史学家千言万语只汇成一句话：1944 年 8 月 26 日，在巴黎举行了全世界规模最大的聚会。相同的情景一而再、再而三地呈现着：成群的民众齐声欢呼，把鲜花抛向隆隆驶过的坦克，送去一个又一个飞吻。

亨利·伍德拉姆被称为从德军占领的巴黎"活着走出来"的极少数被击落的同盟国空军士兵之一。当时他也在场，同当年把他藏起来，不让盖世太保发现的那一家法国人在一起观看盛大的游行场面。他受到海明威邀请到丽兹大酒店，同那位著名作家喝几杯鸡尾酒。但他没有赴约，他有太多的乐趣正在享受，他更愿意同朋友们喜笑颜开，自由自在，不在乎去康朋街喝几杯鸡尾酒，即使同20世纪最伟大的作家在一起饮酒也不为所动。

游行路线最后蜿蜒抵达位于塞纳河中心的西岱岛。在那里，法国的地理中心——圣母院大教堂钟声齐鸣，欢庆胜利。当军人队伍渐渐远去时，数千人聚在一起参加感恩弥撒。贵客和新闻记者坐在凉爽的灰色大教堂里面。但是宗教仪式一直延伸到前院，以满足巴黎平民的需要。

海伦·柯科帕特里克早已找好位置，在她给《芝加哥每日新闻》发出的电讯稿中对接下来发生的事进行了报道。就在戴高乐将军到来的那一刻，突然响起了左轮枪声。"枪声似乎从圣母院大教堂的一个怪兽雕饰后面传过来。顷刻之间，一挺机关枪又从附近的一个房间里开了火。子弹嗖嗖地打在我脚下的人行道上，"她在报道中这样描述道，"大教堂里枪声大作，转眼之间一场大屠杀似乎就要发生。"接下来，一群战争寡妇突然唱起了感恩赞美诗。

就在那一刻，塞纳河上的枪声响成一片。海伦后来得知，那是针对圣母院大教堂、市政厅、凯旋门和香榭丽舍大道同时展开的联合袭击。

就在游行队伍经过游行路线末端香榭丽舍大道上的克里隆酒店时，让·考克托又在他自以为是安全的距离上——这一次是从楼上的一个窗户旁边四下观望。尽管他煞费苦心地采取了预防措施，仍旧差一点儿没有活下来讲述他那段历险经历。在人群中的一个人和屋顶上的暴乱分子之间展开了枪战。有个枪手料定考克托是敌方的神枪手，差一点儿把他当作狙击手干掉。子弹"嗖"的一声从身边飞了过来，打掉了他嘴里叼着的香烟。

这一下他总算明白了：最好还是找个比较低的地方四下观望吧。

事后海伦肯定地说："那是一次经过明确策划的行动，目的可能是尽量多杀一些法国官方人员，引起恐慌和暴乱，然后有德国撑腰的军事力量疯狂头目们希望重新攻占巴黎。"

在圣母院大教堂里，那些将军和朝拜者们面对着狙击火力表现得出奇地冷静。而外面公共广场上则一片慌乱。

当时罗伯特·卡帕挤在人群中，作为一名摄影记者正在报道胜利大游行。他跟随着戴高乐将军从凯旋门一路走到圣母院大教堂。那天下午晴朗的天空中突然响起一片枪声，数千名法国平民跪倒在广场上，躲避枪击。人群中有位"戴着太阳镜，形单影只的漂亮女性毫不畏惧地站在广场上，高挑的身材透着一股高傲神气，没有半点儿退缩之意"。卡帕及时用相机拍下了快照。这张照片后来也成为一张令人难忘的经典之作，象征着德军占领期结束对巴黎市民究竟意味着什么。

玛丽·威尔士当时也在圣母院大教堂里。由于她佩戴着新闻记者徽章，所以在教堂里找到一个座位参加弥撒仪式。她听到了几声枪响。因为她心里在想着其他事情，因此只是认为枪声是偶然响起的，并未在意。后来她回到了丽兹大酒店，因为在那里爸爸有一场晚餐约会。唯一的麻烦是那时她又累得精疲力竭了。

玛丽步履蹒跚地走上丽兹大酒店大门的台阶。此刻巴黎已是黄昏时分，她发现海明威在半明半暗的黄昏光影中，独自等待着她。他打算带玛丽前往塞纳河左岸的一个好地方，参加由他组织的一次小型聚会。

玛丽不同意，只是说想要睡觉，"喝一杯这种很有营养的香槟酒吧，"爸爸劝道，而且还告诉她，有一个惊喜。"佩尔基把你的东西从那个酒店带到这里来了。"玛丽觉得实在拗不过海明威的主意，只好乖乖地跟着他去了。

在他们回家的路上，就在午夜之前，响起了防空警报声，纳粹德国空军的飞机飞临巴黎上空，最后一次对这个城市实施报复性打击。巴黎再次陷入黑暗之中。当天夜晚，巴黎东北角的一处工人阶级居住的较大郊区遭受到严重破坏。当玛丽和海明威走上通向丽兹大酒店的台阶时，旺多姆广场一如既往安然无恙。只有那位睡意蒙眬的值班看门人在夜晚欢迎他们。在爸爸的房间里，玛丽很快脱得只剩下内衣。

让海明威失望的是，玛丽在以迷人的姿势躺下以后，立刻就睡着了。第二天早晨，玛丽在透过宽敞的落地窗照射进室内的明媚阳光中睁开了眼睛。爸爸正在打开一瓶香槟酒。只是在那一刻，她才发现对面的床上摆满了 MI 加兰德步枪、手榴弹和其他军火装备。

"你打鼾了，"海明威直截了当、满脸欢喜地告诉她，"你打鼾打得真漂亮。"在房间的角落里，有位战士正用野营小炉子煮着咖啡。

13

巴黎开出的最后一批列车

巴勃罗·毕加索的画室

他有两大爱好——精美的器物与发动战争。

——加莱阿佐·齐阿诺伯爵评赫尔曼·戈林

巴黎获得了自由。但是巴黎上空尖啸的噩梦般防空警报并非表明战争还未结束的唯一迹象。对于军方人士来说，首都城外的战斗仍在继续。

8月27日，有一位隶属于勒克莱尔将军指挥的第二装甲师、名叫亚历山大·罗森伯格的年轻法国中尉没有出席在丽兹大酒店举办的盛大聚会活动。事实上，他当时什么大型庆祝活动也没参加。

罗森伯格负责指挥一次在巴黎出城铁路沿线展开的军事行动，这项行动紧急而又危险。整个8月里，德国人一直在忙着往列车上搬装货物。他们终于看清楚，同盟国军队的进攻势不可当。于是，他们就开始拆毁身后的铁路，让最后一批护运车队轰隆隆地驶向远方的地平线。罗森伯格中尉的任务是率领所部战士出现在那些即将消失在远方的德军护送车队前面，想方设法拦住他们。

即使当解放后的第一个清晨悄然降临巴黎时，最后一批列车仍然在缓慢地向东行驶，直奔柏林，直奔危险而去。

有一个护运车队引起了法国军队和同盟国军队的特别注意。罗森伯格受命将其挡截下来。法国国立铁路系统中的抵抗组织成员提醒刚刚抵达的法国内务部队：德国人在一列往东北方向驶离巴黎的大型列车上布置重兵，严格看守其中的几节车厢。整个巴黎城内的铁路扳道工人都在设法减慢铁路运行速度，尽最大努力造成铁路沿线交通大拥堵。但是，上述列车已经驶出巴黎城外 9 英里，出现在奥尔内这个小型火车站里。在整个战争期间，法国国立铁路系统是一个危险的工作线路，有 1500 多名铁路工人在他们开展的一系列小规格抗德情报活动、破坏活动和阻塞交通活动中献出了生命。还有较少的人出面阻止德国人驱逐犹太人的行动。

此时货运车队耽搁在奥尔内火车站，据说德国人和盖世太保大发雷霆。然而已不可能使那趟列车再延误几个小时了。有些铁路工人冒着生命危险，也要把它拖住。

德军占领期最后那些日子里，驶离巴黎的列车上装满了纳粹掠夺的物品，其中既有古董级躺椅，也有撤退的德国军官收集的最后一批奢侈的小古董。

有人担心其他列车上可能运载了一些在巴黎解放前被搜捕的最后一批不幸的巴黎市民。在占领期最后一个夏季被抓捕的一些人是巴黎市幸存的犹太人。1944 年 4 月至 8 月间，7000 名法国犹太人被驱逐出巴黎。但是许多人被怀疑是方兴未艾、不断壮大的法国抵抗运动的支持者。有的时候，被驱逐的人多达数百人。有些最后从巴黎开出的列车上，还载有少年儿童。

自 1944 年冬季起，大搜捕势头变本加厉。在德军占领期间聚集于丽兹大酒店里的那些法国艺术家和社会名流终于认识到，即使在他们居住的镀金世界里也存在着种种缺陷与不足。让·考克托，萨卡·圭特瑞，巴勃罗·毕加索，谢尔盖·里法特，阿莱蒂和可可·香奈儿全都同犹太人作家、艺术家马科思·雅各关系密切。他被盖世太保逮捕后，那年春季死于德朗西的临时难民营。他在最后写给让·考克托的一封充满绝望的信中，恳求考克托想办法帮一帮他。"我正在火车上写这封信，"马科思写道，"得到了看守们的仁慈对待。我们很快就要到达德朗西。这就是我必须说的。当有人跟萨卡提起我妹妹时，他说，'如果我是马科思，我会想办法的。唉！这回轮着我了，真是不好意思。'"考克托终于受到感动采取了行动，但是他在朋友们中间征集签名，后来送到奥托·阿贝茨手里的请愿书并不能够拯救马科思·雅各。

亚历山大·罗森伯格和他的部队被派到巴黎拦截那批载着被驱逐者驶离巴黎的列车。8月27日上午，他还远远没有到达丽兹大酒店。当天传播开来的一些往事最初是由朋友和熟人向外透露的。这些人在战争期间曾经到旺多姆广场上参加过集会。

20世纪初期，德雷福斯的支持者和侨居国外的美国人宣布丽兹大酒店是他们的社交领地。自那时起，经常光顾丽兹大酒店，活动在巴黎的国际电影明星、艺术家、作家和先锋派人士就形成了一个关系密切的社交圈。罗森伯格家族也是这个社交圈的重要成员。此事说来话长。

这一段往事要追溯到二战初期。1942年春季对于德军占领的巴黎而言是那种花天酒地、纸醉金迷生活的鼎盛时期，也是法国社会通敌卖国的高峰时期。那时丽兹大酒店再次成为首都巴黎街谈巷议的话题。数十年前的一个夜晚，当马塞尔·普鲁斯特在阳台上向苏卓公主笨拙地求婚时，德国人的炸弹爆炸了。当年那个夜晚来到丽兹大酒店的一些人此时仍然是这里的常客。

那年春季，在丽兹大酒店的舞厅里举办过时装表演。到了星期天晚上，社交晚宴搞得热火朝天，管弦齐鸣，舞姿翩翩。从冬季开始，法国主要的实业家、设计师、政治家与他们的德国同行一起在丽兹大酒店餐厅里共进美好的午餐。长期统一合作的经济政策就是在那种场合下拍板制定的。第二年2月，希特勒手下那位"铁石心肠之人"，德国警察头子伯恩哈特·海德里希在德国召开的一次纳粹大会上陈述了解放犹太人"问题"的"最终解决方案"。到6月间就开始把犹太人遣送到奥斯威辛集中营里去。

1942年5月，另一起同艺术相关的事件再次将整个巴黎的注意力引向丽兹大酒店。在德军占领期间，巴黎的艺术获得了长足发展。这里有两方面的原因。德国人以及许多法国人长期以来认为，现代法国文化已经变得颓废堕落，缺少阳刚之气。让巴黎人沉迷于他们的道德堕落和轻浮的艺术当中最初被认定是使巴黎变得百依百顺的简单易行的办法。但是到了德军占领期第二年，巴黎的统治者又热衷于鼓吹"雅利安化"的法国文化。这些新来的征服者就是想要永远占领巴黎，使其成为统一永存的第三帝国的一部分。

1942年巴黎沸沸扬扬地流传着要举办一次大型新艺术展览的消息。巴黎和柏林两个城市中的社会名流成群结队前来参加庆祝活动。开幕式晚会将在旺多姆广场举行。

所有热闹喧嚣的景象均同一位42岁来自柏林的雕塑家、艺术教授有关。他就是阿诺·布莱克，一位知名人物。20世纪30年代大部分时间，以及30年代初期，他都居住在巴黎，许多人对他并不陌生。让·考克托是他的老朋友。他那位出生于希腊的妻子德梅特拉曾经为毕加索当过模特，直到现在仍然喜欢这位艺术家。布莱克夫妇都热衷于收藏现代艺术作品。他们也是两次世界大战之间巴黎名流荟萃的社交圈中的常客。所以，他们不可能不认识亚历山大·罗森伯格的父亲。

1921年亚历山大·罗森伯格出生那天，巴勃罗·毕加索是当时的见证人之一。在20世纪20年代和30年代，他的父亲保罗·罗森伯格是全世界最为知名、最为成功的现代艺术经销商之一。当时现代艺术第一次受到广泛赞誉。保罗·罗森伯格还是毕加索的独家艺术经纪人，亲密朋友和隔壁邻居。

事实上1942年的艺术界几乎所有的人都同保罗·罗森伯格有私人交情。在亚历山大父母的朋友和熟人当中，不仅有毕加索和他的战时情人多拉·马尔，也有欧内斯特·海明威，格特鲁德·斯泰因，可可·香奈儿及其战前情人皮埃尔·勒违迪，让·考克托，李·米勒，曼·雷，爱好恶作剧、感情夸张的博蒙特伯爵夫妇，萨卡·圭特瑞，当然还有过世的马科恩·雅各。在这些人当中只有为数不多的几位没有在丽兹大酒店入住过。

大多数人在第二次世界大战期间都曾出入于丽兹大酒店的沙龙和套房，或者作为美国记者在整个战争期间想方设法要回到巴黎。

然而，1942年春季在巴黎艺术界重大艺术展举办的前夕，亚历山大·罗森伯格的父亲没有受到邀请。原因很简单（因为他们一家人是犹太人，有先见之明），在法国于1940年6月陷落数周之前，他们一家人就已离开法国逃往美国。当时只有19岁的亚历山大前往英国同夏尔·戴高乐和自由法国军队并肩作战。他父亲收藏的大量艺术品（被宣布为遗弃的犹太人财产）中有许多被德国人视为罚没物品。在丢失的现代派作品中有数百幅作品出自塞尚、雷诺阿、布拉克、图卢兹－罗特列克和高更等艺术大家的手笔，还有数十幅毕加索创作的作品。

20世纪20年代，阿诺·布莱克是一位很有前途的雕塑家，对先锋派和现代主义非常感兴趣。但是为了支持公众审美情趣回归更加具有"阳刚之气"和日耳曼人特点的新古典主义艺术，他放弃了那一切。1942年，希特勒将他称为"我们时代最优秀的雕塑家"。那时，这位艺术家已是纳粹党具有10多年党龄的正式成员。

出乎预料的是，德国人几乎对亚历山大父亲赖以成名的那些艺术收藏品毫无兴趣。赫尔曼·戈林和阿道夫·希特勒感兴趣的不是那些立体派、印象派和野兽派艺术家创作的风格大胆、具有实验色彩的作品。作为一种政治哲学，纳粹的艺术旨趣倾向于传统作品，排斥上述那些颓废艺术作品。

同颓废的巴黎艺术"旧"世界彻底决裂成为1942那届重大艺术展览的中心主题。阿诺·布莱克亲自到场，以其具有阳刚之气的雄伟雕塑作品向世界展示备受褒奖的民族主义公民艺术。

那届艺术展览得到了德国政府最高规格的支持。1942年5月5日，伯恩哈德·海德里希来到丽兹大酒店，要在关键的先期宣传阶段在那里逗留一个星期。5月6日，布莱克夫妇从柏林刚一到达巴黎就同伯恩哈德·海德里希会合了。这对夫妇在丽兹大酒店的客房里居住了远不止一个星期。布莱克来到巴黎是为了筹备举办一项春季社会活动，此项活动有时被评为"占领时期最为光彩夺目的社会活动"。5月晚些时候，他要在杜丽花园的橘园美术馆举办大型的个人作品展览。

个人地位意识很强的布莱克夫妇立刻宣布，他们在丽兹大酒店入住的客房既不豪华，也不明亮，并要求在他们的客房里安装路易十五吊灯和一些大理石枝状大烛台。然后他们便全身心投入到社交活动中去了，同美国女继承人弗洛伦斯·古尔德共赴晚宴，并与亲法西斯的作家保罗·莫兰德以及那位已成为他的妻子、曾经令普鲁斯特格外钟情的苏卓公主共同度过了许多温馨的夜晚。

阿诺·布莱克作品展于1942年5月15日开幕，很快便成为整个巴黎街谈巷议的话题。在第一个星期里，他们举办了一系列活动庆祝展览开幕。巴黎一位重要作家，亲法西斯记者罗伯特·布拉西亚克面对着闪光灯和热情的掌声在埃贝托剧院做了一场赞扬性的艺术讲座。

维希政府教育部长，诗人阿贝尔·博纳德在艺术展开幕那天夜晚举办了一场盛大招待会。出席招待会品尝香槟酒，为雕塑家和法国艺术在德国人统治下的重建复兴而干杯的人士都是丽兹大酒店的常客。舞蹈家谢尔盖·里法尔与阿莱蒂同萨卡·圭特瑞相谈甚欢，考克托写了一首阿谀奉承的诗作，"礼赞"布莱克的艺术天才和民族精神（作为回报，他提出了使电影业几位朋友免于在德国强制劳动的请求得到了满足）。当然，出席招待会的还有通敌卖国政府领导人皮埃尔·拉瓦尔和费尔南德·布里农。

从整个巴黎还赶来了许多仍然生活在这个城市的现代重要艺术家，包括许多著名抽象派和野兽派艺术家。莫里斯·德·弗拉曼克，基斯·凡·东根和安德列·德朗全都接受了邀请。保罗·罗森伯格收藏的艺术品也包括以上3位艺术家的作品。

支持那次艺术展的人士并不仅仅是艺术界的核心集团成员。巴黎市民参观也极为踊跃。在艺术展举办的10周里，（5月15日至7月31日）巴黎市观展人数超过12万，毕加索也在其中。艺术展作品目录加印了数千册。大部分开幕庆典场面和巴黎文化名流现身的场面都被拍成了新闻纪录片在整个第三帝国发行。因此，这也是德国宣传造势上取得的一个重大胜利。

　　到本次艺术展于7月底结束时，巴黎的形势已经发生了动荡变化。阿诺·布莱克后来回忆说，他的艺术作品展开展时恰巧赶上几位扮成游客的德国军官在大街上遇害，随后采取的报复措施非常可怕。到7月中旬，维希政府开始在巴黎全面搜捕来自国外的犹太人，把露天体育场当成了临时拘留营。

　　但是布莱克夫妇继续留在了巴黎。直到布莱克于1942年至1943年间的冬季在丽兹大酒店客房里创作完芭蕾舞明星兼导演谢尔盖·里法尔的青铜雕像，他们才离开巴黎。这对夫妇是德国一笔巨额收入的受益者。那年夏季——有时在赫尔曼·戈林的陪伴下，而且人们认为，在丽兹大酒店里，经常得到汉斯·温德兰、卡尔·哈贝斯托克和那位神秘苏斯先生的帮助——布莱克夫妇开始积聚自己的私人当代艺术收藏品，其中毕加索，德朗和弗拉曼克的作品占有突出位置。

　　到1942年夏季结束时，这样的作品正逐渐地从巴黎消失。由于受到巴黎最大收藏者——德国元帅戈林及其元首的轻视，现代艺术作品越来越多地流向瑞士开放的国际市场。1942年7月27日，在国家影像艺术馆外燃起了一个巨大的火堆。许多由法国颓废艺术家、现代派艺术家、布尔什维克艺术家创作的作品在一场象征性的文化清洗活动中被焚毁灭迹。这是由阿诺·布莱克艺术展开启的按着德国模式重塑法国艺术的运动所造成的必然恶果。

　　焚毁艺术品是一个不祥的兆头。很快在推行广泛的文化清洗政策过程中遭到焚毁的作品不仅仅限于现代艺术作品。1944年8月，面对着这种形势谁也无法视而不见，或者保持道义上的中立立场。巴黎解放后第一天上午，亚历山大·罗森伯格已经为他和他的部队可能发现的情况做好了心理准备。

他们要拦截的这趟列车有一个纳粹国防军士兵负责装车。他接到了严格命令：务必使那趟列车安全抵达德国境内。数星期前，这趟列车在距德朗西那座大院不到1.5英里处的布尔热车站延误了行程，首次受到外界注意。从1942年夏季到最后一批列车于1944年驶离巴黎，多达7万民众通过路上的拘留营前往东边的死亡之地。作为德国罗森博格特种部队的重要中心之一，那一片综合建筑群中设立了庞大办事处，专门处理被没收的财物。当同盟国军队于8月份解放那个大院时，他们发现有1500名幸存者以及堆放面积达数英亩的家用物品。

当天早晨开出的那趟列车是驶离巴黎东北部郊区的最后一批列车之一。有位名叫罗斯·薇兰的女士（博物馆馆长）已经猜出列车上装载的是什么东西，但是亚历山大·罗森伯格和他的部队根本不知道等待他们的究竟是什么。如果那些车厢真的在驶离德朗西之后，在炎热的夏季天气中被延误行程长达好几个星期，那情形也许是惨不忍睹。

罗森伯格和他的部队在一次危险行动中，成功地把从奥尔内驶向德国的那趟货车前面铁轨炸得七扭八歪，使之变成了一堆废钢铁。那五节重要的车厢里装载的不是尸体，而是木箱，是德国人所谓"家具行动"的最后一批战果。

罗森伯格做梦也想不到那都是谁家被掠夺的财物。木箱里装着数百幅绘画作品，全都是巴黎现代著名艺术家的作品。其中有尚塞、高更、图卢兹－罗特列克和雷诺阿的作品。有20幅布拉克的作品，64幅毕加索的作品。他从小就认识的那些肖像画中的面孔又在凝视着他。他周围摆放的作品在20世纪20年代和30年代曾经悬挂在他父亲的美术馆里，悬挂在他们家的私人住宅里。肖像画中的那些面孔在德军占领期间不止一次地同德军占领者们一起在旺多姆广场度过了奢华的时光。

这些绘画作品不知为什么躲过了焚烧厄运，也没有落在战争期间扑向巴黎的那些艺术商人手里。这些绘画作品是德国罗森博格特别行动部队在撤离巴黎之前包装好的最后一批失落的货物。亚历山大·罗森伯格由于令人吃惊的偶然机缘，发现了自己家庭在战时的一些故事线索。

14

战争期间的可可·香奈儿

可可·香奈儿

美味佳肴吃完了，香槟酒喝光了。姑娘们已回到家里向妈妈讲述解放巴黎的实际情况。店铺已经关闭，大街上空荡荡的。突然之间，我们意识到战争还没有结束。实际上战火仍在25英里以外的地方燃烧。

——罗伯特·卡帕

对于罗伯特·卡帕来说，如果巴黎的解放是他经历的最难忘的一天，那么"最难忘的一天之后的第一周则是最忧郁的一周"。

那个9月的早晨，晚起的卡帕感觉不适，这是由饮酒过多引起的。他发现自己正坐在斯克里布酒店（这家酒店是军方最能向新闻记者装腔作势的地方）的酒吧里，尝试着教（那位侍者）戈斯顿调制最能提神的饮料"受难的杂种"。

事实上，在那个第一周里巴黎出现的性解放情况简直到了令人吃惊的程度。"这座城市欢喜得发疯啦。"玛丽·威尔士这样形容道，每个人都是18岁的年轻人，无拘无束，欢乐开怀。几乎谁也没有驻扎在巴黎的数千名同盟国军人欢庆得更为起劲。他们已经引起了外界不满。

小皇宫里的美国军方正在给部队发放免费避孕套。皮加勒正宗红灯区的妓女们每天能见到10000多男人。同盟国大兵纷纷醉倒在旺多姆广场上。离丽兹大酒店不远处，让·考克托非常吃惊地看着"美国军官正同几位妓女在大街上吃午餐"。

这种情况，早在军方预料之中，甚至还给予鼓励。1944年5月诺曼底登陆前，同盟国情报部门拼凑出一本小册子，名为《法国战局手册第十六分册，第三部分》，被开玩笑地称为当地资讯与管理人员指南。实际上里面列出的都是巴黎妓院及其街道地址。这本小册子提醒部队说，性病在法国首都巴黎是一种常见现象。

对于经历了4年屈辱生活的法国人来说，那种性解放行动令人震惊，令人难堪，既不陌生，又使人不安。当年妓院在纳粹占领期间也颇为兴盛，光是巴黎就增加了六成。即使妓女们后来回想起在德国人统治时期那彻夜纵欲的狂欢宴饮，也会觉得那是多么火爆销魂。

而当前在同盟国军队特别是美国人的影响下，上述情况变得更加严重。他们不明白为什么有些巴黎市民开始不欢迎这些解放者滞留在巴黎。让·考克托认为这种文化差异，随着战争继续打下去将变得更加难以应付。有这种看法的人不仅仅只让·考克托一人，"每个人都应该感受到的巨大快乐，"他写道，

已被一种焦虑和伤心的情感所否定……美国人有组织的混乱同德国人严整的军纪形成了鲜明对比；那种混乱令人不安，让人迷失方向……到了冬季情况将变得非常严重。在德军占领时期，法国人有权利有义务公开表示粗鲁无礼，他们要吃饭，要表露自己的情感，反抗压迫者，对他们说"你们拿走了我的一切，把什么坏事都留给了我"。美国人不会明白这个过程。

在有些法国人看来，美国人成了新来的占领者。

在丽兹大酒店，美国人的占领期将持续近两年的时间。1944年9月2日，许多战地记者开始陆续离开巴黎，美国人对巴黎的占领也已经开始了。接到最新下达的采访报道任务后，那些战地记者就在那个星期纷纷赶赴比利时前线或者最终抵达荷兰。

在前来报道巴黎解放情况的美国记者团中，罗伯特·卡帕和李·米勒也在最后离开巴黎的那批记者之列。由于新闻报道工作的需要，卡帕在9月大部分时间里继续留在巴黎。直到9月中旬，李·米勒仍然为《时尚》

杂志承担着时尚新闻报道工作。她在巴黎解放后拍摄的玛琳·迪特里希身穿缎子晚礼服的照片，将刊登在以巴黎解放后高档时装复兴为主题的秋季档期《时尚》杂志上。

德军占领期间，时尚行业获得了长足发展，大部分奢侈品行业无论怎样都能与德国人统治下的生活相安融合。虽然有些时装设计师在为德军占领者的妻子们制作服装时故意做了些手脚，并且暗自窃喜，但是几乎谁也不敢拒绝接手德国人的定制服装。

整个战争期间丽兹大酒店定期举办时装表演。时装设计师吕西安·勒隆是当时臭名昭著的法—德圆桌午餐会成员，生意特别兴隆。战争期间在丽兹大酒店每月举办一次的上述午餐会使法—德两国的实业家、政治家和设计师聚集一堂，商计经济合作方案，开启对话渠道，最终在 10 年多一点儿的时间里，促成了欧洲经济共同体的诞生。当时夏尔·戴高乐同英美巴黎解放者之间不断酝酿的冲突将促使上述对话渠道重新开启。

丽兹大酒店是战争期间法国时尚界的中心，除了圆桌午餐会之外，还有更多影响业界的其他途径。丽兹大酒店不仅在奢侈品行业占据龙头地位，对于确立现代法国的风貌起到了推波助澜的作用，而且入住丽兹大酒店的一些艺术家和新闻记者也成为时尚服装的最大消费者。当时非常受欢迎的法国记者、戏剧家史蒂夫·帕瑟尔的妻子只要有时装表演，每次必看。她社会地位高，生活舒适（夫妇二人居住在丽兹大酒店套房里），钱不成问题。有些女士，比如："皮埃尔·拉瓦尔的女儿乔茜·德尚布伦，必须保持一定的社会地位，也定期参加法—德招待会……她们形成了一个界限分明，人数有限的社交圈。乔治·杜本纳的妻子以其富有传奇色彩的时尚风格而著称，也是一个适当的例子。与史蒂夫·帕瑟尔夫妇一样，乔治·杜本纳夫妇在德军占领期间也长期居住在丽兹大酒店。"

解放后的巴黎各家时装商店都在准备迎接新的时装季的到来。然而香奈儿的时装店却仍然门窗紧闭。1940 年当德军开始占领巴黎时，香奈儿高傲地宣称（有人认为她不诚实）当时"绝不是讲究时尚的时候"。不过她最终还是继续使她那间位于丽兹大酒店大街对面的香水精品店开张营业，在战争期间把香奈儿5号香水出售给热切期待的德国军官，大赚了一笔。眼下美国大兵们在人行道上排起了队，希望买到一种纪念品证明他们来过巴黎。他们或许不知道，或许不在意香奈儿曾经利用德军占领期间颁布的反犹太法律，试图剥夺生意上的合伙人在香水公司的大部分股份。

香奈儿在康朋街的时装店仍然关闭着。那时也看不出她要急于使高级时装生意重新开张营业的迹象。香奈儿已年过60，靠销售香奈儿5号香水获利颇丰，已成巨富；在时尚界春风得意、业绩骄人几十年，香奈儿实际上已经退休。

即使她有意在巴黎解放后的一两个星期内回归时尚界，除了备齐新推出的高档时装以外，她还面临着各种更大的问题。她那些来自丽兹大酒店社交圈的老朋友阿莱蒂，萨卡·圭特瑞和让·考克托也是如此。

对于那些被指控通敌叛国的人，当时巴黎有两种惩处方式，都不算轻。首先是立刻遭到法外清洗。凡是帮助过占领者，让他们日子过得舒适的人（或者被怀疑这样做过），有时很快就落在左邻右舍那帮人手里，遭到残酷惩罚。

通敌卖国者被剥光衣服，剃光头，刺上文身图案，遭到痛打或强奸。有的最后被处决。最狠的羞辱手段专门用来对付那些被称为交际型通敌叛国者的女人——换句话说，就是那些同德国人睡过觉的女人。在法语里称这种惩罚为 épuration sauvage 意思是"野蛮清洗"。

在一个又一个城镇里，同盟国军队和新闻记者目睹了巴黎刚一解放就普遍实施的这种正式庆典仪式。丘吉尔的个人助手乔克·考尔维尔"看着一辆敞篷卡车从身边驶过，法国人发出了嘘声，吹起了口哨，车后面有十几位痛苦不堪的妇女，每一根头发都被剃掉。她们哭泣着，羞愧地低下了头"。

在沙特尔，罗伯特·卡帕和《时代》记者查尔斯·沃登贝克紧随部队进了城。他们首先听到的是一伙愤怒的人群在高喊"Salope! Salope!"，法语的意思是"妓女！妓女！"。从城镇广场飘来了烧头发的难闻气味。当时烧的是一大堆成缕的金发和灰白头发，这些头发不断地从惊恐万状、紧贴公共建筑墙根站成一排的妇女头上剃下来。她们衣着破烂，有的只穿着内衣。一位妇女和男孩把葡萄酒论杯卖给热心的旁观者。诺曼底登陆后，至少有 20 万妇女在法国被公开地剃光头发。另据估计，在那些年月里德国男人成了多达八万法国儿童的父亲。

在法国各地，特别是在巴黎，罗伯特·卡帕拍下了一些经典的清洗场面照片。

对于新闻记者来说，这是一种比较复杂的事情。在沙特尔，法国抵抗组织（战时曾遭到虚伪之人的憎恶）的一名年轻妇女请求某人阻止这种行为。她愤怒地对卡帕说："这样做太残酷了，也没必要。她们是军人的女人，明天她们还会跟美国人睡觉。"但是战地记者是战争中另外一群持中立立场的人。战地记者能否有权目睹战争事件的场面取决于他或她作为客观的非战斗人员的地位。

第二类战后惩罚措施实施得比较晚，持续的时间也更长。法国人称其为 épuration legale ①，这是一个基本上合法的真相与和解过程。最后近 5 万法国人被指控以其战争时期的通敌行为使国家蒙受耻辱。其中许多人是丽兹大酒店的战时常客。在战争期间前往丽兹大酒店从其本质而言就是同德国人交往。

阿莱蒂清楚地看到了写在墙上的字迹。挽着德国人的手臂在巴黎到处闲逛，不可能让邻居们没有任何看法。

自 1944 年 8 月 23 日上午起，没有人再见到过萨卡·圭特瑞。武装人员把他拖走了。当时他只穿着淡黄色 Lanvin 丝绸睡衣，戴了一顶软呢帽。这次逮捕打断了他同阿莱蒂的日常电话通话。

---

① 译者注：意思是"合法清洗"。

她发现那些人把他带到了臭名昭著的冬季自行车室内赛场。战争期间，这个冬季自行车室内赛场是法国警察 1942 年夏季在巴黎地区执行海德里希的"最终解决方案"，大规模搜捕关押犹太居民的地方。那些犹太居民在越来越热的天气中被塞进这个带有玻璃屋顶的自行车室内赛场，连续 5 天没有喝水，令人十分震惊。大街上来来往往的过路人听到了那些已经发疯，或者企图自杀的犹太人不断发出的尖叫声。

　　皮埃尔·拉瓦尔签署了一些批准这次搜捕关押犹太人行动的关键文件。这几乎是一次由法国人主导的大屠杀。"事实真相是"历史学家提醒我们，在整个行动中没有动员一个德国军人。

　　1944 年 9 月，这个体育场变成了关押那些在德军占领期援助过德国人的巴黎犯人的地方。萨卡·圭特瑞被控告为通敌叛国，他的名字出现在各大报纸显著位置上。巴黎有人记得赫尔曼·戈林曾经到家里看望过萨卡，也有人看见过这位演员同冯·斯图普纳格尔交往甚欢。那年秋季审判他时指控他"向敌人传递情报"，秘密支付现金。萨卡态度坚定，绝不服软，对上述指控坚决予以否认。

　　萨卡被捕后，阿莱蒂逃出了公寓，先赶奔弗朗索瓦一世大街的一个地址，在那里遇到了萨卡的女朋友罗马尼亚女演员拉娜·马尔可尼。她们又去找抵抗组织的一些朋友，看看是否有人可以保护她。

　　后来阿莱蒂对于发生过的事情所言不多。她在回忆录中只提到一位同抵抗组织有密切关系的 X 伯爵夫人帮她同 H 勋爵取得了联系。在他们的帮助下，她搭乘一辆闪闪发亮的凯迪拉克汽车赶奔另一位熟人住处。当她来到那位熟人的门阶时，后者直截了当地说："我不想惹麻烦。"一位法国女性在巴黎解放后到处乱跑，东躲西藏不需要太多的理由，而且其理由没有一条光明正大、让人钦佩。

　　一些人脉很广的朋友把她送到了另一处公寓。一连 3 天她都藏在一间卧室里。后来有一天下午她的房东来告诉她，最好去兰开斯特酒店前面的那段香榭丽舍大道等人。没有谁能把她永远藏下去。第二天上午，法国内务部队将来人逮捕她，她也只能听任不可避免的命运的摆布。

两位毫不显眼的人来到她近前。随后她就被一辆汽车平静地带走了，带到了警察局总部。这次用的是她以前的名字：莱奥尼·巴蒂亚。在警察总部既没有明星待遇，也不会使用她的舞台艺名。她在战争期间的公共形象现在倒成了她最大的负担。她本人成了法国自我背叛的象征。

那天上午，警察总部那间有回声的大房间里很快就挤满了人，这些人幸运地躲过了每天在巴黎大街上仍然展开的最野蛮的清洗行动。其中许多是女性。

在她们接受处理等待关押的房间里，她遇到了一个又一个老朋友，别的女演员和电影明星，一些社会名流，著名瓦格纳歌剧明星热耳曼·鲁宾，至少还有一位公主和公爵夫人。所有人均同纳粹党人有过交往。

"你怎么样，巴蒂亚？"一位熟人问她。

"不太扛得住。"她一本正经地说。

审判还没开始，但是惩罚已经开始了。阿莱蒂同80位女人一起被塞进一个小房间里。她看到一些被剃光头的年轻姑娘痛苦地哭泣着。一位体弱的老年妇女总是设法用头巾遮挡刺在她额头上的纳粹党万字图案。一位修女在星期日做弥撒时对阿莱蒂说："妓女，你总算看完男人了。"她知道这句话意味着什么。即使多年后在痛苦直言的回忆录中，阿莱蒂从来不想对于发生过的事情多说些什么。

后来她只是以苦涩的幽默方式说："不要担心，女士们！我是位先生。"蒙受过的那些耻辱，她只想深埋心中，缄默其口，然而后来她谈到了那次经历："人们很少说出来：被判处继续活着。这常常是比死刑还要严酷的惩罚。"

与那些在战争期间死在弗雷纳和德朗西的人相比，曾经在丽兹大酒店和德国情人痛饮美酒度过战争岁月的阿莱蒂得到了从轻处理。然而，她总是认为她所受到的对待极不公正，仍然不屈不挠。"以前是巴黎最受人欢迎的女人"，现在阿莱蒂则成了"最遭人回避的"女人。

那年秋季，他们也开始审问让·考克托。这位作家首先要在一个专门处理电影界人士清洗案件的委员会面前出庭受审，然后又被传唤到第二个调查通敌作家的委员会面前受审。他那坚定的中立立场并不足以使他躲过审问和公开检查。

早在战争爆发之前很久，马塞尔·普鲁斯特就去世了，但是丽兹大酒店的老常客保罗·莫兰德和苏卓公主在缺席情况下被指控犯有通敌叛国罪。战争爆发时，莫兰德被派往驻设在伦敦的法国大使馆，本来可以轻松加入自由法国部队。但是在苏卓公主的一再催促下，他又返回法国宣布效忠维希傀儡政府，使夏尔·戴高乐大吃一惊。直到1943年，他们在被德军占领的法国一直过着奢华的生活。这对夫妇在巴黎解放前转移到法国驻瑞士大使馆，多年后才回到法国。

在丽兹大酒店所有常客中第一个被法国内务部队审问的人是可可·香奈儿。她的个人经历最为惊心动魄，也许远比其他人的经历更能够继续使当代巴黎人感到困惑，使巴黎被德军占领的那段历史疑窦丛生。

可可·香奈儿在20世纪前20年，作为时装设计师名声大震。此前她放弃的职业就像阿莱蒂初次闯入公众生活中那样，是一名普通而有伤风化的卡巴莱歌舞演员。香奈儿那时作为一名年轻女子并不反对给有钱人当情妇以换取生活上的富裕与飞黄腾达。有些人挖苦地说，早些年她是那一代人中的一位有名的风尘交际花。无论如何，她年轻时有一段时间曾经受到法国警方的监视，有卖淫嫌疑。

到20世纪30年代，那一切都已成为她的过去，她已经是一位名利双收的女人，在世界舞台上被视为杰出的企业家和创新者。她开着一辆漂亮的劳斯莱斯汽车，而且与她那位已故的邻居乔治·曼德尔一样长期居住在旺多姆广场。美国作家约翰·厄普代克在20世纪70年代有一段名言高度概括总结了香奈儿在战争期间的态度："已有的所有证据表明，香奈儿对于犹太人邻居的命运毫不关心，对于绝大多数巴黎市遭受的贫困和耻辱极为冷漠……在距丽兹大酒店有 15 分钟步行路程的犹太人居住区，生活的苦难如山一般在四周涌现，但是她同有些人一样，仍然感到快乐幸福。"

1944 年 8 月末，那时巴黎尚未解放，香奈儿这位时装设计师仍然居住在丽兹大酒店康朋街一侧的客房里，过着奢华的生活。她在旺多姆广场居住过的顶层客房战争时期没有入住。除德国军官以外任何人不准进入大酒店的那一侧建筑。作为一名常住房客，"她付给大酒店一笔钱修建了一段低矮阶梯，从她居住的两室客房通到阁楼卧室"。尽管那间卧室狭窄拥挤，她极为满意这种安排方式。她自嘲地说，这样改造更便宜一些。

更重要的是，这些安静的房间是她同汉斯·冯·丁克拉格幽会的方便场所。

1940 年德军占领巴黎时，香奈儿和汉斯已经相互认识好几年了。1936 年丁克拉格被派到德国驻巴黎大使馆工作，在巴黎一带为人熟知，连续干了好几年。不久前同他那位贵族出身的德国犹太人妻子马克希米利安·冯·舒思贝克离婚后，汉斯成了花花公子。汉斯相貌英俊，气度不凡，作为花花公子倒也挥洒自如，顺风顺水。他和香奈儿于 1937 年，也许是第二年在朋友们的一次聚会上初次相遇。

德军刚刚占领巴黎时，汉斯和香奈儿都居住在丽兹大酒店，难免相互经常见面。汉斯身材高大，相貌英俊，具有古典日耳曼人气度，比香奈儿小 10 岁。但是香奈儿虽然刚过 60 岁，仍然惊艳秀美，富有魅力。在整个战争期间，他们之间的情爱关系一直没有中断。就像拥有德国战时情人的许多法国女人一样，巴黎的解放也使香奈儿处于岌岌可危的境地。

香奈儿在 8 月末那几天遇到的麻烦并没有涉及她的爱情生活。同阿莱蒂相比，香奈儿表现得更加谨慎，竭力保守她同德国军官有情爱关系的秘密。布兰琪·奥泽罗对此记得非常清楚。布兰琪在和香奈儿比邻而居的时候就讨厌她，并且很乐意为每个有兴趣的人画一张香奈儿的画像。画面没有丝毫恭维之处。从战争爆发起这两个女人就互相认识，将近10年了。她们彼此之间怀有一种深深的无言敌意。布兰琪回忆说，这其中的一部分原因是1940年德军开始占领巴黎时，香奈儿不仅仅同汉斯·冯·丁克拉格相好，而且暗地里还同时勾搭着另一位男士。

"她从来没有和他们当中的一位出现在丽兹大酒店里，"布兰琪回忆道，"没有人在乎这个，可她却极力保守秘密。我了解这些事，因为有位清洁女佣是我的内线。她及时地把最新情况向我汇报。她感到妒忌，倒不是因为香奈儿女士是位有名的时装设计师，那对她来说不算什么；而是因为同两位大帅哥生活在一起就是她的天堂梦想。多么奢侈啊！"布兰琪用尽心思同大酒店里的服务人员搞好关系，但即便如此，香奈儿第二位情人的身份仍然是个谜。冯·丁克拉格是她的情人，这毫无疑问。

与阿莱蒂不同，香奈儿不仅仅与一位德国法西斯同床共枕，还同德国当局联手剥夺犹太生意伙伴的财产，她甚至还参与了德国政治阴谋的核心运作过程。至今还有人说她是为德国实权派高官效力的间谍。

那是一段扯不清的历史，任何相反的说法都有以偏概全之嫌。确切的情况是：美英情报机关掌握着香奈儿的档案，并对她作为德国特工人员可能从事的活动进行过调查。二战期间，她去过柏林两次：一次是在1943年末，另一次是在1944年初。这两次行程都是在一个名叫瓦尔特·谢伦伯格的德国阿博维尔间谍机关特工人员的帮助下安排的。此人于1944年2月被派往巴黎接替德国抵抗组织的秘密领导人威廉·卡纳里斯上将（他也是丽兹大酒店的常客）。

有关汉斯·冯·丁克拉格及其所从事活动的厚厚几本档案还被完整地保存着。他是著名的德国特工人员，而且也可能像香奈儿一直坚持认为的那样，还是英国双重间谍。

汉斯·巩特尔·冯·丁克拉格男爵出生于普鲁士一个贵族家庭，自1933

年起担任德国驻巴黎大使馆特使。汉斯身材高大，长着一头金发，很有魅力。温文尔雅，深得女人喜欢。有人说他为自己赢得了一个"麻雀"的外号，是因为他拥有高超的外交手腕。这个外号也可能有着更平凡、更阴暗的渊源：即代号"政府律师麻雀"——到处巡回的德国国家法律代表。

布兰琪·奥泽罗称汉斯为"麻雀"。她无法容忍香奈儿，却认为汉斯一表人才，鹤立鸡群；她丈夫则不以为然。汉斯同当时另一位外交专员约阿希姆·冯·里本特洛普初次来到巴黎，他们的任务是在执行绥靖政策那几年撮合法国和德国达成政治协议。他们在巴黎极力讨好那些富有的亲法西斯记者和政治家，其中包括费尔南德·德·布里农和皮埃尔·拉瓦尔。这二人在数年后担任了维希卖国政府领导人。

在德军占领期间，冯·丁克拉格是丽兹大酒店的常住房客。毫无疑问，把他派到巴黎来就是为搜集情报，执行宣传任务。毕竟他是德国政府的一名特使。

从那儿开始，故事情节变得错综复杂，难解难分。汉斯的母亲是英国人。难怪香奈儿坚持认为，汉斯是隐藏在英国的双重间谍，这并非没有可能。

阿博维尔谍报机关，特别是在进驻巴黎的威廉·卡纳里斯上将领导下，的确成了德国抵抗组织的发展基地。像汉斯那样出身军人家庭的普鲁士贵族最有可能奋起反抗阿道夫·希特勒在德国妄自尊大、一手遮天的做派。

另一方面，即使英国方面掌握着有关汉斯·冯·丁克拉格作为双重间谍的档案材料，这些档案材料，从未解密公开或者被人发现过。凡是被牵扯到的每一个人都暗藏私心，企图在战后炮制说辞，为自己开脱罪责。

不可否认，可可·香奈儿既是一位反犹太主义者，又是一位崇英者。在英国上流社会，反犹太主义情绪就像在法国和德国贵族社会一样普遍存在。20世纪20年代，香奈儿是英国贵族西斯敏斯特公爵休·理查德·亚瑟·格罗斯维诺的情人。这位英国贵族直到20世纪中后期仍然顽固地坚持亲德国的政治立场。香奈儿在社交活动中还结识了温莎公爵夫妇。这对公爵夫妇同情法西斯，在德军占领期开始之前的那个夏天下榻丽兹大酒店。据说香奈儿了解他们的一些令人难堪的政治秘密。

她肯定知道在她的朋友温斯顿·丘吉尔看来，这位国王放弃王位，同那位沃里斯·辛普森夫人结婚是多么令人痛心的一件事。1936年秋季，温斯顿·丘吉尔同他的兄弟杰克·丘吉尔，还有让·考克托来到丽兹大酒店香奈儿的套房里共进晚餐。在豪饮多杯法国葡萄酒之后，温斯顿·丘吉尔因感伤于国王的丑闻，竟趴在香奈儿的香肩上痛哭起来。后来温莎公爵夫妇被送走离开了巴黎，因为他们不可靠，还有可能同德国人勾结在一起。他们即使在自己的岛上静居之地仍然起劲地干着通敌勾当。

巴黎解放后，香奈儿的命运就取决于（无论她知道与否）谁可以给温斯顿·丘吉尔写一封更具说服力的书信，是她本人还是她的一位老朋友，以前的雇员维拉·隆姆巴迪。维拉是这位英国首相的亲戚，出生于英国，也是意大利一位贵族法西斯上校的妻子。1923年在蒙特卡洛时，她第一次把香奈儿介绍给了她的另一位亲戚西敏斯特公爵。据汉斯·冯·丁克拉格透露，她也曾是香奈儿的一位同性恋情人。

到1944年春季，这两位女人都已被卷入风险极大的间谍与背叛活动中。最终至少有一人将被怀疑是法西斯间谍。维拉·隆姆巴迪暗下决心，一定不让这种罪名落到自己头上。

随着解放日期的临近，香奈儿心里清楚她的个人记录上将会留下一些危险的伏笔。在德军占领期最后一个冬季，她曾试图促成丘吉尔和一些打算在两国之间单独议和的德国人彼此沟通，商议对策。她同英国领导人和贵族阶层关系密切，因此便于建议德国人同谁接触，如何面对当下的形势。

事实上，在7月20日行刺希特勒行动之前的准备阶段，一些贵族出身的阿博维尔特工在1944年冬季试图通过非正式渠道，同双重间谍商协德国政变成功时英国的进军条件。有人问丘吉尔，如果德国抵抗组织刺杀了德国元首和赫尔曼·戈林，结束战争的条件是什么？丘吉尔直截了当地说：

"无条件投降。"在这些可能招惹麻烦的阿博维尔特工当中有一位就是威廉·卡纳里斯，那年冬季，他正在巴黎统一调度许多充当英国双重间谍的德国贵族。香奈儿和汉斯·冯·丁克拉格是否也是丽兹大酒店里包括卡尔·冯·斯图普纳格尔、凯撒·冯·霍法克和汉斯·斯派达尔在内的那个小集团成员？卡纳里斯上将在20世纪30年代就把冯·丁克拉格用作间谍，直到1943年仍然把他用作间谍。因此香奈儿很有可能也跟着入伙了。

眼下香奈儿只是孤身一人留在巴黎。在同盟国军队到达巴黎之前的那段日子里，冯·丁克拉格同德国外交使团的其他人一起离开了。香奈儿根本不知道到哪里去找他。战争距巴黎市不到一百英里，到处都陷入一片混乱。她担心他的安全，很想知道他的处境。那个星期，她把里面装满一瓶瓶珍贵的香奈儿5号香水的手提箱送给了一位随大部队往东进发、会讲德语的年轻美国军人。这些珍贵香水的价值抵得上同等重量的黄金，在生意兴隆的黑市上能卖很多钱。她只是要求说，如果他在将来的某一天审讯德国战犯时能够找到汉斯，希望汉斯能给她邮寄一张明信片。他只需要在明信片上写出如下地址和收信人姓名：巴黎，丽兹大酒店，香奈儿小姐收。每个人都知道如何找到她。

香奈儿还小心翼翼地同美国人打起了交道。她知道形势正朝着新的方向发生变化。香奈儿有着极强的生存能力。英国情报机关军情六处的一位官员在后来谈到香奈儿把握时机的能力时，钦佩之情溢于言表："就像当年拿破仑经常运用一些看似简单，其实非常高妙的手法，最终成为杰出的将军一样，"这位特工人员述说道，"她只是在她那一间大百货商场的橱窗里摆出了一个通知，说是美国军人可以免费领取香水。因此他们就排起长龙前来领取香奈儿5号香水。要是法国警察胆敢碰她一根毫毛，那些美国军人肯定会绝不留情。"

后来她暂时逃离了丽兹大酒店的客房，转移到她自己的工作室上面那几个房间里去，多留一手，以防不测。当时在丽兹大酒店的密室还藏着法国内务部队以通敌叛国的罪名通缉的另一位常客。他就是谢尔盖·里法尔。

到最后这一切都无济于事。9月第一个周末，几个带枪的男人出现了，要香奈儿小姐跟他们走一趟，有些问题要问。他们是法国内务部队派来的人。整个战争期间，她一直同她的德国情人住在丽兹大酒店。仅凭这一点，她必须老实交代自己的通敌叛国行为。和她处境一样的法国女人受到了严厉惩罚。可她却顽抗到底，以冷嘲热讽的语气对抓捕他的人说，如果一个女人有幸遇到了与自己年龄相仿的恋人，她不会要求看一看那位先生的护照上都写些什么。

几个小时以后，香奈儿又回到了自己的客房，让丽兹大酒店每个人都大吃一惊。于是谣言四起，都说释放她的命令是由英国政府最高层下达的。吕西安娜·埃尔米格也听说了这件事。多年后，她仍然记得英国首相丘吉尔寄来的一些书信向香奈儿保证肯定会得到支持，不会忘记朋友间的友谊。正是这些书信成为释放香奈儿的决定因素。

被释放后，丘吉尔建议香奈儿赶快远走瑞士避难。那年秋季，香奈儿一直反复遭到同盟国的调查盘问。到了最后，无论她在德军占领期间所从事的秘密活动真相如何，无论汉斯·冯·丁克拉格作为特工人员的实际情况如何，同盟国断定此案千头万绪，扑朔迷离，很难揭示出案底全貌。

在牛津大学现今保存的丘吉尔档案中，有一系列已经解密的绝密文件披露了法国、英国和美国政府各自以为此案如何能得到公正判决的想法。他们提出的问题包括：可可·香奈儿是否是一位德国间谍？除了交际通敌以外，其他方面香奈儿都是清白的吗？难道汉斯·冯·丁克拉格同他的上司威廉·卡纳里斯一样也是英国军情六处的秘密特工人员？或者说他的身份比较一般，却更加凶险？事实的真实是否已经湮没在重重迷雾之中？法国司法部掌握的香奈儿档案已经消失得无影无踪。

但是在1944年和1945年当一切都还记忆犹新的时候，美英两国在巴黎解放之后的几周里得出了一个共同结论：上述问题无从查证。德军占领时期的一些往事甚至在战争结束前就已经散失湮没了——湮没在神话与传奇中，湮没在闪烁回避和穷追盘问中，甚至有时湮没在精彩纷呈的各种秘密中。在那些往事中，上述纠缠不清、千头万绪的案底常常最难破解。

出乎预料的是，政府高层的长期调查以及香奈儿作为一位涉世很深的60岁女人在性事方面的谨慎态度，均使她免遭更加残酷野蛮的清算惩罚。针对她的那些指控远比"交际通敌"或"向敌人传递情报"等罪名严重得多。为此特地启动了一个冗长的调查过程。她与英国领导人关系非常密切，谁也想不出什么差错。后来同盟国得出结论，无法确切地知道香奈儿做过什么、没做过什么时，由于证据不足，无法将她定为战争罪犯。此时巴黎治安维持会疯狂地清洗，惩罚时期已告结束。

后来香奈儿远走瑞士洛桑，与汉斯·冯·丁克拉格再次团聚，重续前缘。这对情侣在自我流放中度过了近10年的光景。无论香奈儿从事过什么样的隐秘活动，她的各种公开活动足以使巴黎同胞对她评价不高。这就是为什么在巴黎解放后的那个秋季，她开设在康朋街上的那个工作室仍然没有营业的原因。她在丽兹大酒店入住的客房里空无一人。

20世纪50年代中期，香奈儿才最终再次回到丽兹大酒店的客房。那时在巴黎已经无人再愿意回想纳粹德军占领时期的往事。欧洲一体化比英美联盟看上去更加充满希望。

对于那些在德军占领时期入住丽兹大酒店的客房而言，巴黎的解放就标志着那段奢华、现代时尚和巴黎往事的终结。那一代人在20世纪第一个10至30年代期间改变了未来的发展走向。

1944年9月，另一批电影明星、上流社会人士和各界社会名流已经开始创造新的传奇。在康朋街酒吧的重重阴影下默默工作的人们当中就有第二代战时间谍。他们是为曼哈顿工程效力的工作人员。他们要趁着德国在同盟国军队打击下全面崩溃的时候，竭尽全力尽快阻止阿道夫·希特勒掌握核武器。

15

金发美女与核物理学家

临时晋升为上校的弗雷德·沃登贝克

能否有一种橘子大小的炸弹,它具有摧毁一个街区的神秘威力——不,它具有一千吨无烟火药的威力,可以一举摧毁一个城镇?

——温斯顿·丘吉尔,出自《难道我们都要自杀吗?》,1924

在解放后的那几个星期里，新的一批游客陆续来到了巴黎。

萨卡·圭特瑞和阿莱蒂仍然同其他数千名法国通敌叛国者一起备受折磨。1944 年 8 月 30 日，纳粹党在德国处决了形容枯槁，身心俱损的卡尔·冯·斯图普纳格尔。9 月 7 日盖世太保审讯人员逮捕了他的同谋者汉斯·斯派达尔。此人是以丽兹大酒店为活动基地的抵抗组织最后一名自由成员，曾参与密谋 7 月里刺杀希特勒的秘密行动计划。使人感到惊奇的是，汉斯·斯派达尔居然在那年秋季活了下来。

9 月中旬《时尚》杂志记者李·米勒动身前往卢瓦尔山谷，在那里采访报道两周。9 月末将返回巴黎与记者同行海伦·柯科帕特里克住进比较便宜的地方。这两位女士仍然在想，如果玛莎·盖尔霍恩发现海明威同玛丽打得火热会出现什么样的场面。

10 月里的丽兹大酒店有各种迹象表明，欧洲的战争还远未结束。

汉斯·冯·普菲费尔男爵当月从瑞士来到巴黎视察丽兹大酒店。办理跨越前线所需的安全通行权签证用了好几个星期的时间。那时战争前线距巴黎仅数百英里。他一到来，大酒店员工就忙活开了。玛丽-路易斯·丽兹自巴黎解放后平时大多待在房间闭门不出，可能出于谨慎的原因。而眼下却突然频频抛头露面，非常活跃。

更重要的是，当月一位名叫弗雷德里克·沃登伯格的美国工程师兼间谍来到了丽兹大酒店，执行一项非常重要的战时秘密任务。他参加了"阿尔索斯"谍报小组，专门刺探德国研发原子弹的进展情报。在解放的巴黎他是一位秘密特工，效力于曼哈顿工程。这项工程最后将终结在日本广岛。

弗雷德·沃登伯格[1]当时 39 岁，有两个孩子都已到上学年龄。此前他曾是在杜邦化学公司做伏案工作的高管人员和科技代表。他有一个漂亮的妻子名叫玛莎。尽管他五官轮廓分明，相貌英俊帅气，也不可能成为詹姆斯·邦德类型的冒险活动人选。然而阴差阳错，最终冒险使命还是落在了他的头上。

弗雷德·沃登伯格从未想到从事谍报工作，或者执行秘密的政府使命。但是眼下只有他个人条件极佳，成为不二人选。他是一位优秀的工程师和侦探，又恰巧会说法语和德语。

为了执行这项秘密任务，他被带去进行了严格的审查。毕竟他即将执行的任务结果关系到整个战争的结局，绝不可掉以轻心。

在巴黎解放后的前几个星期里，美国军方同他进行了接触。第二次世界大战并没有随着法国的解放而结束。阿道夫·希特勒仍然可以通过一种途径实现称霸世界的梦想，那就是发现原子裂变的秘密。发展核弹的竞赛几乎是势均力敌，不分伯仲。哪个国家首先破解其中的奥秘，哪个国家就会拥有令人难以置信的优势。用曼哈顿工程一份官方报告里的话来说，就是在"任何其他类型的战争中，侵略者都不会拥有这样大的优势"。

他们要求弗雷德·沃登伯格加入基地设在巴黎市外的秘密谍报小组。他们的任务是追踪、抓捕并审问德国核物理学家，阻止德国完成核武器的研究工作。只有两位美国平民受托掌握了核武器研究当前进展状态这种秘密情报。沃登伯格便是其中的一位。

几个星期以来，弗雷德和他的妻子（她并不了解他所执行的任务细节）一直被关在华盛顿特区的酒店房间里。与此同时，美国军方高层对这

---

① "弗雷德"是"弗雷德里克"的英文缩写，后文同

次行动的种种风险进行了研究评估。一天深夜，有人打来电话告诉他立刻去酒店大堂里迎接特工人员。"有人找我。"他只能对玛莎说这么少，因为即使他本人也不知道他很快就会发现自己被藏在一个不同的客房——巴黎丽兹大酒店的一个豪华客房里。

在法国首都，弗雷德加入了一个规模很小的同盟国特工精英组织。领导科学小组的是荷兰裔美籍物理学教授，犹太人撒尔·古德斯米特，来自麻省理工学院。两名英国间谍艾克里·华尔士和卢伯特·塞西尔利用情报协助他们；另外还有一位平民工程师，名叫詹姆斯·雷恩，此人是设施建设方面的专家。领导整个特工小组，负责那项充满变数的危险任务的是美国陆军中将莱斯利·格罗夫斯。秘密任务的代号"阿尔索斯"（Alsos）来自希腊语，意思是"树丛"（grove），也是为他而起的。

弗雷德在离开华盛顿之前晋升为美国上校军衔。所有平民特工均被授予军衔，为的是保护他们。万一被捕，拥有军衔就能根据国际条约获得高级战俘待遇。就像其他所有战时特工一样，这些科学家出身的间谍不止一次坐在丽兹大酒店靠近康朋街一侧弗兰克·梅耶那间酒吧的凳子上展开行动。

1944年秋季弗兰克仍然在那里调配着他独创的那些似乎是烈性的鸡尾酒。巴黎解放后，丽兹大酒店的那间酒吧仍然是人头攒动，热闹非凡。德雷福斯冤案发生近50年后，那间酒吧依旧是电影明星、艺术家、作家和知识分子的首选聚会之地，无论他们是否是犹太人。

在康朋街一侧的酒吧里，欧内斯特·海明威与玛丽·威尔士像往常那样保持着餐前必喝两杯马丁尼酒的习惯。弗雷德·沃登伯格后来开玩笑地说起了她同一位入住酒店的波斯公主，还有一位法国女电影演员开怀畅饮时的情形。山姆·古德斯密特是众人聚会时的灵魂人物，美酒行家，颇能豪饮。丽兹大酒店的酒窖里美酒充足，众人相聚常常是开怀畅饮，好不热闹。

丽兹大酒店的头牌名人，酒吧里的女王是玛琳·迪特里希。自从她 9 月来到这里之后，一直如此。在接下来的两年里，她参加了美军海外劳军巡回演出，总共出场 500 多次，慰劳同盟国部队。沃登伯格和古德斯密特很快就同这位性感迷人的美女聚在一起，痛快豪饮。她也被美国政府授予临时上校军衔。装作一副无忧无虑的样子，这既是他们掩人耳目的特工手段，又是她提高部队士气战时巡演的基本特点。但是所有这些人都在冒险。

弗雷德和山姆正在执行一项秘密任务。玛琳自己也在暗中活动。不过她干的事情可不是对别人有利。首先，她正想方设法使海明威和玛莎的婚姻早点儿结束。

玛琳将海明威这位具有大男子气概的作家称为"我个人教会的教皇"（玛丽·威尔士打趣地说，赚钱"似乎才是她的宗教"）。她和玛丽在大酒店同住一个楼层，玛琳在看清楚巴黎形势后，立刻对这段风流韵事表示支持。玛琳认为爸爸简直太棒了。"爸爸，"她常常对海明威说，"你是最了不起的男人，最伟大的艺术家。"海明威则认为她娇媚迷人，这不足为怪。

玛琳经常坐在海明威浴室里的浴缸上劝他必须同玛莎分手。有时她在海明威刮脸的时候为他唱歌助兴。

在同玛丽继续风流缠绵这件事上，海明威不需要太多的鼓励。玛莎·盖尔霍恩仍然被蒙在鼓里。但是时隔多年以后，她和玛丽却也能互通书信，彼此嘘寒问暖。但是一提起玛琳，玛莎二话没说，只把她称为恶毒下流的"小眼镜蛇"。

实际上，这两位女人之间的恩怨与其说同海明威有关，倒不如说同玛琳不久在以后几个星期里再耍手腕、为己谋私有关。

那年秋季，在荷兰小镇尼基米根不远处，玛莎第一次见到第八十二空降师师长，英俊潇洒的詹姆斯·加文中将。当年诺曼底登陆后，玛莎从伦敦的护士培训营地以旁门左道手法侥幸逃脱，从此被军方视为不受欢迎的人。她又因为在没有记者认证资格的情况下擅自在战区从事战地新闻报道遭到逮捕，刚刚被带到他的办公室里。她承认自己在战区偷偷地从事新闻报道。话音刚落，这位将军哈哈大笑，并说他认为她可以成为一名非常出色的游击队战士。将军许诺，只要她销声匿迹，他就可以既往不咎。

接下来，他们二人之间立刻迸发出了相互爱慕之情。

没过多久，另一位女人也瞄上了这位英俊潇洒的美国指挥官。她就是玛琳·迪特里希。当她终于得知玛莎和加文是情人关系时，她不禁"火冒三丈"，备感失落。在整个晚秋时段里，这两位女人在丽兹大酒店里势不两立，争斗不休。军方新闻人巴尼·奥菲尔德对当时的较量争斗情景记忆犹新，给人留下的印象是"每个女人都憎恨对方，拼命诋毁对方"。玛莎与那位将军的风流韵事就是战斗号令，而久负盛名的大美女玛琳拥有通天性爱宝典，功夫了得。

玛莎自然不是对手。非常不幸，对于她来说，就像发展原子弹一样，爱情的优势也属于入侵者。

在丽兹大酒店的酒吧里，所有这种密谋较量均属家常便饭，不足为奇。新的背叛与反背叛行为，新的谍报与反谍报活动纷纷登场，取代了从前的对抗较量。各色人物均为战后新人。

但是对于弗雷德和阿尔索斯小组而言，他们的使命风险极大，最后期限又异常紧迫。德国人曾于1938年发现了核裂变原理。随后他们在1939年启动由赫尔曼·戈林挂帅的军方核研究计划。战争初期，德国人缴获了世界上最丰富的一批核原料。眼看就要破解原子弹奥妙的同盟国担心德国人抢先迈出致命的一步。如果是这样，巴黎的解放同在诺曼底付出的代价就可能没有任何关系了。

组建阿尔索斯特工小组的目的，就是刺探德国核研究计划在1944年的进展情况，并且在第三帝国土崩瓦解时搜捕那些参与德国核武器研究计划的核物理学家，以免让德国人把他们送到秘密地点藏匿起来。第二次世界大战后的世界命运此时可谓处于如履薄冰、千钧一发的紧要关头。

巴黎一直是战时原子研究中心。在整个战争期间，世界上一位伟大的物理学家一直在巴黎从事着核研究工作。他就是让·弗雷德里克·约里奥·居里，是著名女科学家玛丽·居里的女婿，在整个战争期间管理着好几处实验。德军占领当局要求这些实验室配备一些顶尖忠诚的德国科学家。

巴黎解放后，约里奥·居里必须就他的通敌行为回答一些棘手问题。随后同盟国军队很快就了解到，他智勇双全，机敏过人，战争期间一直以隐秘的方式与法国抵抗组织并肩作战。巴黎解放前夕，他曾运用科学知识为抗德战士配制了不少燃烧弹。

阿尔索斯小组还了解到，巴黎的那位德国首席科学家沃尔岗·根特纳完全掌握约里奥·居里所从事的隐秘活动情况，在整个占领期间保护了这位科学家免遭盖世太保逮捕。在法国被占领期间的灰色地带，一直存在着这样的复杂情况：坏人不总是德国人。有时他们是法国人、英国人，或者美国人。

阿尔索斯小组在巴黎干的第一件事就是在约里奥的战时实验室里搜索有关研究资料。那些资料早在8月份巴黎刚刚解放时就已经编目存档了。同盟国特工人员只翻出几封用德文写的书信。让每个人感到失望的是，这些书信是一位女人写来的，坚决要求她的恋人从被占领的巴黎赶快给她邮寄一些香奈儿五号香水。

阿尔索斯小组在搜索过程中来到了香榭丽舍大道附近另一处德国战时研究所。他们的搜索行动终于在10月里有了一个幸运的突破。尽管那里的科学研究资料全部被毁掉，但是有人却忘记带走放在门房里的一本来客登记簿。那上面列出了访问过此处实验室的所有德国科学家和技术人员的名字。

从此阿尔索斯小组确切了解到都有谁参与了以巴黎为基地的核研究计划，他们要搜捕的应该是哪些人物。

他们在巴黎逮捕了一位这样的科学家。这是第二项重大突破。弗雷德·沃登伯格和山姆·古德斯密特把这位物理学家带到了丽兹大酒店，进行军事审讯。"我们把丽兹大酒店客房变成了特别法庭，审问我们抓获的这位宝贝，"山姆后来回忆道，"我让他面对着窗户，这样我们就可以观察他的所有反应，然后我们就像他高声喊问了几十个问题。"

结果徒劳无益，"他的回答，"山姆深感痛惜地说，"全都使人失望。他或者有所隐瞒，或者对于我们问的情况真的一无所知。"

但是在这位科学家的手提箱里发现的一些文件却使参与这次行动的每一个人感到惊慌。文件上面记录着德国大量储备放射性化学原料钍的有关情况。英美两国科学家已经察觉钍在原子反应中可以取代高度浓缩的铀。难道纳粹德国在发展具有大规模城市破坏力的核武器竞赛过程中已经发现了最后缺少的一个关键要素？

到1944年秋季，全世界的物理学家都在研究原子核裂变最后几个阶段的问题。如何将铀提纯浓缩？如何用其他元素替代铀？这两个问题是破解制造核武器奥秘的关键所在。沃登伯格和他的特工同事们在曼哈顿工程最后阶段极力要证实的就是德国人正在加工铀的证据。据他了解，杜邦公司在整个战争期间参与了生产铀235的政府秘密计划，这是原子工程中最难以实现的一个环节。他还知道杜邦公司并没有找到分离这种同位素的可靠方法。

拿到手的新情况促使阿尔索斯小组在整个巴黎市区展开了大力搜索活动。掌握新证据后，他们又马不停蹄地在10月末和11月初赶到德国边境地区。当时那片地区位于激烈战斗的前线。深入到这样的前线地区真是一次令人毛骨悚然的危险经历。那年秋季，他们所冒的风险已大到无以复加的程度。

11月中旬斯特拉堡市获得解放时，他们也大功告成。阿尔索斯小组的特工们在同盟国军队突进斯特拉斯堡市时，紧紧跟在巴顿将军部队的后面，在市内的一个研究机构里又发现了一批科学研究文件。回到巴黎后，他们对照笔记仔细研究这批文件，希望能了解德国科学家究竟在探索什么。

在丽兹大酒店里欢庆雀跃的时刻终于来到了。那批文件"确凿地证明德国人并没有掌握原子弹，也不可能在近期内掌握原子弹"，山姆·古德斯密特正式宣布。直至 8 月份德国人还在研究开发一个铀反应堆。他们缺失了至关重要的一环，没有发现如何运用钍的有效方法。

德国人在制造原子弹的过程中也没有发现如何运用钍的有效方法。当阿尔索斯小组的特工人员终于了解到那家德国公司为什么大量储备化工原钍时，弗雷德·沃登伯格哈哈大笑起来。

原来那家德国公司正在为战后独霸市场作着长期准备。严格说来同美容产品有关。当时德国实业家们计划推出一种新品牌牙膏同美国展开竞争："氧化钍……据信可能与过氧化物具有相同的效果。他们已经在梦想着他们的广告……'请使用含有钍元素的牙膏！拥有一副光鲜亮丽的牙齿——发出放射性的耀眼光彩！'美国毕竟已经拥有了鲍伯霍普和伊丽美牙膏了。"——那是白素得（Pepsodent）牙膏的旧商标名称。

一向谦逊低调的弗雷德·沃登伯格后来开玩笑说，他之所以获得了战争勋章是为了表彰他非常勇敢地乘坐战时摇摇欲坠的巴黎电梯。

不久，美国破解了制造核武器的奥秘，让全世界见识了曾使英国首相丘吉尔一度不敢展望的原子弹。日本广岛和长崎遭到原子弹轰炸，而非巴黎的解放，最终结束了 20 世纪最可怕的战争。这是以颇具现代特色的方式结束了数十年来一直在法国、德国、整个欧洲和北美洲不断创造发展的一段丑陋历史。

法国助纣为虐，同法西斯沆瀣一气，其根源在一定程度上可追溯到由德雷福斯冤案所暴露出来的文化分裂上。第二次世界大战的根源在一定程度上则可追溯到 1919 年战败的德国人所遭受的耻辱上。原子时代的开端又将引发一场冷战，其种种对抗纷争因素在 20 世纪 40 年代已经开始酝酿形成。

16

同德国人重续前缘

巴黎解放后出现在丽兹大酒店里的玛琳·迪特里希

将军，您千万不要恨朋友比恨敌人更厉害。

——克莱门蒂娜·丘吉尔告诫夏尔·戴高乐

第二次世界大战结束前，形势注定要变得比任何人想象的更加不妙。

　　1944 年至 1945 年间的冬季给每个人都带来了创伤。巴黎城外，战争还在继续。利用与控制原子能的竞赛变得更加白热化。整个欧洲的局势举步维艰，民不聊生，食品燃料严重短缺。法国首都的民众生活比德军占领期以来的任何时候都更加艰难。在德国，集中营里的死亡人数直线上升。

　　1945 年的冬季也标志着法国同英美两国的关系开始进一步跌落低谷。

　　法国刚刚解放时，自命不凡、牢骚满腹的戴高乐如愿以偿，担任了法国临时自治政府总理，大规模镇压了共产党领导的地方抵抗组织。他对于英美两国的敌视态度越来越不加掩饰。喜欢戴高乐的克莱门蒂娜·丘吉尔对他好言相劝道："将军，您千万不要恨朋友比恨敌人更厉害。"

　　然而戴高乐根本不想谨慎行事。美国人、英国人和苏联人认为他多嘴多舌，拒绝邀请他参加在 2 月举行的决定现代新欧洲命运的雅尔塔会议。法国和战后德国占领区各分得一个联合国创始席位，但是戴高乐将军仍然大发雷霆。被轴心国打败是任何人片刻都不想有的选择，但是第二次世界大战的胜利代价似乎越来越难以估量把握了。

　　1944 年至 1945 年间的冬季，玛琳·迪特里希和玛莎·盖尔霍恩双双回到了法国首都。那里的胜利来之不易，人们为之付出了艰苦的代价。那一年年初，当詹姆斯·加文把玛莎带到东线的办公室里时，她暗示自己将在巴黎的林肯酒店一带活动。他不止一次想方设法派人在巴黎找到她，可不知为什么，总是和她失之交臂。于是詹姆斯·加文最终决定使出中将手段，用一架军用飞机派人赶奔巴黎，把玛莎带到德国。

被别人呼来唤去不太适合玛莎的性格特点。她一直想拒绝被派来接她走的那位上校。后来上校解释说，詹姆斯·加文不是在开玩笑。她只有两条路可走：去德国——詹姆斯·加文会给她办妥她所需要的新闻记者证件，作为这次讨价还价的条件；或者被军方遣送回美国，那样她的战时新闻报道活动就算彻底结束了。

几个小时以后，玛莎又将和成为她情郎的中将面对面坐在一起。他为她献上一杯干马丁尼酒，还准备了一份从未听说过的战时牛排晚餐，以便让她陪伴自己度过几个小时的美好时光。见此情景，玛莎心中原来因遭到专横霸道的引诱绑架而冒出的那股怒气渐渐消散了。在温馨的木柴炉前，他们接着又喝起了白兰地，欣赏着优美低回的音乐。此时他们发现罗伯特·卡帕是他们共同的朋友。那天夜晚，他们成了情人。

玛莎多亏詹姆斯·加文那奇特的求爱手法又成为一名具有专业资质的战地新闻记者，几乎是立刻就回到了前线。她在报道巴黎市内的几处刑讯室的过程中，所见所闻使她受到极大震撼。4月初，她又跟随同盟国军队进军德国，目睹他们解放那里的第一批集中营的整个过程。其中有些集中营是法国75721名犹太难民和其他公民被关押的地方。他们当中许多人来自国际大都市巴黎。那年春季，仍然有3.3万人被关押在德国本土集中营里。在这些幸存者当中，被驱逐的法国犹太人不到两千人。

1945年5月初，玛莎紧随美国部队来到了德国达豪集中营，当时这个集中营里爆发了斑疹伤寒，生活条件极度恶化。附近树林里设有多处刑讯室，到处堆放着成百具尸体。后来玛莎了解到，近一半死在达豪集中营的人都是在解放前最后几个月里在那里丧生的。

初来乍到的这些观察者真不知如何看待理解呈现在眼前的一幕幕情景。

"在铁丝网和电网后面，"玛莎在她发给《矿工杂志》的新闻报道中写道，"那些骨瘦如柴的人坐在太阳底下抓虱子。谁也看不出他们的年龄和相貌；他们看上去全都是一个模样，同你有幸见到的一切也都不一样。"

就在玛莎站在医务室里那一刻，一位"以前还有人样"的被关押人员走了进来。他是从布痕瓦尔德集中营里被最后送到这里的被关押人员中为数不多的幸存波兰人之一。在那次押送途中，被塞进五十节货车车厢的其余在押人员全部死亡。他身高6英尺，但体重不到100磅。他只穿了一件囚服衫，上腹部围着一条脏毯子。"这个人幸存下来了。"玛莎告诉读者，但是他是在一堆死人下面被发现的。现在他靠两条骨头棒子似的腿站在那里，讲着讲着就突然哭了起来。"大家都死了。"他哭诉道。那张已不能再称为人脸的脸，由于痛苦、悲伤或惊恐的缘故，扭曲得变了形。"没人活下来，大家都死了。我帮不了自己，我被关在这里，我完了。大家都死了。"

对于玛莎来说，后来一切都不再是原来的样子了。她本人是犹太人的后裔。"在1945年5月初那些阳光明媚的日子里，在那样一个地方，黑暗潜入了我的精神世界，"她写道，"仿佛我走进了达豪集中营，然后就从悬崖上摔了下去，终生遭受脑震荡的折磨，而自己却全然不知。"

那个人没过多久又回来了，用波兰语急切地小声说着什么。医生帮着翻译了一下。他来告诉他们一个对于那里的每个人来说姗姗来迟的消息。欧洲的战争终于结束了。

1945年5月4日傍晚，德国正式开始投降谈判。

在达豪谁也没有任何庆祝的表示。

如果当时同盟国军队越过巴黎继续向前推进，放弃8月的解放行动，他们可否更早地到达达豪，及时阻止最后几个星期里发生的骇人听闻的残酷行径呢？这个问题太令人痛苦了，根本没法提出来。

几天后，玛莎回到巴黎，奉命报道第二次世界大战欧战胜利纪念日庆祝活动。她要设法在首都找到詹姆斯·加文。她最后来到斯克里布酒店的一间客房里，一位法国朋友在床上抱着她熬过了几个小时，听她哭诉在达豪集中营的所见所闻。后来玛莎很快又返回德国，在贝尔根－贝尔森集中营目睹同盟国军人焚烧数千具尸体。寻找加文似乎成了她最不关心的一件事情。但是，同玛琳·迪特里希的冲突却迫在眉睫，尽管她本人却浑然不知。

玛琳在战争期间参加美国劳军联合组织举办的慰问活动中经常说，美军攻占柏林时她希望有好心的军人能看望一下她年迈的母亲。在德国出生的玛琳具有强烈的反法西斯倾向，为了表示反抗阿道夫·希特勒，她取得了美国公民资格。由于她这种大胆冒犯纳粹当局的缘故，她母亲幸存的机会非常渺茫。

玛琳在寻找母亲的过程中得到了一位实力派美国将军的帮助。那年春季的一个夜晚，海明威邀请詹姆斯·加文和玛琳参加在丽兹大酒店举办的深夜聚会。晚会结束后，那对萍水相逢的新人相好在将军的卧室里，着实又激情进射，云雨翻腾了一番。第二天在介于枕边情话与享用早餐之间的那一刻短暂时间里，加文发现他已成为带兵寻找迪特里希夫人的主要负责人。

玛莎同海明威的婚姻已经走到了尽头，甚至早在数月之前就已经在激烈的争吵中结束了。海明威是否知道他介绍玛琳同加文相识是在捅娄子制造事端，这不好说。无论他是否喜欢看到玛莎又要遇到伤心事，受到耻辱，毕竟伤心的事情就要临头了。只不过要看玛莎究竟何时，以何方式得知了情人的背叛行径。

玛莎不会很快了解其中的实情，因为那年夏季她在巴黎逗留的时间越来越少了。另外，在丽兹大酒店，玛琳很快发现在她外出期间又来了一位跟她争风吃醋的狠角色。1945 年 7 月 6 日，丽兹大酒店又入住了一位著名女演员，她就是大名鼎鼎的英格丽·褒曼。玛琳错过了英格丽·褒曼那盛大的光临场面，这本身也许是件好事。玛琳既不服输，也不会讲什么风度。

7月的那天上午，当褒曼来到丽兹大酒店时，那场面简直就是一场掌声不断的精彩表演。新闻记者们在气势雄伟的旺多姆入口处互相推搡着，及时抢位，以期拍摄出这位极其迷人的瑞典女演员的最佳照片。1942年她在影片《卡萨布兰卡》中同亨弗莱·鲍嘉演出对手戏，扮演伊莉·伦德这个角色，从此名声大震。每个人都还记得这句台词："我们永远拥有巴黎。"

玛琳听到她在丽兹大酒店社交圈的名人地位受到挑战时，感到十分不悦。"啊，您来了——赶在战争结束的时候。"她对那位瑞典强劲对手劈头说了这句带有挖苦意味的话，且算作一句欢迎辞吧。

欧文·肖和罗伯特·卡帕正在聚精会神地看着扑克筹码。当褒曼迈着轻盈的步伐从旁边走过时，他们不约而同地精神大振。那时卡帕被扣留在丽兹大酒店，那里的员工不让他离开，要求他偿还拖欠弗兰克酒吧的酒钱，同克劳德·奥泽罗结算完酒店账单。此外，他还欠着需要偿还的一些数目不小的赌债。这不足为奇。

卡帕和肖把手里的扑克牌一扔，立刻开始给褒曼写一封热情洋溢的欢迎信。一小时后，他们把这封欢迎信从她卧室的门下塞了进去。他们简直无法相信自己的运气居然那么好。那位31岁的褒曼觉得那信写得既和蔼可亲，又风趣幽默。

他们在信中写道：

1. 这封短信是集体努力的结果，这个集体包括罗伯特·卡帕和欧文·肖两个人。2. 我们原来想把鲜花和这封短信一同给您送来，邀请您今晚共进晚餐。但是经过共同磋商之后，我们发现付得起花钱就付不起饭钱，付得起饭钱就付不起花钱。我们无法付得起两笔开销。于是我们便投票表决。结果晚餐以微弱优势胜出。3. 有人建议，如果您不喜欢晚餐，可以给你送去鲜花。到目前为止，尚未就此做出最后决定。4. 除了鲜花以外，我们还有一些不太好的素质。5. 如果我们写得太多，到时候就没什么可谈了，因为我们那点儿魅力毕竟有限。6. 我们会在 6 点 15 分给您打电话。7. 我们不睡觉了。

接着，这两个大男人就去了康朋街酒吧，在那里又美美地多喝了几杯弗兰克配制的鸡尾酒。

使人颇感意外的是，当他们打电话打到楼上她的客房时，她居然同意了。她调皮地对他们说，既然他们说要带她共进晚餐："我希望你们把钱带足，我可是饿得慌。"于是他们来到香榭丽舍大道上的福格咖啡店，这在巴黎也算得上是顶级奢华的咖啡店。他们刚一进店就立刻点了香槟酒。

可怜的欧文·肖发现自己又要在这场追逐美人香草的竞争中败下阵来。他对付卡帕的结果绝不比当年在伦敦那个灾难性的下午，为了玛丽·威尔士同海明威竞争的结果好到哪儿去。卡帕在同女人打交道方面很有些本事。没过多久，他和褒曼就在丽兹大酒店里作为情侣同居一室了。那段浪漫史一直持续了整个夏季。

1945 年 8 月 6 日，美国人把第一颗原子弹投在了日本广岛。8 月 9 日在长崎投下了第二颗原子弹。8 月 16 日，日本裕仁天皇对全世界发表广播讲话，宣布日本投降。第二次世界大战在巴黎解放一年之后终于结束了。

英格丽·褒曼同罗伯特·卡帕一起乘坐一辆吉普车沿香榭丽舍大道驰行，参加庆祝日本投降庆典活动。她开始亲吻一些在场的军人，让他们感到又惊又喜。

夏尔·戴高乐与同盟军仍然争吵不休。他不允许英国军队参加庆典活动。然而，要想禁止美国军队参加巴黎的庆典活动难度要更大一些。1945 年夏季，美国人仍然占据着统治地位。直至战争结束后签订并发表各种条约协定，美国军队一直负责巴黎的安全保卫工作。自春季以来，另一类来宾陆续抵达巴黎。他们此行的目的是报道、领导欧洲战犯法庭。

与他们之前的那几代人一样，这些男女宾客抵达后直奔丽兹大酒店。在这批最新入住酒店的房客中有法官罗伯特·H. 杰克逊，托马斯·S. 多德，约翰·H. 阿曼上校和爱德华·C. 贝茨将军。美国总统哈里·S. 杜鲁门任命罗伯特·杰克逊为定于秋季在德国纽伦堡开庭的国际军事法庭检察长。

托马斯·多德是协助法官杰克逊的公诉人之一，他描述了那年夏季法国首都的生活状况，当时一切都很短缺。"巴黎，"他于1945年8月4日写道，"非常拥挤，根本没有出租汽车，只有一些马车，价格奇贵。大街上跑着一些汽车，不是很多；天黑以后就更少了。"通货膨胀和法国法郎贬值严重危害着经济复苏。黑市上出售的黄油10美元一磅，远远超出大多数市民的经济承受能力。

纽伦堡审判将持续到1946年，在这期间所揭示的骇人听闻的罪恶程度远远超出了玛莎·盖尔霍恩的所见所闻。最终丽兹大酒店的两位老常客，约希阿姆·冯·里本特洛普与赫尔曼·戈林在德国被处以死刑。

在巴黎，正义或者说某种正义来得更快些。正当法国人在首都大街上庆祝日本投降时，幕后维希通敌卖国政府元首菲利普·贝当同其左膀右臂皮埃尔·拉瓦尔正在进行另一场相互攻伐的生死较量。1945年8月15日，针对贝当的三周审判结束了。又是一个死刑。戴高乐将其改判为终身监禁，引起公众争议。

那年秋季在被拘押、等待审判的过程中，皮埃尔·拉瓦尔猜测他的命运不会遇到同样的宽大处理。在那个秋后算账的惩罚季节里，他对于履行适当的司法程序并没抱有太大的信心。"你想让我把那个骗局说给你听吗？"8月4日向他的律师问道。审判前"不会举办任何听证会，甚至也不会进行审判。在大选之前，我会被判刑——被杀掉"。

拉瓦尔最终站在了行刑队面前，因战争期间犯有通敌叛国罪被枪决。正如预料的那样，在10月结束前尚未举行法国政府战争第一次大选举时，他的死期到了。历史学家们长期以来认为，尽管皮埃尔·拉瓦尔在德军占领期间犯下许多罪恶，但是对他的审判没有遵循任何可靠的司法程序。他属于最后野蛮清洗行动中的一个案例。

到了秋季，纽伦堡审判开始了。战后的一系列重大事件再也不会在法国首都展开。到1945年，人们已不再将巴黎祝为独具现代特色的美丽象征。那个时期正在成为历史。

战后重大事件的发生地移到了伦敦和洛杉矶。那一年则移到了柏林。9月前后，玛莎·盖尔霍恩永远地离开了法国首都，前往德国报道那里的战后局势，并同詹姆斯·加文永远在一起。她不得不离开罗伯特·卡帕。他也很想重新出山从事新闻报道。眼下他正在设法摆脱那位日益严肃认真的英格丽·褒曼，力图从风流韵事中挣脱出来。但是他已经痛苦地陷在了巴黎。

最终还是玛莎用钱买回了罗伯特·卡帕的自由。她许诺把他的一套旧衣服拿到生意兴隆的德国黑市上去卖，如果得手，就把钱给他寄过去。一天上午，他们的一位在西班牙内战时期结识的老朋友弗雷蒂·凯勒在亚历山大广场发现玛莎在卖衣服。于是交给她不少钱让卡帕在巴黎再次获得解放。卡帕随褒曼去洛杉矶住了一段时间，但是不久又离开她前往柏林。

在那年秋季的最后几个月里，玛琳·迪特里希也在柏林，不在巴黎。当年9月，驻扎在德国的第八十二空降师两位中校终于寻找到她那位年迈体弱，但是还活着的老妈妈。这立刻成了报纸头条新闻。玛琳乘飞机从巴黎，从丽兹大酒店的家飞往柏林，在一片照相机闪光灯面前与老妈妈再度团聚，情景十分感人。接待她的主人不是别人，正是英俊帅气的加文将军。她就在那里开始全面展开了浪漫攻势。她对没有丝毫疑心的加文耳语说玛莎一直对他不忠实。加文感觉受到了伤害，满腔怒火。

出于自尊心和报复的双重原因，他又同这位电影明星上床寻欢。

这一回玛莎终于发现了背叛事实。她一直都想发现事实真相。极度伤心之下，她同那位将军彻底断绝了关系。在柏林，玛琳·迪特里希又一次捕获了爱情猎物。

没过多久，夏尔·戴高乐根据自己对战后欧洲的展望，也把目光投向了德国。

或者就停留在那里，或者往西瞭望。这位老将军决心背弃英美两国，背弃那种他认为将法国排除在世界影响之外的特殊关系。当他于20世纪50年代终于当选为法国总统时，世界冷战已经开始。那时戴高乐已着手建立一种新型关系——不是与以前的同盟国，而是与德国。法国人与德国人再次坐下来，坐在柏林的谈判桌旁，来到香榭丽舍大道，甚至来到了巴黎的丽兹大酒店，共同打造一个能将欧洲统一起来的经济政治共同体。

17

日益衰落的巴黎影响力
1951 年 6 月

20 世纪 50 年代为温莎公爵夫妇举行的宴会，伍尔沃斯夫妇作陪

在我的一生中，给我造成最大麻烦的两个人是沃利斯·辛普森和希特勒。

——伊丽莎白王后（后来的王太后）

1951 年春季，巴黎再次成为世界关注的焦点。那年 4 月共有 6 个国家批准了《巴黎协定》，成立欧洲煤钢共同体。这是一个超国家协定，将法国和德国联合起来，共同开展新的经济外交合作。这是在 10 年刚过一点的时间内两国开展的第二次合作。但是此次合作的内外环境远比上次有利。

1951 年春季，温莎公爵夫妇也在巴黎。那年 6 月，这对王室夫妇正在商议再次在世界舞台上谋得新的地位。这项计划不仅仅涉及一些偷偷摸摸和欺骗背叛的行径。温莎公爵夫妇事先不可能知道的是这项计划将以失败而告终。那一幕戏剧，正如他们那代人的多幕戏剧一样，也在巴黎旺多姆广场徐徐上演。

自 20 世纪 30 年代起，丽兹大酒店一直是温莎公爵夫妇喜欢入住的隐居之地。年轻的公爵在当初被称为威尔士亲王爱德华的时候，就曾在丽兹大酒店里举办过喧闹的宴会，一度使很有眼力的领班奥利维尔·达贝斯卡特认为以他的经验来看，只有 3 个人真正懂得如何恰到好处地举办社交晚宴——艾斯特哈奇王子、爱尔莎·麦克斯韦和威尔士亲王。1937 年温莎公爵夫妇在丽兹大酒店开始度蜜月，当时作陪的有他们的亲法西斯美国朋友查尔斯·贝多和弗恩·贝多，他们夫妇二人曾在其位于坎迪的庄园里主持了温莎公爵夫妇的婚庆典礼。

温莎公爵夫妇作为丽兹大酒店的常客一直住到德军占领巴黎前夕。在法国于 1940 年 6 月陷落之前，他们同法国上流社会其余人士一起逃离了巴黎。大部分上流社会人士跑到了度假胜地比亚里茨。在那里等待大多不能拿到手的签证期间，这些社会名流富人继续无忧无虑地举办一系列令人眩晕的鸡尾酒会和晚宴。这次是在租来的套房和宅邸里。但是在 1940 年从法国出境这方面温莎公爵夫妇却有着明显优势：英国政府决定不能让这对皇室成员作为战俘落入德国人手里。英国领导人同样决定防止他们心甘情愿地投靠德国人。不时有令人不安的报道说，温莎公爵夫妇已经秘密接受了赫尔曼·戈林和元首本人的许诺：如果德军占领英国，他们将重掌政权。温莎公爵夫人是皮埃尔·拉瓦尔的老朋友。美国情报机关掌握的档案显示："温莎公爵被称为不与德国为敌，被视为希特勒愿意与之共同协商任何和平条款的唯一一位英国人，还被视为战后执掌英国命运的合情合理的君主。"对于同盟国而言，即使这种传言也是一种潜在的政治与公共关系灾难。因此，英国人在整个战争期间，把这对王室夫妇藏在了百慕大岛屿上。甚至在那里他们仍然给英国首相丘吉尔造成了更多的不必要的麻烦。

战后随着遭到德国空袭的英国反法西斯情绪高涨，国王乔治六世也在小心翼翼地试探他哥哥的政治野心界限。温莎公爵夫妇再次返回了法国。乔治六世小心谨慎，非常明智：公爵夫妇肯定没有放弃象征性地统治英国及其领土的梦想。不仅如此，他们还在密谋掌握统治英国的实权。

1936 年 12 月 11 日，爱德华在对全英国发表的退位演讲中，坚定地宣布："我现在完全退出了公共事务，放下了我的负担。"他宣称，如果离开身边那位他所钟爱的女人，他不知道该怎样生活。过了不到 10 年，他不再认为江山美人不可兼得。早在 1946 年，这位公爵同沃里斯就密谋阻止伊丽莎白公主作为位伊丽莎白女王二世继承王位。公爵在 57 岁时发现，一个游手好闲的花花公子的生活，其吸引力并不是无穷无尽的；满足天下第一恋情的期望也绝非易事。

欲使温莎公爵重返英国王位的战争密谋只是最近才被一名大胆无畏的

档案管理员在王室成员私人往来信件中揭示出来。这些信件首次被披露的惊人内容是：从1946年直至1952年，温莎公爵夫妇在巴黎谈话中和一系列信件中，通过秘密途径，并采用各种计策试图替代年轻的公主。

只要乔治六世精力充沛，英国就不能发生政变。但是国王的健康状况却可能恶化。这是个很有诱惑力的机会。1946年国王病重时伊丽莎白公主不到20岁。温莎公爵夫妇同英国贵族肯尼斯·德库西伺机而动，一旦国王逝世，就由公爵趁国王女儿地位未稳之时填补出现的权力真空。

不妙的是，国王渡过了一个又一个健康危机，给他们造成很大不便。温莎公爵在酝酿政治背叛的过程也许有些过于含糊其辞，优柔寡断。在具体计划尚未来得及实施之前，即1949年春季当他的弟弟乔治六世再度因病住院时，年轻的伊丽莎白公主仍然势单力薄，非常脆弱。英国贵族阶层和英国政府中的一些人士对她不久前嫁给一位名叫菲力普的年轻希腊贵族（此人为德国公爵世家后裔）一事深感担忧。如果温莎公爵当时采取行动尽管风险很大，并非不能成事。

公爵的谋士们为他制定的行动策略是走政治上正名昭雪、以图东山再起之路，可谓明确易行。肯尼斯·德库西当时在伦敦建议公爵夫妇回到英国，过一种宁静体面的乡村幽居生活，但不要离伦敦太远。他建议他们购买一座大庄园，搞些农业现代化经营和家庭产业。购买的新庄园一定要离伦敦很近，这样那些掌握实权的人物就可以周末驱车来到乡间参加社交晚宴。当时公主由于年纪轻轻，更由于王子亲戚们野心膨胀的缘故，势单力薄，非常脆弱。国王一去世，按着情理温莎公爵只要办事高明，就会成为具有亲切"英国人"身份、令人心安的国王人选。

当时只有一个关键的不利因素。公爵年轻时放荡不羁，名声不好。在20世纪20年代和30年代，他沉溺于女色、有伤风化的桃色新闻，一直为世人所诟病，也遭到社会精英阶层的厌恶。他同离过两次婚的美国女人沃里斯的婚姻并未得到英国公众的认可。但是只要没有传出新的丑闻，也许国人会渐渐接受他的婚姻。因此，德库西建议道："在任何地方一定不要让别人看见行为不端，否则他们又要拿花花公子说事，大做宣传文章了。"另外，还要不再有人暗地里含沙射影地议论公爵夫人那水性杨花的轻浮做派。许多人还清楚地记得她与意大利首相墨索里尼的已故女婿，意大利伯爵加莱阿佐·齐亚诺的风流韵事，记得纳粹外交部长约阿希姆·冯·里宾特洛甫给她送过康乃馨。

1949 年温莎公爵再次犹豫不决。事实上，那的确是一种冒险而敏感的行动，必须小心谨慎才是。1951 年春季，国王的健康状况进一步恶化，似乎新的机遇就在眼前。用丘吉尔那句名言来说，国王眼下已经与"死"神同行。当时公爵的母亲玛丽王后身体病弱。回到家里守护在母亲床前是返回英国的最佳理由。于是 1951 年 6 月 3 日，公爵从巴黎启程返回伦敦。

谁也不知道在 6 月那个清新的早晨公爵心里究竟在想些什么。也许他还幻想着再次统治那个他生来就无可争议地有权继承王位的国家。许多历史学家肯定也是这样想的。那年春季出版了他那部自我宣传的回忆录，书中大部分内容都是前一年在旺多姆广场的大酒店客房里写成的。这部自传性著作根据行动计划的需要，确定了严肃与清醒反思的基调。前进的车轮开始转动了——他这样想情有可原。

不幸的是，对于公爵而言，那些梦想正在开始破灭，因为有一桩与他相关的丑闻已经铸成。那个星期他不在巴黎，丑闻也迅猛升级。在公爵计划逐步恢复政治名望的过程中，他已经犯下第一个致命的行动错误：很不明智地将夫人沃里斯一个人留在了巴黎。在他外出的六天时间里，她对温莎公爵的声望造成极大损害，同时也毁掉了恢复公爵政治声望的最后机会。

具体来说，这桩丑闻全都同桃色新闻和行事不慎有关。公爵肯定怀疑过夫人沃里斯同他们那位共同的朋友和忠诚的伙伴吉米·多纳休有染，吉米·多纳休英俊帅气，极为富有，是一位在美国出生的浪子。吉米的表妹兼忠实的盟友特鲁别兹科伊公主直至前不久一直是大名鼎鼎的加里·格兰特夫人。全世界大多数人都知道她是世界上最富有的年轻女子，女继承人芭芭拉·霍顿。芭芭拉和吉米的妈妈共同拥有伍尔沃斯百货公司的巨额财富（20世纪50年代全世界巨额财富之一）最大一部分遗产。不用说，芭芭拉·霍顿当然居住在巴黎丽兹大酒店一套豪华客房里。

公爵也许怀疑到这种私通关系，因为谁也不想在自己的婚姻中成为多余的人。但是，由于吉米·多纳休是个高调的同性恋者，一开始巴黎的那些偏爱摇唇鼓舌之辈仅仅把吉米·多纳休的许多轻浮行为视为调情卖俏而已。但事实是，尽管吉米有同性恋取向，自从一年前他和沃里斯一同乘坐玛丽王后号英国邮船横渡大西洋后，他们就成了情人。

起初，公爵夫人也想谨慎行事。第一年在与吉米晚上一起出现在喧闹的夜总会的时候，她一定要让年长的贵族女伴在场，为她证明行为中规中矩。有一次吉米的朋友打开了一辆豪华大轿车的车门，不料却发现沃里斯蹲伏在车里面，有意不让外面路过的人看见她。但是就在那个周末当公爵还远在伦敦时，蒙马特高地夜总会里的社交活动最终升级演变为公开的下流舞会，演变成为期一周的放纵狂欢。一到晚上，沃里斯和吉米就从巴黎的一处热闹场所逛到另一处热闹场所。下午则来到丽兹大酒店豪华套房里欢闹嬉戏。这是吉米那位坐拥巨额财富的表妹为了他的生活方便给他租用的豪华套房。

"我知道他们发生了性关系。"芭芭拉·霍顿的私人秘书莫娜·艾尔德里奇后来承认道。这只不过是确认了大家亲眼看见的事情。"我从女用人那里了解到他们发生了性关系，"莫娜道出了实情。"她爱上了他。被他迷住了。她在追求他。她真的爱上他了。"他们的恋情公开后，公爵夫人还特意向人炫耀一番。有位贵族旁观者评论说："公爵夫人迷上了吉米·多纳休以后，表现得比任何人都差劲。她居然还炫耀自己的风流韵事，太没有必要了。"没过多久，她就和吉米以他们的风流私通公开地折磨温莎公爵。

即使公爵夫人没有无意中泄露实情，温莎公爵也不可避免地受到铺天盖地般闲言碎语的冲击。吉米·多纳休素以积习难改的胡说闲聊和残忍的打诨说笑而闻名。上述那位贵族旁观者曾经这样评论他："他酗酒又吸毒，以虐待别人取乐，堕落卑鄙，冷酷恶毒。"有一次他以残忍的嬉戏方式，恶作剧地模仿丽兹大酒店里那位声名狼藉、身材矮胖的宴会女主人爱尔莎·麦克斯韦，引得众人瞠目结舌，发出阵阵冷嘲的笑声。"（在一家有名的餐厅里）他变装出场，连衣裙里塞进了几个枕头，自称是爱尔莎·麦克斯韦小姐，吵闹着要找自己的餐桌。"另外吉尼斯啤酒公司（Guiness beer）女继承人艾琳·普伦基特回想起在一次社交晚宴上的情形：当时吉米拉开了短裤拉链，把自己的私处放在身前还盛着土豆和肉汁的餐盖上，餐刀已经备好，对每一个想听他胡诌的客人粗俗地嬉戏吹嘘他那根粉红色特级香肠的诱人魅力。而现在他又给温莎公爵夫人购买了价值 50 万美元的珠宝作为礼物，费用都记在他母亲的账上，而且认为自己完全有权把他和温莎公爵夫人之间那段风流私通的细节透露给巴黎所有的人，并以此为乐。

1951 年 6 月 9 日当公爵返回巴黎时，公爵夫人的狂欢作乐行为已成为这座都城街谈巷议的热门话题。人们无法确切地知道公爵何时发觉那桩众人皆知的丑闻，不过那些闲言碎语着实刻毒伤人。在此后不久的一天夜晚，公爵夫人同吉米·多纳休在拥挤的房间里毫无顾忌地逗趣说笑，使公爵在深夜举办的鸡尾酒会餐桌旁伤心地流下了眼泪。更为恶劣的是，整个夏、秋两季，公爵夫人仍然迷恋着她那位心肠恶毒的花花公子。她曾经不太认真地考虑过离开公爵，结束这桩到那时为止已经使他付出巨大代价的婚姻。

最后，沃里斯还是留了下来。她对吉米·多纳休的那份强烈情爱也渐渐地消逝了。但是丑闻已经彻底葬送了公爵梦想取代侄女、十拿九稳重登英国王位的最后希望。当他的弟弟最终于 1952 年 2 月 6 日逝世时，年轻的公主登基成为伊丽莎白二世女王。到了最后竟是一场伤心垂泪、略微有些窝囊寒酸的讽刺性结局：在丽兹大酒店卧室套房里公爵躺在凌乱的床铺上，公爵再次失去了重登英国王位的机会。这一次又是因为沃里斯·辛普森的缘故。

公爵夫妇最终的确购买了一座乡村庄园，过上了回归田园的隐居生活。不过新购买的庄园离伦敦并不近。在后来的岁月里，他们有时居住在位于巴黎西北方向塞纳河畔纳伊镇郊区的豪华别墅里，有时居住在巴黎南部伊薇特河畔的吉夫村庄里。

巴黎有些人把过去的岁月视为他们人生中最辉煌的时光。对于这些特定人群而言，未来数十年的生活反映出战前种种以往的模式和偏见。温莎公爵夫妇在他们的乡村庄园里款待自己的邻居和老朋友奥斯瓦德·莫斯利爵士夫妇。奥斯瓦德·莫斯利是历史上声名狼藉的英国法西斯联盟创始人。他的妻子就是从前那位戴安娜·米特福德，不折不扣的亲法西斯人士。温莎公爵总是不太明白为什么新世界的复杂根基会深植于过去的冲突之中。他在后来的 10 年里常常肤浅地说道："我从未想到希特勒是这样一个坏家伙。"经常在周末来到他庄园里做客的人不是伦敦的权力经纪人，而是那位开始人老珠黄的玛琳·迪特里希。公爵夫妇在丽兹大酒店可可·香奈儿的套房里重新享用了一次又一次的私人晚宴，作陪的都是一些在战争期间生活得很舒适的老朋友。在短短的几年时间里，甚至连保罗·莫兰德和马塞尔·普鲁斯特双双爱过的苏卓公主也再次成为这里私人晚宴的座上客。这是一个享有特权，曾经风光一时的老派人物世界，只是周边略显衰微迹象。

20 世纪 50 年代丽兹大酒店也开始显露出衰微迹象。唯一的问题是，丽兹大酒店能否找到一个有效的途径，通过复兴曾经使它在 19 世纪末闻名天下的那种前卫大胆、勇于创新的精神，把新一代宾客吸引过来。19 世纪末德雷福斯事件影响余波曾经使丽兹大酒店步入兴旺发展之路，享有盛名几十年。到了 20 世纪 60 年代，由于夏尔·戴高乐反美态度坚决，使巴黎的旅游业发展受挫。不久酒店开始取消长期沿袭的季节性客房预订制度，因为新顾客人数没有达到被取消的客房预订数量。

自 20 世纪 30 年代开始，全世界的社交活动中心先是转向纽约，随后日益转向好莱坞。原先曾一度迫不及待地要在丽兹大酒店的鸡尾酒会的酒桌占有一席之地的一、二流明星人物，大部分来到了掩映在洛杉矶棕榈树下杂乱建造的富丽大厦里。巴黎曾经鲜活地体现着各种富有魅力的新生事物。那个时代已经过去了。对于巴黎的丽兹大酒店而言，这意味着陷入发展困境。丽兹大酒店的知名度正在逐渐降低，不用多久它就会濒临破产，除非可以采取有效措施扭转局。

有人认为局面不可能出现转折。在丽兹大酒店工作已久的员工也表示怀疑。不用多久，心绪不顺和各种争吵迅速升级，将在巴黎旺多姆广场酿成一场悲剧。

18

战争的漫长阴影

1969 年 5 月 29 日

克劳德·奥泽罗在他的丽兹大酒店办公室里

巴黎仍然带着战争创伤，这体现在一些残破的建筑物遗迹上。然而，更深层的精神创伤却无所不在。

——美国起诉轴心国罪行委员会主席托马斯·S. 多德

丽兹大酒店的穿堂里静悄悄的。近年来丽兹大酒店的生意整体上也不那么兴旺红火了，因为美国人不像以前那样常来，大酒店的星光也变得黯淡了。事实上，丽兹大酒店已经开始滑向破产边缘。

人们很容易将这笔账算在夏尔·戴高乐头上。在风风雨雨执政 10 年之后，他终于在几周前辞去总统职位。但是在那 10 年间法国背弃了英美盟友，寻求同德国结成新的同盟。戴高乐曾两次运用法国拥有的否决权，将英国排除在刚刚成立的欧洲经济共同体之外。作为一个国际联合组织，欧洲经济共同体脱胎于 1951 年春季由法国、西德、比利时、意大利与荷兰签订的一项协定。这些同盟国后来几十年间为 1993 年成立欧盟奠定了基础，也为欧盟在新千年里面临的各种危机埋下了伏笔。

当时法国对于印度支那和非洲的殖民地逐渐失去了控制。丽兹大酒店的资深员工还记得 20 世纪 20 年代有位在厨房里帮工打杂的外来移民，名叫胡志明。到了 20 世纪 60 年代，胡志明早已成为他的国家——由共产党领导、斗争激烈的越南民主共和国的传奇式人物。

对于新冲突的恐惧，对于后原子时代新式武器威力的恐惧已经在国际社会产生了重大影响。1960 年法国在阿尔及利亚沙漠某处试爆了第一颗原子弹。戴高乐认为："如果没有原子弹，任何国家都无法自认为是独立国家。"随后使法国脱离了北大西洋公约组织。具有讽刺意义的是，战争中在欧洲担任北欧地面部队指挥官的不是别人，正是当年入住在丽兹大酒店的汉斯·斯派达尔。德国抵抗组织刺杀希特勒的秘密计划失败后，他是入住丽兹大酒店的小集团首领中唯一的幸存者。

所有这一切均表明，克劳德·奥泽罗此前熟悉的世界正在发生迅速变化。他不禁觉得十分惊恐。仅仅在一年前——1968 年 5 月巴黎爆发了两周大罢工，还爆发了一次街头混战，与他记忆中欢庆胜利时那种令人眼花缭乱的情景截然不同。

1968 年春季，整个法国共有 1100 万工人和学生走上街头游行示威。夏尔·戴高乐在惊慌之中逃离法国，前往设在德国巴登－巴登的法国军事基地避难。巴黎有 50 万人走上街头，祝愿他得到解脱。全世界各家报纸纷纷亮出令人惊愕的大字标题，告知世人最新发生的法国"暴动，（没有别的词汇可以形容它），席卷极度震惊的巴黎"。

各种涂鸦标语和匆匆手绘的海报出现在整个首都，纷纷号召爆发革命："奔跑吧！同志们，把旧世界抛在身后！"

即使克劳德没有见到过那些海报，他也了解那份感情。1968 年爆发的工人暴动连丽兹大酒店也未能免遭其害。"学生们在走过旺多姆广场上没有设防的司法部时，"各家报纸报道说，"纷纷扔石头打穿了玻璃窗。"那些住在丽兹大酒店里的房客不需要新闻记者告诉他们眼前发生了什么事情。

70 年前的一个春季夜晚，丽兹大酒店在"美丽时代"那令人振奋的日子里开门迎客。那时尽管有尖叫的声音和隆隆的车轮声打扰着那位脆弱的作家普鲁斯特，广场上还是非常宁静的。而眼下旺多姆广场（有时几乎仅仅是个停车场）响彻着刺耳的汽车喇叭声和发动机的轰鸣声。

1898 年女士们做梦也不敢想在巴黎的公共场合用餐，直到法国名厨奥古斯特·埃斯科菲把它变成了现实。周日宴会结束后，人们又戴着白手套，在交响乐队的伴奏下翩翩起舞。男士们身穿定做的餐服坐在阴影中安静地吸烟。

1969 年已经开始流行的名模崔姬时装发型，迷你裙和英国"摩登"时尚风格使整个巴黎受到极大震撼。从大洋彼岸的美国频频传来有关嬉皮士、草案抗议活动、避孕药和迷幻摇滚专辑《爱的夏季》的最新消息。

巴黎曾经是现代时尚脉搏的那个旧世界已经被抛在了身后。丽兹大酒店正遭受着同样的命运。客房入住率在下跌。整个大酒店濒临财务崩溃的边缘。人们很容易把老客户的流失归因于戴高乐坚定的反美态度上，归因于以迅雷不及掩耳之势冲击着他们的新世界上。

克劳德倒是更清楚其中的原因。

查理·丽兹是造成这次彻底惨败的主要原因。

丽兹大酒店的那些具有传奇色彩的房客（有好人，也有坏人）大部分已经远走高飞，这当然于事无补。就连克劳德也不认为查理·丽兹应该为整整一代人的离去负责。必须指出的是，他们的离去常常过早，而且充满暴力。那位性情古怪，具有个人魅力却又使人颇感不悦的帝国元帅，赫尔曼·戈林在纽伦堡没来得及执行他的死刑之前吞下走私来的氰化物自杀身亡。克劳德一点儿也不怜悯他，只是说了一句俏皮话："我们失去了 12 名稳定的顾客。"

当他听到罗伯特·卡帕的消息时却不那么乐观了。1954 年，这位摄影新闻记者在印度支那战区被地雷炸死。当时他正在为《生活》杂志执行采访报道任务，死时还不到 40 岁。

欧文·肖听到这个不幸消息后立刻召集了一些朋友，在巴黎一家卡帕喜欢光顾的酒吧里喝着香槟，彻夜未眠，以示哀悼。听到他的这位老朋友，有时也是敌人的不幸消息后，海明威只是简单地说："这事让谁摊上都是运气不好……他以前是那么生龙活虎，很难让人相信他死了。"

爸爸也是不久前才离开的。海明威患上了精神病，嗜酒如命，无可救药。经过多年犹豫不决之后，1961 年他终于在爱达荷州开枪自尽。1964 年已成为海明威妻子的玛丽·威尔士出版了海明威的一部遗作《移动的盛宴》。

1950 年在写给朋友的一封信中，海明威谈到当法国首都还是朝气蓬勃、青春洋溢时的神奇岁月意味着什么。"如果你在年轻时有幸在巴黎生活过，"他在信中写道，"那么以后你在生活中无论走到哪里，巴黎都会随你同行，因为巴黎是一个移动的盛宴。"这部回忆录是献给那座城市、那段时光的一首挽歌。《移动的盛宴》是根据作家在装着个人文件的一个大行李箱里发现的一个笔记本内容写成的。那个大行李箱至少从 20 世纪 40 年代起就存放在丽兹大酒店的地下室里。

留在丽兹大酒店的昔日传奇式人物只有 80 岁高龄的可可·香奈儿，偶尔还有开始衰老的温莎公爵夫妇以及他们那位战争岁月的朋友——日益痛苦不堪、毒瘾越来越大的玛琳·迪特里希。大多数情况下温莎公爵夫妇都住在布洛涅森林边缘的别墅里。那位电影明星则住在蒙田大道上的公寓里。克劳德·奥德罗知道玛琳·迪特里希住在哪里，因为他和布兰琪住的公寓就在附近。他们夫妇二人不久就要考虑离开丽兹大酒店了。他尤其不能原谅查理·丽兹造成了这一巨大变化。原因很简单，克劳德·奥泽罗被从总经理的位置上挤出来了。自 1925 年起这个工作岗位就是他的生命，也是他的激情所在。他捍卫了丽兹大酒店的声誉，而且不止一次，他甚至奋不顾身地在最不寻常、最难熬的情况下也要保其招牌式的标准服务质量。

1961 年玛丽－路易斯·丽兹也去世了，享年 93 岁。她是在复斜屋顶下那个可以眺望花园的房间里去世的。当年她和凯撒·丽兹就是在那个房间里开始了他们大胆的冒险历程。查理·丽兹回到了巴黎，在阔别多年、长期犹豫不定之后，终于开始负责管理家族生意。

在克劳德·奥泽罗看来，查理·丽兹自那时起便一直在反复表明自己的意图。于是人们熟悉的那种由来已久的争吵又立刻在他们两人之间爆发了。他们在基本原则问题上从未取得过一致看法。在第二次世界大战期间，面对着空袭和食物短缺，克劳德仍然恪守旧传统，只让那些穿着丝绒休闲裤和奇特运动外衣的绅士进入餐厅。

查理坚持认为世界在变化，他们应该与时俱进。刻板的礼节已经过时。

酒店做的是生意，讲究的是实用，达情达理。他们二人都认为丽兹大酒店的声望一天不如一天，但是至于为什么会出现这种情况，两人看法却彼此不同。

查理·丽兹及其家人是丽兹大酒店的主人，这是不容置疑的。他们对于世界发生变化方式的看法也许没有错。克劳德跟查理争吵抱怨了将近八年，心里非常明白这位年纪较轻的人就是想解雇他。克劳德从未替自己着想过。这些年来一直伺候别人，他已疲惫不堪，准备退休，在法国南部的一座宁静别墅里安度晚年。布兰琪对此却无法忍受。她说她无法离开巴黎，一边哭一边发出威胁。她无法离开丽兹大酒店。自20世纪20年代的"疯狂年代"起那里早已成为她的家。克劳德知道，离开那里会使她伤心欲绝。

布兰琪的状态长期以来一直不稳定。战争结束后，她又陷入一种新的疯癫状态。她从未摆脱当年被关押在盖世太保监狱之中的阴影。多年来她作为丽兹大酒店总经理的犹太人妻子所经历的恐惧也一直缠绕着她。像玛丽和海明威一样，她开始借酒浇愁，眼下，她甚至在丽兹大酒店里也时常有眩晕的感觉。克劳德虽然能够使员工继续留在丽兹大酒店里工作，充其量也只是能够管理而已。然后在4月里传来口信：克劳德·奥泽罗该退休了。他不可能再接到聘任总经理的新合同。

那个月痛苦难熬。他们曾在这里打过那场战争，尽管谁也没有听到过隆隆的炮声。可是现在克劳德已经厌倦了战斗。他最终做出了自己的最后决定。

在写字台的抽屉里，也许是在凯撒·丽兹发明的秘密橱柜里，克劳德小心翼翼地藏着一个秘密的纪念品。那是在德军占领时期从一位无名军人那里得到的一把德国枪支。

1969年5月28日夜晚，克劳德·奥泽罗难以入睡。来往车辆的声音渐渐消失了。只有刚刚露出的极窄的新月月牙照亮了茫茫夜色。也许在这寂静的时刻他又想到了赫尔曼·戈林和阿莱蒂。想到了萨卡·圭特瑞和让·考克托，斯科特·菲兹杰拉德和爸爸，想到了皮埃尔·拉瓦尔和乔治·曼达尔，想到了劳拉·梅·克里甘拥有的绿宝石和爱尔莎·麦克斯韦主办的宴会。也想到了马塞尔·普鲁斯特，神厨埃斯科菲和他的女神萨拉。也许他的思绪又回到了 20 世纪 20 年代那个很久以前的一个下午，当时他带着第一次幽会的布兰琪来到丽兹大酒店吃茶点，并告诉她自己要成为这家大酒店经理的梦想。

在那个完美无瑕的春季清晨，巴黎的地平线上曙光初露。此时克劳德转过脸来，凝视布兰琪片刻，然后他把那支抢顶在她的发际线上，扣动了扳机。

就在他等待着、思索着的时候，太阳已经在首都上空升起。北面，蒙马特高地圣心教堂圆顶在太阳照耀下熠熠闪光；南面，矗立着高高的埃菲尔铁塔。在两者之间，塞纳河水缓缓地流过法国的心脏，势不可当，千百年来亘古不变。此时旺多姆广场刚刚开始苏醒。他把枪慢慢地向上举起。随后，睡意未消的邻居们又听到"嘭"的一声，好像不远处轮胎爆炸发出的响声。

后记

查理·丽兹站在丽兹大酒店的阳台上

随着时光的流逝，我们从前撒谎时说出的所有一切渐渐地都变成了现实。

——马塞尔·普鲁斯特

20 世纪 70 年代，丽兹大酒店的经营状况每况愈下，已经到了不容忽视的境地。曾经拥有的传奇色彩正在渐渐褪去，营业利润也随之一同消失。查理·丽兹苦苦硬撑，力图保住丽兹大酒店，直到他于 1976 年去世。最终丽兹大酒店濒临破产，只能对外出售。1979 年丽兹大酒店租赁公开招标。救店之主来自令人意想不到的地方。

　　埃及出生的 59 岁商业大亨穆罕默德·法耶德小时候到过丽兹大酒店，并发誓将来有一天要成为它的主人。当年他只花了 2000 万美元就买下了丽兹大酒店，价钱低得令人无法想象。一年后，他率领一个由新型创新人才组成的团队，启动了为期 9 年令人咋舌的全面修缮装饰工程。他们真可谓不惜血本。这座宫殿式大酒店每间客房的重修价码超过 100 万美元。

　　修缮装饰工程于 1987 年全面竣工，将丽兹大酒店打造成了一个具有现代清新风格的大酒店，其时运也得到了恢复。天下皆知，又一批新生代追星族蜂拥而至，将其走廊挤得人满为患。因此才出现了如下一幕：1997 年一个夏末的夜晚，英国王室一位离异女士①同穆罕默德·法耶德的儿子从康朋街上的一个后门溜了出去，以逃避狗仔队的追踪。

　　20 世纪 90 年代，丽兹大酒店再次成为巴黎最为豪华富丽的大酒店，但

---

　　①　译者注：此处指戴安娜王妃。

是夏尔·戴高乐却没实现他重返巴黎、再次成为世界舞台上备受瞩目人物的梦想。然而从此以后，政治家、企业家，当然还有一些双重间谍在康朋街酒吧，在劳拉·梅·克里甘与赫尔曼·戈林曾经穿着睡衣懒洋洋地躺过的套房里一边喝着鸡尾酒，一边争论不休，讨价还价。

1991年，荷兰东部城市马斯特里赫特成为世界舆论关注的焦点。法国、西德、比利时、意大利、卢森堡与荷兰六国同丹麦、希腊、西班牙、葡萄牙、爱尔兰和英国举行会议，扩大20世纪50年代战后协定确定的一体化原则运用范围，最终创立了统一货币和欧盟组织。

早在德军占领时期就于巴黎丽兹大酒店开始举办的圆桌午餐会谈时隔多年终于画上一个完美的句号。再往近了说，这也实现了夏尔·戴高乐希望在冷战超级大国时代建立统一的欧洲与英美两国联盟相抗衡的愿望。这使得一些人不禁要问，协议中心那些可追溯到20世纪30年代和40年代的引起激烈争执的问题是否也是无意中批准的。英国被坚决排斥在欧洲经济共同体之外几十年，而且对法国转向德国将其作为核心经济伙伴持谨慎态度，后来也终于同欧洲大陆各国协商出一种特别的和平外交关系，并拒绝完全加入统一货币市场。统一的后共产主义德国积极开展工业复兴运动，而法国则致力于发展奢侈品行业。瑞士一如既往地保持中立，静观其变。

新的世界秩序一度似乎即将来临，旧的裂痕再次出现。英国等待着在2020年之前就欧洲共同体的前途举行一次全民投票。法国与德国就经济文化的优越性地位再次公开发生争执。在20世纪第二次世界大战幸存下来的世界再次处于不断变化之中。也许另一个新时代即将来临。

在旺多姆广场，丽兹大酒店经过另一次耗资1.64亿美元的顶级修缮装饰以后，在其115年的漫长历史上第三次开门迎客。也许它会再次吸引新一代全世界旅居海外的侨民重返永远美丽的巴黎，也许它会再次成为重新打造的洋溢着现代清新之风的巴黎和世界的那个丽兹大酒店。

致谢

研究、书写德军占领巴黎的那段历史，我发现需要具备一流的历史甄别探索能力，还需要有许多经验和学识远远超过我的热心人士让我分享他们所掌握的有关信息、重要报刊资料和档案材料。我首先必须感谢那些热心人士，特别是柏林和巴黎的那些热心人士。他们要求隐姓埋名，但是却对我非常坦诚，令人感动地讲述了自己的往事，向我传授他们宝贵的专业知识。

我还要感谢下面这些专业人士让我分享他们的书信内容、掌握的有关资料、社论和精彩谈论，感谢他们给予我的无私帮助。他们是拉斐尔·舍克，艾伦·马蒂，泽维尔·德芒热，罗伯特·帕克斯顿，肯尼斯·马科斯，理查德·马科斯，罗萨娜·华伦，西尔维亚·克劳特，艾伦·里丁，安迪·托兰，唐与塞尔玛·威尔逊，安娜·杜本纳·肖欧，杰奎琳德·肖莱，安吉拉·科特雷尔，理查德·温多夫，小亨利·伍德拉姆，康妮·洛温塔尔，约翰·贝克曼，弗朗西斯·德·马聂夫，格里·曼妮恩。他们都是档案管理员或图书馆员，工作在以下各个图书馆、档案馆和政府机构：巴黎犹太人历史中心，巴黎法国警察总部图书馆，巴黎市历史图书馆，巴黎、伦敦、柏林以及华盛顿哥伦比亚特区等地的国家档案馆，纽约市艺术复兴委员会，波士顿约翰·F.肯尼迪总统图书馆，柏林外交部档案馆，纽约市现代艺术博物馆，保罗·罗森伯格档案馆，加利福尼亚圣马利诺市亨廷顿图书馆；此外，要特别提一下纽约市公共图书馆，因为本书的绝大部分手稿都是在那里写成的。如有任何错误，全部由我负责。

我在时间和空间上得到许多机构的支持，我要特别感谢休斯敦美术博物馆布朗基金会慷慨地支持我以研究员的身份进驻法国梅娜布斯的多拉·

马尔之家；感谢科尔比学院克拉拉·C. 派珀基金，感谢珍妮·麦基恩·穆尔基金会支持我在乔治·华盛顿大学任驻校作家。

芭芭拉·克林根·斯波尔做了一些预备性的德语翻译工作，未在此发表。感谢罗伯·马达尔在柏林给予我的研究帮助，以及包括在本书中的一些德语翻译译文。布拉德雷·哈特是英国一位一流的研究助手，感谢他在国家档案馆和剑桥大学丘吉尔档案室所做的工作。

在写作本书的过程中，我有幸在哈珀·柯林斯出版公司同至少四位编辑一起工作，每一位编辑都在适当的时候给予我帮助，使我的写作计划向着最佳方向发展，感谢马特·因曼，杰森·萨克、朱莉娅·凯菲茨、盖尔·温斯顿。一直陪伴着我的是我那位极为优秀的文学经纪人斯达西·格里克，感谢我的电影资料助手卢皮特富有远见的智慧。

在我个人要感谢的热心人士中，埃里克·布赖恩特和沙琳·马泽奥对这本书较早写成的一些篇章提出了自己的真知灼见。马克·李作为作家同行，一如既往地慷慨大度。诺尔·贝克、比尔·黑尔、尼什·格拉，是我最为慷慨大度的朋友。在柏林我还要感谢乌尔·苏拉·沃格尔，特别要感谢阿克塞尔·威特，因为本书就是在他的餐桌前初步酝酿成形的；在纽约，我要感谢马克·安德森。

谨以此书献给伊曼纽尔·格拉杜，向他表示我的爱和无限感激，他为本书草稿提出了宝贵意见，同我进行过无数次交谈，并在喧哗骚动中保守着共同的艺术观和一份真诚的亲情。最后我要感谢——最想首先致谢，却最后才终于提到，永远要感谢的——我那位深受人爱戴的罗伯特·迈尔斯，他相信叙事手法，主张不同媒介的长篇故事都应该有个大团圆的结局。

注释

1. 巴黎市内的瑞士王国

① "It would be foolish to disguise": Winston Churchill Centre and Museum, Churchill War Rooms, London, online archive, www. winston churchill. org/learn/speeches/speeches-of-winston-churchill/91-be-ye-men-of-valour.

② on May 31, 1940, Winston Churchill: Roy Jenkins, *Churchill* (New York: Plume, 2002), 571ff.

③ "the only reason not to stay at the Ritz": A. E. Hotchner, "The Ritz, Then andNow, " New York Times, January 31, 1982, www. nytimes. com/1982/01/31/travel/the – ritz – then – and – now. html? pagewanted = all; also Carlos Baker, *Ernest Hemingway: A Life Story* (New York: Scribner, 1969).

④ Georges Mandel, the Jewish – born French minister of the interior: John M. Sherwood, *Georges Mandel and the Third Republic* (Stanford: Stanford University Press, 1970); Francisque Varenne, *Georges Mandel, Mon Patron* (Paris: éditions Défense de la France, 1947); and Paul Coblentz, Georges Mandel (Paris: éditions du Bélier, 1946).

⑤ darkened rooms on the fourth floor: Claude Roulet, *Ritz: une histoire plusbelle que la légende* (Paris: Quai Voltaire, 1998), 81ff.

⑥ The railway system ground to a halt: Hanna Diamond, *Fleeing Hitler: France 1940* (Oxford: Oxford University Press, 2008), 5.

⑦ In the mass exodus that followed: Ibid. , xiv. For firsthand accounts of theexode, see, for example, Francis de Marneffe, *Last Boat from Bordeaux* (Cam – bridge, MA: Coolidge Hill Press, 2001); my thanks to Dr. de Marneffefor personal conversations in 2011 and 2012 that contributed to the back – ground of this book.

⑧ Claude Auzello, had been called up: There are a few early histories of theHôtel Ritz in Paris, and I am indebted to all of them for some materials inthis book, here and throughout the narrative. These books include: Claude

Roulet, *The Ritz: A Story That Outshines the Legend*, trans. Ann Frater (Paris: Quai Voltaire, 1998); Marie-Louise Ritz, *César Ritz* (Paris: éditions JulesPlaceonVendome_i_xxiv_1_296_4p. indd 243 12/13/13 10: 58 AM

⑨ "we are down to thirty – six masters and seven servants": Roulet, *The Ritz*, 106.

⑩ "Unfortunately": Ibid.

⑪ the wartime staff would stabilize at around twenty: National Archives inParis, F7 14886, "Affaires Allemands," item 533; Foreign office in Berlinconfirm the Swiss nationality of Hans Elminger (Paris 2463 [42]: "Ritz – Hotel, deutschfeindliches Verhalten des leitenden Personals," 1943).

⑫ At Coco Chanel's table: Justine Picardie, *Coco Chanel: The Legend and theLife* (London: It! Books, 2011); groundbreaking early archival research ap – peared in Axel Madsen, *Chanel: A Woman of Her Own* (New York: Holt, 1991). For information on other figures mentioned here, see Nöelle Giret, Sacha Guitry (Paris: éditions Gallimard, 2007); Sacha Guitry, *If MemoryServes: Memoirs of Sacha Guitry*, trans. Lewis Galantière (Whitefish, MT: Kessinger, 2009); Francis Steegmuller, *Cocteau: A Biography* (New York: David R. Godine, 1992); Claude Arnaud, *Jean Cocteau* (Paris: éditions Gallimard, 2003); *The Journals of Jean Cocteau*, ed. and trans. Wallace Fow – lie (Bloomington: Indiana University Press, 1964).

⑬ Béatrice Bretty made history: Denis Demonpion, *Arletty* (Paris: Flammar – ion, 1996), 196.

⑭ Spanish painter Pablo Picasso . . . the surrealist artist Dora Maar. . . LeeMiller: See Anne Baldassari, *Picasso: Life with Dora Maar, Love and War*, 1935 – 1945 (Paris: Flammarion, 2006); Mary Ann Caws, *Picasso's WeepingWoman: The Life and Art of Dora Maar* (New York: Bulfinch Press, 2000); Françoise Gilot, Life with Picasso (New York: Virago Press, 1990); MarinaPicasso, *Picasso* (New York: Vintage, 2002); Arianna Stassinopoulos Huff – ington, *Picasso* (New York: Harper Collins, 1996); Carolyn Burke, LeeMiller: *A Life* (Chicago: University of Chicago Press, 2007).

⑮ Duke and Duchess of Windsor gave up their extravagant: Charles Hing – ham, *The Duchess of Windsor: The Secret Life (New York: Wiley, 2004); and Michael Bloch, The Duke of Windsor's War: From Europe to the Baha-*

mas, 1939 – 1945 (London: Weidenfeld & Nicholson, 1982) .

⑯ her maids, sisters Germaine and Jeanne: Roulet, The Ritz, 109.

⑰ A nine – year – old girl named Anne Dubonnet: Anne Dubonnet Shiao, per – sonal interview, April 2013, New York City.

⑱ "It is because I am a Jew that I won' t go": *Sherwood, Georges Mandel and theThird Republic*, 255.

⑲ "small, steep country, much more up and down than sideways": ErnestHemingway, "The Hotels in Switzerland: Queer Mixture of Aristocrats, Profiteers, Sheep, and Wolves at the Hotels in Switzerland, " *Toronto StarWeekly*, March 4, 1922. Ernest Hemingway' s writings for the *Toronto Starare collected in Dateline, Toronto*, ed. William White (New York: Scrib – ner' s, 1985) .

⑳ "you will never get it back, Madame Ritz": Samuel Marx, *Queen of theRitz* (New York: Bobbs – Merrill, 1978), 134; various details on the lives of-Blanche and Claude Auzello are drawn from this recollection written by-Blanche Auzello' s nephew.

㉑ "You are Swiss": Roulet, The Ritz, 107.

㉒ "thousands upon thousands": Times, June 12, 1940, quoted in Diamond, *Fleeing Hitler*, jacket material.

㉓ otto von Hapsburg: Gordon Brook – Shepherd, *Uncrowned Emperor: TheLife and Times of Otto von Hapsburg* (New York: Continuum, 2007) .

㉔ "incredibly macabre": "Remembrance: It Was Incredibly Macabre, " Time, September 4, 1989.

㉕ "I have passed": Louis P. Lochner, "Germans Marched Into a Dead Paris: Muddy Uniforms at the Ritz, " *Life*, July 8, 1940, 22, 74.

㉖ " Paris' famed galaxy ": Lochner, " Germans Marched Into a Dead Paris, " 22.

㉗ German lieutenant colonel Hans Speidel: Jean – Pierre Levert, Thomas-Gomart, and Alexis Merville, *Paris: Carrefour des résistances* (Paris: ParisMusées, 1994), 19.

㉘ "vain manager": Lochner, "Germans Marched Into a Dead Paris, " 74.

㉙ "As if by magic": Ibid.

㉚ other elite hotel establishments: For numerous details on locations and building histories in Paris during the Nazi period, my thanks to Dr. Alan T.

Marty, who shared in manuscript his "Index of Names and Locations in oc-cupied Paris" and his "A Walking Guide to occupied Paris: The Ger – mans and Their Collaborators."

㉛ When Marie – Louise Ritz had expanded the hotel: Watts, The Ritz, 21.

㉜ "Hotel Ritz": Roulet, *The Ritz*, 107; Levert, Gomart, and Merville, *Paris: Carrefour des résistances*, 17.

㉝ The Place Vend?me side: Ibid. , 17.

㉞ "In the entry of the H?tel Ritz": Ibid.

㉟ the Germans would take a 90 percent discount: on what the Germans paidat the H?tel Ritz, see Watts, The Ritz, 119; Levert, Gomart, and Merville, *Paris: Carrefour des résistances*, 17; Marx, Queen of the Ritz, 148.

㊱ Hans Elminger explained: Roulet, *The Ritz*, 110.

㊲ So, too, did the young Anne Dubonnet and her parents: Anne Dubonnet-Shiao, personal interview, April 2013.

㊳ "Champagne flowed, and the German officers": Hal Vaughn, *Sleeping with the Enemy: Coco Chanel's Secret War* (New York: Knopf, 2011), 138.

㊴ "The occupiers": Roulet, *The Ritz,* 114.

㊵ Hans Elminger could report: Ibid. , 110.

㊶ "You didn't hear cannons": Marx, *Queen of the Ritz,* 133.

2. 轰动巴黎的开业庆典

① tome on the disease, called neurasthenia: William C. Carter, *Marcel Proust: A Life* (New Haven: Yale University Press, 2002), 221.

② the other symptoms of his newfangled disease: Ibid.

③ "little flatterer" and "a vulgar little creature": Edmund White, *Proust* (New-York: Viking, 1999), excerpted at www. nytimes. com/books/first/w/white – proust. html; *Letters of Marcel Proust*, trans. Mina Curtiss (New York: Ran – dom House, 1949), 41.

④ "Everyone is talking about the Ritz": Ken James, *Escoffier: The King of Chefs* (London: Hambledon Continuum, 2003), 75.

⑤ "divine Sarah" was Auguste Escoffier's great consuming passion: Ibid. , 75, 144 – 45.

⑥ "I have no choice of opinions": *Letters of Marcel Proust*, 54; letter dated Feb

– ruary 1898.

⑦ "madwoman of the place Vend?me": Scot D. Ryersson and Michael orlan –
do Yaccarino, *in Infinite Variety: The Life and Legend of the Marchesa Casati*
(Minneapolis: University of Minnesota Press, 2004), 22, note that she live-
dat no. 26. However, more reliable evidence indicates that by this date she-
had moved nearby to an address on rue Cambon. My thanks to XavierDe-
mange, coauthor of the New York Metropolitan Museum catalog La*Divine
Comtesse: Photographs of the Countess de Castiglione* (New Haven: YaleUni-
versity Press, 2000), for this archival information.

⑧ in every room a small bronze clock: Craig Clairborne, "The Ritz: FiftyYears
After Proust, It's Still a Civilized Refuge," *New York Times,* Decem – ber
26, 1968, 45.

⑨ "A harsh and ugly light": Quoted in A. E. Hotchner, "As the Ritz Shutters,
Remembering its Mysteries: A Legend as Big as the Ritz," *Vanity Fair, July*
2012, www. vanityfair. com/society/2012/07/paris – ritz – history – france.

⑩ "Some of its side rooms look out": Elizabeth otis Williams, *Sojourning, Shop-
ping, and Studying in Paris: A Handbook Particularly for Women* (Chica –
go: McClurg, 1907).

⑪ "when one goes by the name": Marcel Proust, *The Guermantes Way, Re –
membrance of Things Past (à la recherche du temps perdu,* 1913 – 27), trans.
C. K. Scott Moncrieff, 6 vols., vol. 3 (New York: Henry Holt, 1922),
www. gutenberg. org/ebooks/7178.

⑫ "[H] e who has taken the side of Dreyfus": Ibid.

3. 旺多姆广场上空的激烈空战

① Hélène Chrissoveloni Soutzo: Carter, *Marcel Proust,* 632.

② "The writer had studied her black wrap and ermine muff": Nash Ram – bler,
"Proust's Last Infatuation: Hélène Chrissoveloni, Princesse Soutzo, Madame
Morand," Esoterica Curiosa, http://theesotericcuriosa. blogspot. com/2010/
01/prousts – last – infatuation – helene. html.

③ "the only woman": Ibid.

④ "thirty years' captivity": Carter, *Marcel Proust,* 634.

⑤ dressed only in furs to walk her pet cheetahs: John Richardson, *Life of Pi –*

casso: The Triumphant Years, 1917 – 1932 (New York: Knopf, 2010), 29 – 46, details here and following.

⑥ "I found the Marquise Casati screaming hysterically": Ryersson and Yacca – rino, *Infinite Variety*, 84; 81 – 84.

⑦ Franz Mesmer: Ibid., 33.

⑧ "We watched": Carter, *Marcel Proust*, 643ff.

⑨ "Just as the voice of a ventriloquist": White, Proust, www. nytimes. com/ books/first/w/white – proust. html?

⑩ "If we are to make reality endurable": Marcel Proust, Within a Budding *Grove, in Remembrance of Things Past (À la recherche du temps perdu*, 1913 – 27), trans. C. K. Scott Moncrieff, 6 vols., vol. 2 (New York: Henry Holt, 1922), www. gutenberg. org/ebooks/7178, pt. 1.

4. 丽兹大酒店的美国天使

① It wasn't just that the German Luftwaffe commander enjoyed: David Ir – ving, *Göring: A Biography* (New York: William Morrow, 1989), 296.

② "submerge Göring in a tub of water, give him injections": Hotchner, "A Leg – end as Big as the Ritz," *Vanity Fair*, July 2012, www. vanityfair. com/socie – ty/2012/07/paris – ritz – history – france.

③ Mrs. Corrigan could afford: All figures calculated from "Measuring Worth," www. measuringworth. com/uscompare/relativevalue. php.

④ she and Jimmy Corrigan dismayed: Lucius Beebe, *The Big Spenders: The Ep – icStory of the Rich Rich, the Grandees of America and the Magnificoes, and HowThey Spent Their Fortunes* (Mount Jackson, VA: Axios Press, 2009), 269; Alan Dutka and Dan Ruminski, *Cleveland in the Gilded Age: A Stroll DownMillionaires' Row* (Stroud, UK: History Press, 2012), 89.

⑤ "Laura Corrigan who established a formidable handicap": Elsa Maxwell, *Art of the Hostess, quoted in Ted Schwarz, Cleveland Curiosities: Eliot Nessand His Blundering Raid, a Busker's Promise, the Richest Heiress Who NeverLived and More* (Stroud, UK: History Press, 2010), 118.

⑥ "did land – office business": Marx, *Queen of the Ritz*, 117.

⑦ "generally considered at the time": Beebe, The Big Spenders, 271.

⑧ "was not beautiful, she was not educated or particularly clever": Elsa Max –

well, *Art of the Hostess*, quoted in Schwarz, 120.

⑨ Bienvenue au Soldat: Brian Masters, Great Hostesses (London: Constable, 1982), 232 – 33.

⑩ Dietrich had ended a liaison with Joseph Kennedy there: Sam Staggs, *In – venting Elsa Maxwell: How an Irrepressible Nobody Conquered High Society, Hollywood, the Press, and the World* (New York: St. Martin' s Press, 2012), Kindle location 3544.

⑪ The socialite Clare Boothe Luce: Cari Beauchamp, *Joseph P. Kennedy Pre – sents: His Hollywood Years* (New York: Knopf, 2009), 366; see also Sylvi- aMorris, *Rage for Fame: The Ascent of Clare Boothe Luce* (New York: Ran- domHouse, 1997).

⑫ Florence Jay Gould was insisting: Details from Jenkins, Churchill, 589; an- dRoulet, The Ritz, 106. See also Cyril Eder, *Les Comtesses de la Gestapo* (Paris: Bernard Grasset, 2006).

⑬ Wartime dinner guests: Marty, unpublished manuscript, citing Martin Al – len, *Hidden Agenda: How the Duke of Windsor Betrayed the Allies* (London: Macmillan, 2000), 296; the dinner took place on october 24, 1940.

⑭ "I can' t say I feel sorry for them": Charles Hingham, *Trading with the Ene – my: The Nazi – American Money Plot* 1933 – 1949 (New York: Barnes & NobleBooks, 1995), 313.

⑮ "looked after by a German caretaker and handed back in 1944": David *Pryce – Jones, Paris in the Third Reich: A History of the German Occupation*, 1940 – 1944 (New York: Holt, Rinehart, Winston, 1981), 8. Many of thedetails here and below are drawn in part from Dr. Alan Marty' s unpub – lished man- uscript, "A Walking Guide to occupied Paris"; my thanks tothe author for his generosity in sharing his extensive research and for hissuggestions throughout.

⑯ still sent her seventeen carnations each morning: Michael Bloch, *Ribben – trop: A Biography* (New York: Crown, 1993), 355. FBI files related to thismatter and corroborating suspicions were published in British newspapers- in 2002; see, for example, "Royal Affair: The Duchess and the Nazi, " *Scots – man*, June 29, 2002, www. scotsman. com/ news/ uk/ royal _ affair _ the _ duchess_and_the_nazi_1_610744.

⑰ she had been friendly with the Duke of Windsor: "Prince of Wales Enables

Former Waitress to Laugh at Scoffers," *Boston Globe*, August 2, 1931, B5.

⑱ "With a carload of detectives following": Irving, *Göring*, 302.

⑲ Laura Mae Corrigan's furs: Masters, *Great Hostesses*, 234 – 35.

⑳ "lavish gowns trimmed in ermine and mink": Hotchner, "A Legend as Bigas the Ritz."

㉑ "G?ring talked of little else but the jewels": Hugh Gibson, *The Ciano Diaries 1939 – 1943: The Complete, Unabridged Diaries of Count Galeazzo Ciano, Italian Minister of Foreign Affairs*, 1936 – 1943 (New York: Doubleday, 1946), entry of February 2, 1942, 443.

㉒ Even the German soldiers on sentry: Boxer, *Le Ritz de Paris*, 101.

㉓ sold a gold dressing case to Adolf Hitler: Masters, *Great Hostesses*, 234 – 35.

㉔ Laura Mae Corrigan began funneling: Mary Van Rensselaer Thayer, "Fabulous Era Ended with Laura Corrigan," *Washington Post*, January 27, 1948, B3; "Sells Furs to Aid French: U.S. Woman, Unable to Get Funds, Plansto Leave Vichy," *New York Times*, September 26, 1942, 4.

㉕ "American Angel": "Sells Furs to Aid French," 4.

㉖ "Mrs. Corrigan had the distinction": Masters, *Great Hostesses*, 234 – 35.

㉗ Laura Mae would also spend time as a prisoner: Ibid., 236; Jewish History-Center, Paris, archives 411 AP/5.

㉘ awarded her the King's Medal: "American Relief Worker Leaves Vichy,"*Los Angeles Times*, November 4, 1942, 15.

㉙ "she was not beautiful, she was not educated or particularly clever": Elsa Maxwell, *Art of the Hostess, quoted in Schwarz, Cleveland Curiosities,* 120.

5. 漂向巴黎的美国人

① "When I dream of an afterlife": Hotchner, "A Legend as Big as the Ritz."

② "the best of America drifts to Paris": Quoted in interview by Harry Salpeter, "Fitzgerald, Spenglerian,"*New York World*, April 3, 1927, 12M; F. Scott Fitzgerald, "A Diamond as Big as the Ritz," *Tales of the Jazz Age* (New York: Soho Books, 2011).

③ reported that Hemingway had perished: Jeffrey Meyers, Hemingway: *A Biography* (New York, Da Capo Press, 1999), 541.

④ "was a sore sight for sore eyes": Details from Alex Kershaw, *Blood and*

Champagne: The Life and Times of Robert Capa (New York: Da Capo, 2002) , 119.

⑤ "Papa's got troubles": Ibid. , 118; Capa, Slightly Out of Focus (New York: Random House, 1999) , 128 – 29.

⑥ "ten – gallon glass jug": Capa, Slightly Out of Focus, 129.

⑦ "There, on an operating table": Ibid.

⑧ As a fellow war correspondent: Mary Welsh, How It Was (New York: Bal – lantine, 1977) , 93.

⑨ Allied war correspondents: Capa, Slightly Out of Focus, 20.

⑩ "God bless the machine": Welsh, How It Was, 93 – 94.

⑪ "Nice sweater": Ibid.

⑫ "Introduce me to your friend, Shaw": Bernice Kert, Hemingway's Women (New York: Norton, 1998) , 393.

⑬ "the only thing that ever really frightened me": Details from "Battle of the- Atlantic, January 1942 – May 1945, " World War II Multimedia Database, ht- tp: //worldwar2database. com/html/atlantic43_45. htm/page/0/1.

⑭ "for Christ's sake don't run into me": Caroline Moorehead, Martha Gell- horn: A Life (New York: Vintage, 2004) , 254.

⑮ "oh no, I couldn't do that": Kert, Hemingway's Women, 392.

⑯ "The way it looks": Moorehead, Martha Gellhorn, 253.

⑰ Hemingway was already back to partying: Ibid. , 256.

⑱ Ernest's "mock – heroics" only got her laughing: John Walsh, "Being Er- nest: John Walsh Unravels the Mystery Behind Hemingway's Suicide, " Inde- pendent, August 9, 2012, www. independent. co. uk/news/ people/ profiles/ being – ernest – john – walsh – unravels – the – mystery – behind – heming- ways – suicide – 2294619. html.

⑲ "[i]f he really had a concussion": Kert, Hemingway's Women, 398.

⑳ bouncing into his room afterward: Welsh, How It Was, 98.

㉑ "I don't know you": Ibid. , 94.

㉒ "This war may keep us apart for a while": Ibid.

㉓ Sylvia Beach, the American owner: Noel Riley Fitch, Sylvia Beach and the Lost Generation: A History of Literary Paris in the 1930s (New York: Norton, 1985) , 384.

㉔ Scott Fitzgerald tried his charms: Hotchner, "A Legend as Big as the Ritz, " 141.

㉕ "Afterwards, I always referred": Quoted in Hotchner, "The Ritz, Then and Now. "

㉖ "the most critical person I ever knew": Watts, *The Ritz*, 128.

㉗ that the ladies could drink in the hotel bars: Marx, *Queen of the Ritz*, 94 – 95.

㉘ Charley Ritz and Claude Auzello were left to bicker: Ibid. , 197, 89.

㉙ he promised, he' d even make her a character: Ibid. , 97; my thanks also to Blanche Auzello' s descendants, Kenneth S. Marx, of Jacksonville, Florida, and Richard Marx, of Los Angeles, for personal communications.

㉚ Ernest Hemingway saw the D – Day invasion: Ernest Hemingway, "Voyage to Victory: Collier' s Correspondent Rides in the War Ferry to France, " *Collier's Weekly*, July 22, 1944, 11 – 13, www. unz. org/Pub/Colliers – 1944jul22 – 00011?View = PDF.

㉛ "sounded as though they were throwing": Stephen E. Ambrose, *D – Day, June 6, 1944: The Climactic Battle of World War II* (New York: Simon &Schuster, 1994) , 9.

㉜ "If your pictures aren' t good enough": Quoted in Maryann Bird, "RobertCapa: In Focus, " *Time, June* 30, 2002, www. time. com/time/magazine/article/0, 9171, 267730, 00. html.

㉝ "The war correspondent has his stake": Capa, *Slightly Out of Focus*, 137.

㉞ "It didn' t matter whether you won or lost": Ibid. , 122.

㉟ "I was thinking a little bit of everything": Ibid. , 139.

㊱ "Fight to get your troops ashore": Ibid. , 123.

㊲ "the flat bottom of our boat hit": Ibid.

㊳ his rolls of films protected from the damp: Ibid. , 120.

㊴ He took 106 photographs of the combat: Ibid. , 140, 125.

㊵ "This is my last chance to return to the beach": Ibid. , 149.

㊶ back on the beaches by the next morning: Ibid. , 128, 132.

㊷ "9. 46 or so": Moorehead, Martha Gellhorn, 257; also Martha Gellhorn, *Travels with Myself and Another: A Memoir* (New York: Tarcher, 2001) .

㊸ "Pulling out of the harbor that night": Martha Gellhorn, "The Wounded

Come Home: Under the Sign of the Red Cross, the White Ship Returns to London with its Precious Freight," *Collier's Weekly*, August 5, 1944, 14 – 15, www. unz. org/Pub/Colliers – 1944aug05 – 00014.

㊹ "Badly spooked": Moorehead, *Martha Gellhorn*, 258.

6. 法国女演员和她的纳粹情人

① "It's tough, collaboration is": Vaughn, *Sleeping with the Enemy*, 157.

② Jean – Paul Sartre was in Paris: Alan Riding, *And the Show Went On: Cultural Life in Nazi – Occupied Paris* (New York, Knopf, 2010), 336.

③ "an enormous success": Arletty, *La Défense* (1971; reprint, Paris: La Ramsay, 2007), 337.

④ The lovers enjoyed long lunches: Ibid., 134.

⑤ They were often seen around the capital: Ibid., 91.

⑥ nothing more than a "Gauloise": Demonpion, *Arletty*, 196.

⑦ courageous resistant Drue Tartière: Drue Tartière, *The House Near Paris: An American Woman's Story of Traffic in Patriots* (New York: Simon & Schuster, 1946), 255.

⑧ "food is power": Antony Beevor, "An Ugly Carnival: How Thousandsof French Women Were Treated after D – Day," *Guardian*, June 4, 2009, www . guardian. co. uk/lifeandstyle/2009/jun/05/women – victims – d – day – landings – second – world – war.

⑨ "who loved to take hostages and kill them": Tartière, *The House Near Paris*

⑩ this is otto von Stülpnagel, not his cousin Carl – Heinrich, who laterheld the same post. The name of the Dutch provocateur is not detailed inher memoir.

⑪ Josée de Chambrun, the aristocratic daughter: Ibid., 235.

⑫ Her movie – star salary that spring: Jean – Pierre Rioux, "Survivre," in *Résis – tants et collaborateurs*, ed. François Bédarida (Paris: Seuil, 1985), 84 – 100, 90.

⑬ steady air raid alerts in the city: Demonpion, *Arletty*, 260.

⑭ Noël Coward: Dick Richards, *The Wit of Noël Coward* (London: Sphere-Books, 1970), 105.

⑮ "Paris decrees, France follow": Demonpion, *Arletty*, 264.

⑯ *"a gangster": Andrew Roberts, review of Antony Beevor*, D – Day: The Battle for Normandy, Telegraph, *May* 24, 2009, *www. telegraph. co. uk/culture/ books/bookreviews/*5360866*/D – Day – The – Battle – for – Normandy – by – Antony – Beevor – review. html.*

⑰ *the organized resistance would swell: As Robert Paxton has noted, "the résistance even at its peak . . . was never more than a slim* 2% *of the adult French population" (approximately* 400, 000 *people). Robert Paxton,* Vichy France: Old Guard and New Order, 1940 – 1944, *rev. ed. (New York: Co- lumbia University Press,* 2001)*,* 294. *He continues: "there were, no doubt, wider complicities, but even if one adds those willing to read underground newspapers, only some two million persons, or around* 10% *of the adult popu- lation. "*

⑱ *"[t]he first German official I met":* Demonpion, Arletty, 262. *Sacha Guitry,* Quatre ans d' occupation *(Paris: éditions L' Elan,* 1947)*; Gerhard Heller,* UnAllemand à Paris, 1940 – 1944 *(Paris: éditions de Seuil,* 1981)*.*

⑲ *offered to arrange for her to go to Switzerland: Jér?me Dupuis, "Le beaunazi d' Arletty, " L' Express, october* 2, 2008, *www. lexpress. fr/culture/livre/le – beau – nazi – d – arletty_*823070. *html.*

⑳ *"With camp sleeping pills":* Sherwood, Georges Mandel and the Third Repub – lic, 286.

㉑ *The orders had come from Ministry of Justice offices: Details here and through- out this chapter drawn especially from Bertrand Favreau,* Georges Mandel, ou, La passion de la République 1885 – 1944 *(Paris: édition Fayard,* 1996)*.*

㉒ *the British prime minister could be heard:* Sherwood, Georges Mandel and the Third Republic, 261.

㉓ *"We regret that the Jew Mandel":* Ibid. , 290.

㉔ *"You are to go immediately to the German embassy": The historical record on this chain of information is contested; other versions report that Laval heard from Fernand de Brinon on July* 8 *and then summoned Joseph Darnand, who denied knowledge and referred him to Max Knipping. For Pierre Laval' s per- spective on the death of Mandel and his wartime activ ities in general, often mediated through his daughter, see Yves Pourcher,* Pierre Laval vu par sa fille *(Paris: Cherche Midi,* 2002)*; and Pierre Laval,* The Diary of Pierre Laval

(*New York: Scribner's,* 1948).

㉕　*"the trustee in bankruptcy": J. Kenneth Brody,* The Trial of Pierre Laval: Defining Treason, Collaboration and Patriotism in World War II France (*Piscataway, NJ: Transaction,* 2010), 74.

㉖　*decrying his "policy of ' neutrality' " and demanding fuller French support:* The Diary of Pierre Laval, with a Preface by Josée Laval, Countess R. de Chambrun (*New York: Scribner's,* 1948), 222.

㉗　*"capable of interceding effectively": Sherwood,* Georges Mandel and the ThirdRepublic, 294.

㉘　*"Me, leave?": Arletty,* La Défense, 264.

㉙　*"She was already uneasy": Ibid.,* 265.

㉚　*"My heart is French, but my ass is international": Modris Eksteins, "When Marianne Met Fritz,"* Wall Street Journal, *December* 11, 2010, *http: //online. wsj. com/article/SB10001424052748703377504575650590689790202. html.*

㉛　*"What do you think is going to happen?": Demonpion,* Arletty, 265.

7. 酒吧犹太侍者与抗德秘密组织

①　Both general Carl – Heinrich von Stülpnagel: There were two generals vonStülpnagel in residence at the Ritz during the war: otto von Stülpnagel andlater his replacement and cousin Carl von Stülpnagel, who took over as thehead military administrator of Paris— the MBF, or Militärbefehlshaber inFrankreich.

②　She was also working with the resistance: Marx, *Queen of the Ritz,* 150 – 52, 180 – 84, 158 – 63, and passim.

③　He had lived at the H?tel Ritz full – time for several years: Watts, *The Ritz,* 118; *Roulet, The Ritz,* 103, 108.

④　the "Desert Fox," Field Marshal Erwin Rommel: Details on the conspirators and operation Valkyrie drawn from several sources, here and throughout, including James P. Duffy and Vincent Ricci, *Target Hitler: The Plots to Kill Hitler* (New York: Praeger, 1992); Hans Speidel, *Invasion* 1944 (New York: Paperback Library, 1972); Hans Bernd Gisevius, *Valkyrie: An Insider's Account of the Plot to Kill Hitler* (New York: Da Capo Press, 2008);

and B. H. Liddell – Hart, *The Rommel Papers* (New York: Da Capo, 1982).

⑤ Mademoiselle Blanche Rubenstein: Marx, *Queen of the Ritz*, 137; Watts, *The Ritz*, 95.

⑥ "one of my salesgirls told me": Marx, *Queen of the Ritz*, 142.

⑦ René de Chambrun: on the history of Coco Chanel's relations with herJewish business partners, see Bruno Abescat and Yves Stavridès, "Derrièrel'Empire Chanel ... la Fabuleuse Histoire des Wertheimer," L' Express, April 7, 2005, 16 – 30; July 11, 2005, 84 – 88; July 18, 2005, 82 – 86; July 25, 2005, 76 – 80; August 1, 2005, 74 – 78; August 8, 80 – 84, part 1, 29. I summarize this history in more detail in Tilar J. Mazzeo, *The Secret of Chanel No. 5: The Intimate Story of the World's Most Famous Perfume* (New York: Harper Collins, 2012).

⑧ He was still helping forge passports: Foreign office Archives, Berlin, file Paris 2463 (42), "Ritz – Hotel, deutschfeindliches Verhalten des leitenden Personals, 1943"; see also Marx, *Queen of the Ritz*, 136 – 37.

⑨ Greep was also part of the resistance: Marx, *Queen of the Ritz*, 150 – 52.

⑩ She liked the ill – timed show of defiance: There are a number of questions surrounding the issue of Blanche Auzello's arrests during the occupation, and some sources suggest that her arrest at Maxim's bistro occurred during the summer of 1943. Most likely, however, she was arrested on more than two occasions, and these multiple arrests account for the confusion in various reports.

⑪ Some said a tipsy Blanche repeatedly demanded: According to the files in the Foreign office in Berlin (Paris 2463 [42]), in the summer of 1943 the Germans investigated reports that the kitchen lights at the H?tel Ritz had not been extinguished during an air raid alert. It seems clear that Blanche Auzello and other members of the hotel staff were interrogated as a result of this security breach. As Allan Mitchell writes, "In spite of regulations for a complete blackout of Paris by night, light was emanating from the H?tel Ritz onto the Place Vendôme, illuminating the Ministry of Justice on the opposite side of the square. Investigation revealed that the director of the Ritz was married to a Jew, who was arrested one evening at Maxim's for repeatedly demanding that the orchestra play ' God Save the King. ' " Allan Mitchell, Nazi Paris:

The History of an Occupation 1940 – 1941 (New York: Berghahn Books, 2008), 131. However, Blanche Auzello's nephew, Samuel Marx, who met with his aunt after the war, reports that her arrest at Maxim's occurred immediately following the D – Day landings at Normandy, and this does make sense of certain other anecdotal evidence. Thus, it is most likely that two separate events are being conflated. Blanche was also arrested and interrogated on at least one other occasion, as well, after a visit to the apartment of Lily Kharmayeff early in the war. As noted above, some of the confusion stems from the fact that Blanche was arrested during the occupation on at least two occasions. According to files in Berlin, she was arrested for asking for a rendition of "God Save the King" sometime before April 14, 1943, and interned on that occasion for three months (File NR 786/439, "Enemy Espionage in the Hotel Ritz"). The air raid in question took place on or around April 10, 1943.

⑫ Her nephew later remembered: Marx, *Queen of the Ritz*, 183; Watts, The Ritz, 95.

⑬ Perhaps she and Blanche first met on the set: Blanche starred in two early films with Van Daële and directed by Protazanov during her early years in Paris, and she also knew both Jean Cocteau and the aristocratic Vincent de Noailles (in film financing) from the early 1920s; Marx, *Queen of the Ritz*, 26 – 30.

⑭ hid Lily and a wounded communist fighter named Vincenzo: Ibid. , 175.

⑮ It was Marie – Louise Ritz: Ibid. , 170.

⑯ "every damned thing": Watts, *The Ritz*, 81.

⑰ if she cracked now: Marx, *Queen of the Ritz*, 185; Foreign office Archives, Berlin, Paris 2463 (42).

⑱ Both Frank and the hotel's doorman: Foreign office Archives, Berlin, Paris 2463 (42).

⑲ "potato": Marx, *Queen of the Ritz*, 149.

⑳ When his counterpart at the Georges V refused: Ibid. , 140 – 49.

㉑ And the Austrian – born Frank had been their secret mailbox: Foreign office Archives, Berlin, Paris 2463 (42).

㉒ Hauptmann Wiegand, had his quarters: National Archives, London, HS7/

139, "Agents and Suspects, Paris. "

㉓ the buxom German socialite named Inga Haag: Jonathan Fryer, "Inga Haag obituary: German Socialite and Spy Who Conspired to overthrow Hit – ler, " *Guardian*, January 13, 2010, www. guardian. co. uk/theguardian/2010/jan/13/inga – haag – obituary.

㉔ came to swill Frank' s signature cocktails: Ibid.

㉕ Pierre André was able to make a dramatic escape: Roulet, *The Ritz*, 118.

㉖ Frank had passed messages for Inga and her friends: Ibid. ; Foreign officeArchives, Berlin, Paris 2463 (42) .

㉗ No one knew precisely what: on the vexed question of Coco Chanel' swartime activities and different perspectives on her relationship withWalter Schellenberg, see Picardie, *Coco Chanel; Vaughn, Sleeping with theEnemy; Walter Schellenberg, The Labyrinth*, trans. Louis Hagen (NewYork: Da? Capo, 2000) .

㉘ "if the pig were dead": Guido Knopp, *Die Wehrmacht: Eine Bilanz* (München: C. Bertelsmann Verlag, 2007) , 251.

㉙ "Stauffenberg just called": Duffy and Ricci, *Target Hitler*, 191.

㉚ tell Hitler and Himmler that it was a joint exercise: Ibid. , 197.

8. 美国妻子与瑞士经理

① The young lieutenant colonel' s Martin Marauder: Henry C. Woodrum, *Walk-out* (n. p. : iUniverse, 2010) , 19ff.

② "tourists were German soldiers": Ibid. , 249.

③ "taking their cue from Gring": Irving, *Göring*, 430.

④ What annoyed Hans Elminger: Marx, *Queen of the Ritz*, 193.

⑤ "one more move in this direction, Gring": Irving, *Göring*, 244.

⑥ "let' s hope it' s all over quickly": Ibid. , 450.

⑦ "unofficial ' king' of the Paris art world": "oSS (USS [sic] office of Strategic Ser vices) Art Looting Intelligence Unit (ALIU) Reports, 1945 – 1946, and ALIU Red Flag Names List and Index, " www. lootedart. com/MVI3RM469661_print; Y.

⑧ "Anyone who sees and paints": Attributed to Dorothy Thompson, January 3, 1944.

⑨ "the staff having effected": "Post – War Reports: Activity of the *Einsatzstab Reichsleiter Rosenberg* in France: C. I. R. No. 1 15 August 1945, " Commission for Looted Art in Europe, www. lootedart. com/MN51H4593121.

⑩ Süss, suggesting the possibility of German – Jewish heritage: Reinhard Heydrich, arguably the most vicious and determinedly anti – Semitic of all the elite Nazi leadership, had a family history connected with the name of Süss, and he was widely rumored to have a secret Jewish ancestry, in large part on this basis of this family name. See Robert Gerwarth, *Hitler's Hangman: The Life of Heydrich* (New Haven: Yale University Press, 2011), 61ff.

⑪ a Swiss citizen, from the city of Brunnen, and worked at the Ritz: Foreign office Archives, Berlin, Paris 2463 [42].

⑫ "Suess. Paris, Hotel Ritz": "OSS Red Flag Names List and Index. "

⑬ operating under the cover name "Colonel Renard": Marty, unpublished manuscript, citing Cyril Eder, *Les Comtesses de la Gestapo* (Paris: Bernard Grasset, 2006), 54.

⑭ "fanatic enemy of Germany": Foreign office Archives, Berlin, Paris 2463 [42].

⑮ "urgently suspected": Ibid.

⑯ "wedged between false ceilings and corridors": Roulet, *The Ritz*, 151.

⑰ "as far as we could observe": Foreign office Archives, Berlin, Paris 2463 [42].

⑱ "one of the most influential": Ibid.

⑲ Hans von Pfyffer and Marie – Louise Ritz shared: Marx, *Queen of the Ritz*, 48.

⑳ "[I]n the interest of the reputation": Foreign office Archives, Berlin, Paris 2463 [42].

㉑ Those on the watch in Paris deeply suspected: Mitchell, *Nazi Paris*, 131.

㉒ "When women went to the Gestapo headquarters": Steegmuller, *Cocteau*, 444 –45.

㉓ Those lucky enough to survive: Woodrum, *Walkout*, 156.

㉔ "I am afraid": "France opens doors of Gestapo's Paris headquarters to publicfor first time, " *Taipei Times*, September 19, 2005, www. taipeitimes. com/

News/world/archives/2005/09/19/2003272328/2; see also the film http://www. britishpathe. com/video/gestapo – torture – chamber.

㉕　"I was sure I'd never get out of there alive": Marx, *Queen of the Ritz,* 187.

㉖　"Let the damned French take care of her": Ibid. , 189.

㉗　*"Le Boche est fini!"*: Ibid. , 194.

㉘　"I had a hate for Germans": Ibid. , 187.

9. 德国将军与巴黎命运

①　"Ever since our enemies": "World War II: The Liberation of Paris, " *World War II,* June 12, 2006, www. historynct. com/world – war – ii – the – liberation – of – paris. htm.

②　"destructive measure": Mitchell, *Nazi Paris,* 149.

③　Ambassador otto Abetz sent: "Dietrich von Choltitz, " www. choltitz. de. The German – language site is not neutral and is intended as a defense of the general during the occupation of Paris and managed by his son; however, it provides copies and transcripts of historical materials related to these questions. The extent to which General von Choltitz can be credited with saving Paris from destruction is a subject of historical controversy, and perspectives on it differ significantly in France and in Germany. Von Choltitz and his family claimed after the war that the general defied Adolf Hitler in an act of heroism and ethical rebellion. However, many of those who lived in occupied France during those final weeks in August saw the general as a vicious Nazi, who ordered mass executions, attempted to starve the population of Paris, and disobeyed Hitler only as a calculated effort at self – protection when it became clear that success was impossible. This position is supported, generally, by the archival records and by the firsthand testimony of both Raoul Nordling and Pierre Taittinger; see, for example, Pierre Taittinger, Et Paris *Ne Fut Pas Détruit* (Paris: Temoignages Contemporains élan, 1948) .

④　"not more than 24 – 48 hours left": "Dietrich von Choltitz, " www. choltitz. de.

⑤　Dietrich von Choltitz moved out: Watts, *The Ritz,* 148; Roulet, The Ritz, 121.

⑥　"If von Choltitz was to deliver the city": omar Bradley, *A Soldier's Story*

(New York: Random House, 1999), 392; Bradley to oCMH, January 7, 1955, OCMH Files.

⑦ "stumbled reluctantly": Bradley, *A Soldier's Story*, 392.

⑧ de Gaulle had already made it clear to Philippe Leclerc: General de Gaulleto M. Luizet, 2230, August 23, 1944; see Adrian Dansette, *Histoire de laliberation de Paris* (1946; reprint, Paris: Perrin, 1994), 329 – 30.

⑨ "To hell with prestige": Bradley, *A Soldier's Story*, 392.

10. 记者团风风火火赶赴巴黎

① "I had a funny choke in my throat": Stephen Ambrose, "Citizen Soldiers: The U. S. Army From the Normandy Beaches to the Bulge to the Surren – der of Germany," CNN, August 5, 1998, www. cnn. com/books/beginnings/9808/ citizen. soldier.

② "The road to Paris was calling": Kershaw, *Blood and Champagne*, 178.

③ "the best, the nearest in every way": Moorehead, *Martha Gellhorn*, 170.

④ Martha struggling with depression that spring: Ibid. , 254.

⑤ "I was a young freelance photographer": Capa, *Slightly Out of Focus*, 128 – 29.

⑥ "was having a good war for a photographer": Ibid. , 176 – 77; Beevor, "An Ugly Carnival, " 140.

⑦ He had a certain lieutenant "Stevie" Stevenson: Capa, *Slightly Out of Focus*, 177.

⑧ His right – hand man: Michael Taylor, "Liberating France Hemingway's Way: Following Author's 1944 Reclaiming of the Ritz Hotel, " *San Francis co Chronicle*, August 22, 2004, www. sfgate. com/travel/article/Liberating – France – Hemingway – s – way – Following – 2731590. php # ixzz24qFzKEty.

⑨ "every weapon imaginable": Kershaw, *Blood and Champagne*, 139.

⑩ "Hungarian strategy": Ibid.

⑪ "standing by during his crisis": Capa, *Slightly Out of Focus*, 178.

⑫ "relations were somewhat strained": Ibid.

⑬ Charles Wertenbaker as part: Kershaw, *Blood and Champagne*, 141.

⑭ "My own war aim at this moment": Taylor, "Liberating France Heming – way's Way. "

⑮ "more than 300 members of the press corps": Kershaw, *Blood and Cham pagne*, 139.

⑯ "we have had very strange life": Hemingway letters, August 27, 1944, Er – nest Hemingway to "Small Friend, " manuscript, John F. Kennedy Presi – dential Library, Boston.

⑰ Hemingway and his men: See William E. Cote, "Correspondent or Warrior? Hemingway' s Murky World War II ' Combat' Experience, " *Hemingway Review* 22, no. 1 (Fall 2002) .

⑱ Lieutenant Colonel S. L. A. Marshall and Lieutenant John Westover: See*OSS Against the Reich: The World War Two Diaries of Colonel David K. E. Bruce,* ed. Nelson Douglas Lankford (Kent, oH: Kent State University-Press, 1991) .

⑲ "Hey, Jean – Marie": Taylor, "Liberating France Hemingway' s Way. "

⑳ As Jean – Marie told a *San Francisco Chronicle reporter:* Ibid.

㉑ "spitting short sentences": *Capa, Slightly Out of Focus,* 179.

㉒ "went out to harass the remaining Germans": Ibid. , 172.

㉓ "From beneath the Big Dipper": Kershaw, *Blood and Champagne,* 144.

㉔ "So, we' re in this camp": "The Liberation of Paris, August 1944: A Pho- tographer' s Story, " Life, http: //*life.* time. com/history/paris – liberated – rare – unpublished/#ixzz20hVX4nNz.

㉕ "I had bicycled through this area": Stephen E. Ambrose, *Citizen Soldiers: The U. S. Army from the Normandy Beaches, to the Bulge, to the Surrender of Germany* (New York: Simon & Schuster, 2002) .

㉖ "to get into Paris before U. S. troops headed in": "The Liberation of Paris, August 1944: A Photographer' s Story, " *Life.*

㉗ "Marshall, for God' s sake, have you got a drink?": Taylor, "Liberating- France Hemingway' s Way. "

㉘ "The old boy": Capa, *Slightly Out of Focus,* 187.

㉙ In his memoirs, Capa described: Kershaw, *Blood and Champagne,* 144.

㉚ "The road to Paris was open": Capa, Slightly Out of Focus, 187.

㉛ "the thousands of faces": Ibid.

㉜ "Bob Capa and I rode into Paris": Kershaw, *Blood and Champagne,* 144.

㉝ "Around the Chamber of Deputies": Robert Capa: *The Definitive Collection,* ed. Richard Whelan (London, Phaidon Press, 2004) .

㉞ "wanted to spend my first night": Capa, *Slightly Out of Focus,* 188.

㉟ "ran patrols and furnished gen": Hemingway letters, August 27, 1944, Er –
   nest Hemingway to "Small Friend, " manuscript, John F. Kennedy Presiden-
   tial Library, Boston.

㊱ "It' s a wonder he ever got to the Ritz": Taylor, "Liberating France Heming-
   way' s Way. "

㊲ Just east of the Place de étoile: John Follain, "Hemingway Staged own' Lib-
   eration' by Invading Ritz Bar, " *Deseret News,* August 25, 1944, www. de-
   seretnews. com/article/371853/HEMINGWAY – STAGED – OWN – LIBER-
   ATIoN – BY – INVADING – RITz – BAR. html?pg = all.

㊳ "otherwise everyone would think": Ibid.

11. 欧内斯特 海明威与丽兹大酒店的解放

① "Charley [Ritz] went with me": on Hemingway' s unpublished story, setat the
   Ritz, see Susan F. Beegel, " ' A Room on the Garden Side' : Heming – way'
   s Unpublished Liberation of Paris, " *Studies in Short Fiction* 31, no. 4 (Fall
   1994) : 627 – 37; Files 356a, Hemingway papers, quoted in Jacqueline Tav-
   ernier – Courbin, *Ernest Hemingway' s A Moveable Feast: The Making of
   Myth* (Boston: Northeastern University Press, 1991) , 11.

② "of course, Mr. Hemingway": Follain, "Hemingway Staged own ' Libera-
   tion.' "

③ "I' m the one who is going to occupy the Ritz": Ibid.

④ "He entered like a king": Ibid.

⑤ "I had known him when he was seventeen": Taylor, "Liberating FranceHem-
   ingway' s Way. "

⑥ Claude always said that the real liberation: Roulet, *The Ritz,* 147.

⑦ "Well, go get it!": Watts, *The Ritz,* 158.

⑧ ordered a round of seventy – three martinis: Ibid. , 148.

⑨ " It was incredible, incredible ": Taylor, " Liberating France
   Hemingway's Way. "

⑩ Alan Moorehead and Ted Gilling: Watts, *The Ritz,* 148.

⑪ Most of the German soldiers who were left: Demonpion, *Arletty,* 269.

⑫ "Why should we hide the emotion": "Charles de Gaulle's speech at the City Hall of Paris: August 25, 1944," www. everything2. com/title/Charles + de + Gaulle%2527s + speech + at + the + City + Hall + of + Paris%253A + August + 25%252C + 1944, http://news. bbc. co. uk/onthisday/hi/dates/stories/august/ 25/newsid_3520000/3520894. stm.

⑬ a post – liberation predicament: Steegmuller, *Cocteau*, 444.

⑭ "It's a fine summer night": A. E. Hotchner, "The Ritz, Then and Now," *New York Times*, January 31, 1982, www. nytimes. com/1982/01/31/travel/ the – ritz – then – and – now. html.

⑮ "Sartre joined the resistance": Riding, *And the Show Went On*, 309.

⑯ tricolor and the Stars and Stripes: Kershaw, *Blood and Champagne*, 145.

⑰ The rue Cambon bar was the chosen watering hole: Roulet, *The Ritz*, 124.

⑱ "Marshall and I went down": Taylor, "Liberating France Hemingway'sWay."

⑲ "None of us will ever write a line": Ibid.

⑳ "Millions to defend France": Watts, *The Ritz*, 119 – 20.

㉑ "Hemingway's army": Here and following from Capa, *Slightly Out of Focus*, 188.

㉒ Among them were Bob Capa's friend Charlie Wertenbaker: Taylor, "Liber – ating France Hemingway's Way."

㉓ "So many people in the streets, holding hands": Ibid.

㉔ "I knew I should have walked to Notre Dame": Welsh, *How It Was*, 107.

㉕ "Look," Simone put it: Follain, "Hemingway Staged own ' Liberation. ' "

12. 不让须眉的战地女记者

① "I've noticed that bombs": Vaughn, *Sleeping with the Enemy*, 100.

② "Have been to all the old places": Letter, August 27, 1944, Ernest Hemingway to "Small Friend," manuscript, John F. Kennedy Presidential Library, Boston.

③ The French Forces had their pick of a correspondent: Helen Kirkpatrick Milbank, obituary, *Independent*, January 8, 1998, www. independent. co. uk/ news/obituaries/obituary – helen – kirkpatrick – milbank - 1137424. html.

④ "was a loose cannon": Taylor, "Liberating France Hemingway' s Way."

⑤ "Daughter, sit still and drink this good brandy": Nancy Caldwell Sorel, The

Women Who Wrote the War (New York: Harper Collins, 2000) , 259.

⑥ "It' s Hemingway! It' s Hemingway": Taylor, "Liberating France Heming –
way's Way. "

⑦ one of the women there with them at Vittel: Records of Vittel internees from
the archives of Mémorial de la Shoah Musée, Centre de Documentation Juive
Contemporaine, especially 411 AP/5; other figures who appear in this book
in passing who were also interned at Vittel include Laura Mae Corrigan and
Drue Tartière. See also Charles Glass, *Americans in Paris: Life & Death Un-
der Nazi Occupation* (New York: Penguin, 2010) , 253ff. Efforts to cross –
reference Sylvia Beach' s allusion to another woman named Sylvia, who lived
at the Ritz, was nicknamed the "giraffe, " and was married to a French mili-
tary officer with Vittel records, have been unsuccessful.

⑧ Picasso, of course: James Button, "Shooting Picasso, " *Age*, February 18,
2006, www. theage. com. au/news/arts/shooting – picasso/2006/02 /17/
1140151813201. html.

⑨ "the only reporter, and only photographer": Burke, *Lee Miller*, 223 – 24.

⑩ America' s first use of napalm bombs: My thanks to Alan Marty and Xavier-
Demange for information on this point.

⑪ "I won' t be the first woman journalist in Paris": Burke, *Lee Miller*, 228.

⑫ after stopping at the Palais Royal to visit Jean Cocteau: Ibid. , 230.

⑬ "This is the first allied soldier I've seen, and it's you! ": Ibid. , 231.

⑭ celebrated the liberation of the city: Ibid.

⑮ "Dora, for me": Picasso to André Malraux, in André Malraux, Picasso's
Mask (New York: Holt, Rinehart & Winston, 1976) , 138.

⑯ *Vogue* quickly gave its correspondent: Burke, *Lee Miller*, 232.

⑰ "almost all located between": Dominique Veillon, *Fashion Under the Occupation*,
trans. Miriam Kochan (New York: Berg, 2002) , viii. other in formation on near-
by businesses during the occupation drawn from *Annuaire almanac du commerce*
(Paris: Didot Bottin, 1942) ; *and Bulletin de la Chambre de Commerce de Paris*,
Année 1941 (Paris: H?tel de la Chambre de Commerce, 1941) . Information on
locations in Paris and street views from archival materials in La Bibliothèque his-
torique de la ville de Paris, mainly the file series labeled NA IV, NA Album 4,
Photo Divers, VII, 119, NA Divers XIV, NA Divers XXXI, 10, NA Divers XIV,

NA Divers VI, and NA Album 40.

⑱ "I walked around": Welsh, *How It Was*, 109 – 10.

⑲ "with complications": Ibid. , 110.

⑳ "lane of enchantment": Ibid.

㉑ "moving mass of people": Ibid. , 111.

㉒ "It seemed to come from behind": Sorel, *The Women Who Wrote the War*, 259.

㉓ "a clearly planned attempt": Helen Kirkpatrick, *Chicago Daily News*, August 27, 1944.

㉔ "A beautiful, lone woman": Capa, *Slightly Out of Focus*, 145.

㉕ Her mind on other things, Mary: Welsh, *How It Was*, 112.

㉖ "Have a little of this nourishing champagne": Ibid.

13. 巴黎开出的最后一批列车

① young French lieutenant named Alexandre Rosenberg: Lynn H. Nicholas, *The Rape of Europa: The Fate of Europe's Treasures in the Third Reich and the Second World War* (New York: Vintage, 1995) , 292.

② "I am writing this in a train": Steegmuller, *Cocteau*, 447.

③ It is impossible that they did not also know: Materials in the Rosenberg Family Archives at the Museum of Modern Art, New York, compellingly document the extent of the family's connections in the modern art world; see www. moma. org/interactives/exhibitions/2010/paulrosenberg.

④ with the now pro – fascist writer Paul Morand: Steegmuller, *Cocteau*, 443.

⑤ Paul Rosenberg's gallery collections: Rosenberg Family Archives, Museum of Modern Art, indicate holdings by all these artists in the records; see www. moma. org/learn/resources/archives/EAD/PaulRosenbergf.

⑥ The exhibition catalog: *Exposition Arno Breker: á l'Orangerie: 15 Mai – 31 Juillet* (Paris: n. p. , 1942) .

⑦ modern works of art found their way: on the Swiss art market, see Paul Rosenberg, "French Artists and the War, " *Art in Australia* 4, no. 4 (December – February 1941 – 42) ; and Jonathan Petropoulos, "Co – opting Nazi Germany: Neutrality in Europe During World War II, " *Dimensions: A Journal of Holocaust Studies* 11, no. 1 (1997) , http://archive. adl. org/Braun/

dim_14_1_neutrality_europe. asp.

14. 战争期间的可可·香奈儿

① "The food was done": Capa, *Slightly Out of Focus,* 189.

② "most unforgettable day plus seven was the bluest": Ibid.

③ "The city had gone crazy with rejoicing": Welsh, *How It Was,* 109.

④ "American officers having lunch with whores": Beevor, "An Ugly Carnival. "

⑤ Venereal diseases, the pamphlet warned: Beevor, *Paris,* 123.

⑥ Even the prostitutes recalled: Matthew Moore, "French Brothels ' Flour ished During the Nazi occupation,' " *Telegraph,* Mary 1, 2009, www. tele graph. co. uk/news/worldnews/europe/france/5256504/French – brothels – flour- ished – during – the – Nazi – occupation. html.

⑦ "The great joy that one should feel": Frederic Spotts, *The Shameful Peace: How French Artists and Intellectuals Survived the Nazi Occupation* (New Ha- ven: Yale University Press, 2009), 230.

⑧ photographs of Marlene Dietrich: Burke, *Lee Miller,* 235. The sources are conflicting on these dates: Lee Miller left Paris in mid – September and Mar- lene Dietrich arrived at nearly the same time, so the dates of the crossover must have been short; ibid. , 228.

⑨ "The wife of Steve Passeur": Veillon, *Fashion Under the Occupation,* 118.

⑩ "daughter of Pierre Laval, Josée de Chambrun": Ibid. , 118. The identifica- tion as George Dubonnet is likely an error. There were two branches of the Dubonnet family in Paris and at the hotel during the occupation. one family— Ruth and André Dubonnet— were fascist sympathizers who spent the occupa- tion in the capital. The other was the family of Paul and Jean Dubonnet, who are listed, with small daughter (Anne) and their Scottish nanny, Catherine Cameron (b. 1895), briefly on the H?tel Ritz registers early in the war dur- ing 1941. My thanks to Anne Dubonnet Shiao for her extensive interview and to Alan Marty for some of the additional information related to this subject.

⑪ Coco Chanel had closed her atelier in 1940: Picardie, *Coco Chanel,* 246.

⑫ Coco Chanel had spent much of the war: Bruno Abescat and Yves Stavridès, "Derrière l' Empire Chanel ... la Fabuleuse Histoire des Wertheimer," *L' Express,* April 7, 2005, 16 – 30; July 11, 2005, 84 – 88; July 18, 2005, 82 – 86;

July 25, 2005, 76 – 80; August 1, 2005, 74 – 78; August 8, 2005, 80 – 84, part1, 29.

⑬ "watched an open lorry drive past": Beevor, "An Ugly Carnival."

⑭ German men, some estimates suggest, fathered: Ibid.

⑮ "It is cruel and unnecessary": Kershaw, *Blood and Champagne*, 142.

⑯ Armed men had hauled him off: Demonpion, Arletty, 266.

⑰ "five horrifying days": Paul Webster, "The Vichy Policy on Jewish Deporta tion," February 17, 2011, BBC History, www. bbc. co. uk/history/world-wars/genocide/jewish_ deportation01. shtml; Adrian Gilbert, "Vél d' Hiv, Paris 1942: ' These Black Hours Will Stain our History Forever,' " *Guardi-an*, July22, 2011, www. guardian. co. uk/sarahs – key/vel – dhiv – paris – 1942 – world – war – two – adrian – gilbert.

⑱ "The truth," historians remind us: Jon Henley, "Letters from Drancy," *Guardian*, July 18, 2002, www. guardian. co. uk/world/2002/jul/18/world-dispatch. jonhenley.

⑲ "I refuse the package": Arletty, *La Défense*, 159.

⑳ Germaine Lubin: Ibid. Here and following quotes from ibid. , 158 – 69.

㉑ They came for Jean Cocteau: His arrest was on November 23, 1944. He was ultimately acquitted.

㉒ "all available evidence": Quoted in Vaughn, *Sleeping with the Enemy*, 149.

㉓ "she paid the hotel to build a low flight": Madsen, *Chanel*, 159.

㉔ He and Coco probably first met: Ibid. , 230.

㉕ "She never appeared anywhere": Marx, *Queen of the Ritz*, 174.

㉖ Some still say that she was a spy for the Nazi powers: For example, Vaughn, *Sleeping with the Enemy*.

㉗ He was a known German operative and possibly: Picardie, *Coco Chanel*, 241.

㉘ Baron Hans Günther von Dincklage was: See Laurence Pellegrini, "La sé – duction comme couverture: L' agent secret Hans – Gunther von Dincklage en France," www. dokumente – documents. info/uploads/tx _ ewsdokumente/ Seiten_74 – 76_Pellegrini_Dincklage. pdf.

㉙ In fact, Coco reputedly knew: Vaughn, *Sleeping with the Enemy*, 98.

㉚ Even from their island retreat: Bloch, *The Duke of Windsor' s War*, 355.

㉛ According to Hans von Dincklage: Vaughn, *Sleeping with the Enemy*, 164.

㉜ Admiral Canaris had run von Dincklage: Ibid., 75, 178; see also Picardie, *Coco Chanel*, 240*ff*.

㉝ she gave a young German – speaking American soldier: Madsen, Chanel, 264 – 65; quoted in Mazzeo, *The Secret of Chanel No. 5*, 158.

㉞ "By one of those majestically simple": Madsen, Chanel, 263; quoted inMazzeo, *The Secret of Chanel No. 5*, 161.

㉟ Serge Lifar: Vaughn, *Sleeping with the Enemy*, 182.

㊱ she quipped sarcastically: Madsen, *Chanel*, 262; *quoted in Mazzeo, The Se – cret of Chanel No. 5*, 159.

㊲ "assuring her of support and friendship": Roulet, *The Ritz*, 115.

㊳ The files in the French justice department: Vaughn, *Sleeping with the Enemy*, 193.

㊴ the Americans and British alike: Churchill Archives, University of Cambridge, CHAR 20/198A.

15. 金发美女与核物理学家

① "Might not a bomb": Winston Churchill, "Shall We All Commit Suicide," *Pall Mall, September* 1924; *reprinted in Winston Churchill, Thoughts andAdventures* (London: Thornton Butterworth, 1932), 250.

② Marie – Louise Ritz: Marx, *Queen of the Ritz*, 195.

③ Fred Wardenburg never planned: My thanks to Sylvia Crouter for sharing details on this family history and for sharing a family essay on the topic by Andrew Tolan, April 10, 2000, "ALSOS: Defusing the Nazi Bomb Program," unpublished manuscript. As Andrew Tolan notes, the other relevant sources, to which I am indebted in my research, include Samuel A. Goudsmit, *ALSOS*, intro. David Cassidy (New York: Henry Schuman, 1947); Leslie R. Groves, *Now It Can Be Told* (New York: Harper, 1962); and Robert Thomas, "Frederic Wardenburg 3d Dies, War Hero and Executive, 92," *New York Times*, August 17, 1997, A8, www. nytimes. com/1997/08/17/us/frederic – a – c – wardenburg – 3d – 92 – war – hero. html?_r = 1.

④ "In no other type of warfare": "Report of the Committee on Political and Social Problems: Manhattan Project, 'Metallurgical Laboratory,' University of Chicago,

June 11, 1945" (Franck Report), U.S. National Archives, Washington, D.C., Record Group 77, Manhattan Engineer District Records, Harrison – Bundy File, folder 76, www. dannen. com/decision/franck. html.

⑤ "the pope of my personal church": Welsh, *How It Was*, 127.

⑥ "Papa, " she would tell him: Ibid.

⑦ venomous, nasty little "cobra": Moorehead, *Martha Gellhorn*, 296.

⑧ "sick with rage": Ibid. , 290.

⑨ "There was always the impression": Donald Spoto, *Blue Angel: The Life of Marlene Dietrich* (New York: Cooper Square Press, 2000), 197.

⑩ Early in the war the Germans: Goudsmit, *ALSOS*, *xiv*, *xvii*, 5.

⑪ He used his scientific know – how: Ibid. , 10, 35.

⑫ Wolfgang Gentner: According to Goudsmit, *ALSOS*, 35, Gentner was in Paris from 1940 until mid – 1942; he was replaced by Wolfgang Riezler.

⑬ Everyone was disappointed: Ibid. , 36.

⑭ "We transformed our hotel suite into a tribunal": Ibid. , 59.

⑮ processing uranium was precisely: Ibid. , 246ff.

⑯ "proved definitively that Germany had no": Ibid. , 69.

⑰ "thorium oxide": Ibid. , 64 – 65; see also Eric zorn, "Whiter Days Ahead for Pepsodent?, " *Chicago Tribune*, June 15, 2007, http://blogs. chicagotribune. com/news_columnists_ezorn/2007/06/whiter_days_ahe. html.

⑱ "were for conspicuous bravery in riding": Thomas, "Wardenburg, " A8. He was made Member of the order of the British Empire and awarded the Medal of Freedom from the United States, the nation's highest civilian honor.

16. 同德国人重续前缘

① Fewer than two thousand: Webster, "Vichy Policy on Jewish Deportation. "

② A typhus epidemic: Moorehead, *Martha Gellhorn*, 282.

③ "Behind the wire and the electric fence": Ibid.

④ "This man had survived": Ibid.

⑤ "It is as if I walked into Dachau": Ibid.

⑥ Ernest Hemingway invited: Spoto, *Blue Angel*, 202 – 3.

⑦ "Part 1. This is a community effort": Kershaw, *Blood and Champagne*, 159.

⑧ "I hope you have enough money": Ibid.

⑨ Charles de Gaulle forbade British: Martin Gilbert, *The Day the War Ended: May 8, 1945, Victory in Europe* (London: Henry Holt, 1996).

⑩ the newest residents on the Place Vend? me: Irving, Gring, 86. See also Christopher John Dodd and Lary Bloom, *Letters from Nuremberg: My Father's Narrative of a Quest for Justice* (New York: Crown, 2008).

⑪ "Paris," he wrote: Dodd and Blom, *Letters from Nuremberg*, 65.

⑫ "Do you want me to tell you the set – up?": Jacques Baraduc, *Dans la cellule dePierre Laval* (Paris: éditions Self, 1948), 31.

⑬ Gellhorn at last discovered: Moorehead, *Martha Gellhorn*, 290.

17. 日益衰落的巴黎影响力

① "The two people who have caused me": Hugo Vickers, "The People Who Caused Me the Most Trouble Were Wallis Simpson and Hitler," *Mail Online*, March 26, 2011, www. dailymail. co. uk/femail/article – 1370242/Queen – Mother – The – people – caused – trouble – Wallis – Simpson – Hitler. htm – l #ixzz2SWSigJs.

② "the Duke of Windsor was labeled": Robert Gottlieb, "Duke, Duchess and Jimmy D. : Question Time for the Windsors," *New York Observer*, May 3, 2001, http://observer. com/2001/03/duke – duchess – and – jimmy – d – question – time – for – the – windors; see also Christopher Wilson, Dancing with the Devil: The Windsors and Jimmy Donahue (New York: St. Martin's Press, 2002), 2 – 3.

③ "I now quit altogether public affairs": Christopher Wilson, "Revealed: The Duke and Duchess of Windsor's Secret Plot to Deny the Queen the Throne," *Telegraph*, November 22, 2009, www. telegraph. co. uk/news/ uknews/ theroyalfamily/6624594/Revealed – the – Duke – and – Duchess – of – Wind-sors – secret – plot – to – deny – the – Queen – the – throne. html.

④ recently discovered in private royal correspondence: Ibid.

⑤ "There should be a rigid refusal": Ibid.

⑥ "walking with death": Gottlieb, "Question Time for the Windsors. "

⑦ "I knew it was physical": Wilson, *Dancing with the Devil*, 3.

⑧ "She was in love with him": Ibid.

⑨ "No one," one aristocratic onlooker put it: Caroline Blackwood, The Last of *the Duchess: The Strange and Sinister Story of the Final Years of Wallis Simpson, Duchess of Windsor* (New York: Vintage, 2012), 259.

⑩ "He was an alcoholic, he was a drug taker": Ibid.

⑪ Guinness beer fortune, Aileen Plunket: Gottlieb, "Question Time for the Windsors. "

⑫ "I never thought Hitler was such a bad chap": Lord Kinross, "Love Conquers All, " *Books and Bookmen* 20 (1974): 5.

⑬ an aging Marlene Dietrich came down: John Lichfield, "In Wallis's Foot – steps: The Holiday Home by Royal Appointment, " *Independent,* March 25, 2010, http://www. independent. co. uk/travel/europe/in – walliss – foot- steps – the – holiday – home – by – royal – appointment – 192878. html.

⑭ In Coco Chanel' s suite: Lynn Karpen, "Chanel, No. 1, " *New York Times,* November 15, 1998, www. nytimes. com/1998/11/15/books/books – in – brief – nonfiction – chanel – no – 1. html? src = pm.

18. 战争的漫长阴影

① "There are still scars on Paris": Dodd, letter of August 4, 1945, 65.

② "insurrection, there is no other word for it": Joseph Carroll, "Paris Gripped by Insurrection, " *Guardian,* May 26, 1968, http://century. guardian. co. uk/1960 – 1969/Story/0, 6051, 106493, 00. html.

③ "We have lost twelve steady customers": Marx, *Queen of the Ritz,* 195.

④ "If you are lucky enough": Quoted in Ernest Hemingway, *A Moveable Feast* (New York: Scribner, 1996), jacket material.

⑤ a notebook the writer found: There is a significant scholarly debate on the history and contents of Ernest Hemingway's trunk of papers left at the H? tel Ritz. on the various positions in the debate, see A. E. Hotchner, "Don' t Touch A Moveable Feast, " New York Times, July 19, 2009, www. nytimes. com/2009/07/20/opinion/20hotchner. html? _ r = 3, and Tavernier – Courbin, *Ernest Hemingway's A Moveable Feast,* 3 – 19.

⑥ Now, she was having blackouts: Marx, *Queen of the Ritz,* 197.

⑦ only the thinnest crescent of the new moon: Ibid. , 199 – 200. *Afterword*

⑧ The price tag for the remodeling: Mohamed Al Fayed, personal website, www. alfayed. com/biography. aspx.

参考文献

Abescat, Bruno, and Yves Stavridès. "Derrière l' Empire Chanel... la Fabuleuse Histoire des Wertheimer." *L' Express*, April 7, 2005, 16 – 30; July 11, 2005, 84 – 88; July 18, 2005, 82 – 86; July 25, 2005, 76 – 80; August 1, 2005, 74 – 78; August 8, 2005, 80 – 84, part 1, 29.

Allen, Martin. Hidden *Agenda: How the Duke of Windsor Betrayed the Allies.* Lon – don: Macmillan, 2000.

Ambrose, Stephen E. *Citizen Soldiers: The U. S. Army from the Normandy Beaches, to the Bulge, to the Surrender of Germany.* New York: Simon & Schuster, 2002.

———. "Citizen Soldiers: The U. S. Army from the Normandy Beaches to theBulge to the Surrender of Germany." CNN, August 5, 1998, www. cnn. com/ books/beginnings/9808/citizen. soldier.

———. *D – Day, June 6, 1944: The Climactic Battle of World War II.* New York: Simon & Schuster, 1994.

"American Relief Worker Leaves Vichy." *Los Angeles Times, November 4, 1942,* 15.

Amory, Cleveland. " ' Like a Little Girl on Christmas Morn' : R. S. V. P. El-sa Max – well' s own Story. " *New York Times,* october 24, 1954, BR6.

Annuaire almanac du commerce. Paris: Didot Bottin, 1942.

Arletty. La Défense. 1971; reprint, Paris: Ramsay, 2007.

Arnaud, Claude. *Jean Cocteau.* Paris: Editions Gallimard, 2003.

Baker, Carlos. *Ernest Hemingway: A Life Story.* New York: Scribner, 1969.

Baldassari, Anne. *Picasso: Life with Dora Maar, Love and War, 1935 – 1945.* Paris: Flammarion, 2006.

Baraduc, Jacques. *Dans la cellule de Pierre Laval.* Paris: éditions Self, 1948.

Beauchamp, Cari. *Joseph P. Kennedy Presents: His Hollywood Years.* New York: Knopf, 2009.

Beebe, Lucius. *The Big Spenders: The Epic Story of the Rich Rich, the Grandees ofAmerica and the Magnificoes, and How They Spent Their Fortunes.* Mount Jack – son, VA: Axios Press, 2009.

Beegel, Susan F. " ' A Room on the Garden Side' : Hemingway' s Unpublished Liberation of Paris. " *Studies in Short Fiction* 31, no. 4 (Fall 1994) : 627 – 37.

Beevor, Antony. *D – Day: The Battle for Normandy.* New York: Penguin, 2009.

———"An Ugly Carnival: How Thousands of French Women Were Treated after D – Day. " Guardian, June 4, 2009, www. guardian. co. uk/lifeandstyle/ 2009/jun/05/women – victims – d – day – landings – second – world – war.

Beevor, Antony, and Artemis Cooper. *Paris After the Liberation:* 1944 – 1949. New York: Penguin, 2007.

Bibliothèque historique de la ville de Paris, archival files NA IV, NA Album 4, Photo Divers, VII, 119, NA Divers XIV, NA Divers XXXI, 10, NA DiversXIV, NA Divers VI, and NA Album 40.

Blackwood, Caroline. *The Last of the Duchess: The Strange and Sinister Story of the Final Years of Wallis Simpson, Duchess of Windsor.* New York: Vintage, 2012.

Bloch, Michael. *The Duke of Windsor' s War: From Europe to the Bahamas,* 1939 – 1945. London: Weidenfeld & Nicholson, 1982.

———. Ribbentrop: *A Biography.* New York: Crown, 1993.

Boxer, Mark. *Le Ritz de Paris.* London Thames & Hudson, 1991.

Bradley, omar. *A Soldier' s Story.* New York: Random House, 1999.

Brody, J. Kenneth. *The Trial of Pierre Laval: Defining Treason, Collaboration and Patriotism in World War II France.* Piscataway, NJ: Transaction, 2010.

Brook – Shepherd, Gordon. *Uncrowned Emperor: The Life and Times of Otto von Hapsburg.* New York: Continuum, 2007.

Bruce, David K. E. OSS *Against the Reich: The World War II Diaries of Colonel David K. E. Bruce.* Ed. Nelson Douglas Lankford. Kent, OH: Kent State University Press, 1991.

Büchner, Alex. *German Infantry Handbook,* 1939 – 1945: *Organization, Uniforms, Weapons, Equipment,* Operations. N. p. : Schipper, 1991.

Buchwald, Art. "Art Buchwald from Paris: Elsa and the Duchess Bury the Hatchet. " *Boston Daily Globe,* June 2, 1957, C1.

Bulletin de la Chambre de Commerce de Paris, Année 1941. Paris: H?tel de la Chambre de Commerce, 1941.

Burke, Carolyn. *Lee Miller: A Life.* Chicago: University of Chicago Press, 2007.

Button, James. "Shooting Picasso. " *Age,* February 18, 2006, www. theage. com. au/news/arts/shooting – picasso/2006/02/17/1140151813201. html.

Capa, Robert. *Slightly Out of Focus.* New York: Random House, 1999.

Carroll, Joseph. "Paris Gripped by Insurrection. " *Guardian,* May 26, 1968, http: //century. guardian. co. uk/1960 – 1969/Story/0, 6051, 106493, 00. html.

Carter, William C. *Marcel Proust: A Life.* New Haven: Yale University Press, 2002.

Caws, Mary Ann. Picasso' s *Weeping Woman: The Life and Art of Dora Maar.* NewYork: Bullfinch Press, 2000.

Claiborne, Craig. "The Ritz: Fifty Years After Proust, It' s Still a Civilized Ref – uge. " *New York Times,* December 26, 1968, 45.

Coblentz, Paul. *Georges Mandel.* Paris: éditions du Bélier, 1946.

Cocteau, Jean. *The Journals of Jean Cocteau.* Ed. and trans. Wallace Fowlie. Bloom – ington: Indiana University Press, 1964.

Cole, Hubert. *Laval: A Biography.* New York: Putnam Books, n. d. , www. ar- chive. org/stream/lavalabiography007674mbp/lavalabiography007674mbp_djvu. txt.

Cote, William E. "Correspondent or Warrior? Hemingway' s Murky World WarII ' Combat' Experience. " *Hemingway Review* 22, no. 1 (Fall 2002) .

Dansette, Adrian. *Histoire de la libération de Paris.* 1946; reprint, Paris: Perrin, 1994.

Demonpion, Denis. *Arletty.* Paris: Flammarion, 1996.

Diamond, Hanna. *Fleeing Hitler: France 1940.* oxford: oxford University Press, 2008.

Dicken – Garcia, H. *Journalistic Standards in Nineteenth – Century America.* Madison: University of Wisconsin Press, 1984.

Dodd, Christopher John, and Lary Bloom. *Letters from Nuremberg: My Fa- ther' sNarrative of a Quest for Justice.* New York: Crown, 2008.

Duffy, James P. , and Vincent Ricci. *Target Hitler: The Plots to Kill Hitler.* New York: Praeger, 1992.

Dupuis, Jér?me. "Le beau nazi d' Arletty. " *L' Express*, october 2, 2008, www. lexpress. fr/culture/livre/le – beau – nazi – d – arletty_823070. html.

Dutka, Alan, and Dan Ruminski. *Cleveland in the Gilded Age: A Stroll Down Mil – lionaires' Row.* Stroud, UK: History Press, 2012.

Eder, Cyril. *Les Comtesses de la Gestapo.* Paris: Bernard Grasset, 2006.

Favreau, Bertrand. *Georges Mandel, ou, La passion de la République* 1885 – 1944. Par – is: édition Fayard, 1996.

Fest, Joachim. *Plotting Hitler' s Death: The Story of the German Resistance.* Trans. Bruce Little. New York: Metropolitan Books/Henry Holt, 1996.

Fitch, Noel Riley. *Sylvia Beach and the Lost Generation: A History of Literary Parisin the* 1930*s.* New York: Norton, 1985.

Fitzgerald, F. Scott. *Tales of the Jazz Age.* New York: Soho Books, 2011.

Follain, John. "Hemingway Staged own ' Liberation' by Invading Ritz Bar. " *Deseret News*, August 25, 1944, www. deseretnews. com/article/371853/HEM-INGWAY – STAGED – OWN – LIBERATION – BY – INVADING – RITZ – BAR. html? pg = all.

Foreign office Archives, Berlin, file Paris 2463 (42). "Ritz – Hotel, deut-schfeindli – ches Verhalten des leitenden Personals, 1943. "

"France opens Doors of Gestapo' s Paris Headquarters to Public for First Time. " *Taipei Times*, September 19, 2005, www. taipeitimes. com/News/world/ archives/2005/09/19/2003272328/2.

Frischauer, Willi. *Goering.* London: oldham' s Press, 1950.

Fryer, Jonathan. "Inga Haag obituary: German Socialite and Spy Who Con-spiredto overthrow Hitler. " *Guardian*, January 13, 2010, www. guardian. co. uk/ theguardian/2010/jan/13/inga – haag – obituary.

Gaulle, Charles de. *The Complete War Memoirs of Charles de Gaulle.* Trans. RichardHoward. New York: Carroll & Graf, 1998.

Gellhorn, Martha. *Travels with Myself and Another: A Memoir.* New York: Tarcher, 2001.

———. "The Wounded Come Home: Under the Sign of the Red Cross, the WhiteShip Returns to London with its Precious Freight. " *Collier' s Weekly*, August

5, 1944, 14 – 15, www. unz. org/Pub/Colliers – 1944aug05 – 00014.

Gellner, Ernest. *Anthropology and Politics: Revolutions in the Sacred Grove.* oxford: Blackwell, 1995.

Gerwarth, Robert. *Hitler's Hangman:* The Life of Heydrich. New Haven: Yale Uni – versity Press, 2011.

Gilbert, Adrian. "Vél d' Hiv, Paris 1942: ' These Black Hours Will Stain our History Forever. ' " *Guardian,* July 22, 2011, www. guardian. co. uk/sarahs – key/vel – dhiv – paris – 1942 – world – war – two – adrian – gilbert.

Gilbert, Martin. *The Day the War Ended: May* 8, 1945, *Victory in Europe. London:* Henry Holt, 1996.

Gildea, Robert. *Marianne in Chains: Daily Life in the Heart of France During theOccupation.* New York, Picador, 2004.

Gilot, Fran?oise, and Carlton Lake. *Life with Picasso.* London: Thomas Nelson &Sons, 1965.

Giltay, Christophe. "Chanel: une étoffe pas très résistante. " RTL – Info, August 18, 2012, http: //blogs. rtl. be/champselysees/2011/08/18/chanel – une – etoffe – pas – tres – resistante.

Giret, N?elle. *Sacha Guitry.* Paris: éditions Gallimard, 2007.

Gisevius, Hans Bernd. *Valkyrie: An Insider's Account of the Plot to Kill Hitler.* NewYork: Da Capo Press, 2008.

Glass, Charles. *Americans in Paris: Life & Death Under Nazi Occupation.* New York: Penguin, 2010.

Gottlieb, Robert. "Duke, Duchess and Jimmy D. : Question Time for the Wind – sors. " *New York Observer,* May 3, 2001, http: //observer. com/2001/03/ duke – duchess – and – jimmy – d – question – time – for – the – windors.

Goudsmit, Samuel A. *ALSOS.* Intro. David Cassidy. New York: Henry Schuman, 1947.

Groves, Leslie R. *Now It Can Be Told.* New York: Harper, 1962.

Guieu, Jean – Max. "Chronology of the Dreyfus Affair. " www9. georgetown. edu/faculty/guieuj/DreyfusCase/Chronology of the Dreyfus Affair. htm.

Guitry, Sacha. *If Memory Serves: Memoirs of Sacha Guitry.* Trans. Lewis Galantière. Whitefish, MT: Kessinger, 2009.

———. *Quatre ans d' occupation.* Paris: éditions L' Elan, 1947.

Harpprecht, Klaus. *Arletty und ihr deutscher Offizier*. Fischer e – books, 2011.

Heller, Gerhard. *Un Allemand à Paris, 1940 – 1944*. Paris: éditions de Seuil, 1981.

Hemingway, Ernest. *By – Line: Ernest Hemingway: Selected Articles and Dispatches ofFour Decades*. Ed. William White. New York: Scribner, 1998.

———. *Letters of Ernest Hemingway*. Ed. Sandra Spanier. Cambridge: CambridgeUniversity Press, 2011.

———. "Voyage to Victory: *Collier's* Correspondent Rides in the War Ferry toFrance. " *Collier's Weekly*, July 22, 1944, 11 – 13, www. unz. org/Pub/Colliers – 1944jul22 – 00011? View = PDF.

Hemingway, Leicester. *My Brother, Ernest Hemingway*. Sarasota, FL: PineapplePress, 1996.

Henley, Jon. "Letters from Drancy. " *Guardian*, July 18, 2002, www. guardian. co. uk/world/2002/jul/18/worlddispatch. jonhenley.

Higham, Charles. *The Duchess of Windsor: The Secret Life*. New York: Wiley, 2004. ———. Trading with the Enemy: The Nazi – American Money Plot 1933 – 1949. NewYork: Barnes & Noble Books, 1995.

Hotchner, A. E. "Don't Touch *A Moveable Feast*. " New York Times, July 19, 2009, www. nytimes. com/2009/07/20/opinion/20hotchner. html?_r = 3.

———. "A Legend as Big as the Ritz. " *Vanity Fair*, July 2012, www. vanityfair. com/society/2012/07/paris – ritz – history – france.

———. "The Ritz, Then and Now. " *New York Times*, January 31, 1982, www. ny – times. com/1982/01/31/travel/the – ritz – then – and – now. html?scp = 1&sq = ritz + then + and + now&st = nyt.

Huffington, Arianna Stassinopoulos. *Picasso*. New York: Harper Collins, 1996.

Hughes, Judith M. *To the Maginot Line: The Politics of French Military Preparationin the 1920s*. Cambridge, MA: Harvard University Press, 2006.

International Committee of the Red Cross. "Geneva Convention (IV) Respectingthe Laws and Customs of War on Land and Its Annex: Regulations Concerning the Laws and Customs of War on Land, 18 october 1907, " www. icrc. org/ihl. nsf/ FULL/195? openDocument. Irving, David. *G?ring: A Biography*. New York: William Morrow, 1989.

Jackson, Julian. *The Fall of France: The Nazi Invasion of* 1940. oxford: oxford Uni – versity Press, 2004.

James, Ken. *Escoffier: The King of Chefs*. London: Hambledon Continuum, 2003. Jewish History Center, Paris. Archives 411 AP/5.

Jucker, Ninetta. *Curfew in Paris: A Record of the German Occupation*. London: Ho – garth Press, 1960.

Kaplan, Richard L. *Politics and the American Press: The Rise of Objectivity*, 1865 – 1920. Cambridge: Cambridge University Press, 2002.

Karpen, Lynn. "Chanel, No. 1. " New York Times, November 15, 1998, www. nytimes. com/1998/11/15/books/books – in – brief – nonfiction – chanel – no – 1. html?src = pm.

Katznelson, Yitzak. *Vittel Diary, May 22, 1943 – September 16, 1943*. Trans. MyerCohen. N. p. : Kibbutz Lohamei Hagettaot, 1972.

Kershaw, Alex. *Blood and Champagne: The Life and Times of Robert Capa*. NewYork: Da Capo, 2002.

Kert, Bernice. *Hemingway's Women*. New York: Norton, 1998.

Knopp, Guido. *Die Wehrmacht: Eine Bilanz*. München: C. Bertelsmann Verlag, 2007. Koyan, Kenneth. "Snapshots of Mary Welsh Hemingway. " *Eve's Magazine*, www. evesmag. com/hemingway. htm.

Laub, Thomas J. *After the Fall: German Policy in Occupied France, 1940 – 1944*. ox – ford: oxford University Press, 2010.

Laval, Pierre. *The Diary of Pierre Laval, with a Preface by Josée Laval, Countess R. deChambrun*. New York: Scribner's, 1948.

Levert, Jean – Pierre, Thomas Gomart, and Alexis Merville. *Paris, Carrefour desresistances. Paris:* Paris Musées, 1994.

Lichfield, John. "In Wallis's Footsteps: The Holiday Home by Royal Appoint – ment. " *Independent*, March 25, 2010, www. independent. co. uk/travel/europe/in – walliss – footsteps – the – holiday – home – by – royal – appointment – 1926878. html. Liddell – Hart, B. H. The Rommel Papers. New York: Da Capo, 1982.

Lifar, Serge. *Ma Vie, from Kiev to Kiev: An Autoboigraphy*. London: Hutchinson, 1970.

Lochner, Louis P. "Germans Marched Into a Dead Paris: Muddy Uniforms at theRitz. " *Life*, July 8, 1940.

Madsen, Axel. *Chanel: A Woman of Her Own.* New York: Holt, 1991.

Malraux, André. *Picasso' s Mask.* New York: Holt, Rinehart & Winston, 1976.

Marneffe, Francis de. Last Boat from Bordeaux. Cambridge, MA: Coolidge Hill-Press, 2001.

Marty, Alan T. "Index of Names and Locations in occupied Paris. " Unpublishedmanuscript.

————. "A Walking Guide to occupied Paris: The Germans and Their Collabora – tors. " Unpublished manuscript.

Marx, Samuel. *Queen of the Ritz.* New York: Bobbs – Merrill, 1978.

Masters, Brian. *Great Hostesses.* London: Constable, 1982.

Maxwell, Elsa. "My Troubles with the Windsors: The Famous Hostess at LastTalks About Her ' Feud. ' " *Washington Post,* December 5, 1954, AW1.

Mazzeo, Tilar J. The Secret of Chanel No. 5: *The Intimate Story of the World' s MostFamous Perfume.* New York: Harper Collins, 2012.

Mémorial de la Shoah Musée, Centre de Documentation Juive Contemporaine, 411 AP/5.

Meyer, F. M. "Ein Beitrag zum Morphinismus und zu der Behandlungsmethodenach Kahle. " *Deutsche medizinische Wochenschrift,* 1928.

Meyers, Jeffrey. *Hemingway: A Biography.* New York, Da Capo Press, 1999.

Mitchell, Allan. *Nazi Paris: The History of an Occupation* 1940 – 1941. New York: Berghahn Books, 2008.

Moore, Matthew. "French Brothels ' Flourished During the Nazi occupation. ' " *Telegraph,* May 1, 2009, www. telegraph. co. uk/news/worldnews/europe/france/5256504/French – brothels – flourished – during – the – Nazi – occupation. html.

Moorehead, Caroline. *Martha Gellhorn: A Life.* New York: Vintage, 2004.

Morris, Sylvia. *Rage for Fame: The Ascent of Clare Boothe Luce.* New York: RandomHouse, 1997.

National Archives, Paris, 2463 [42]. "Ritz – Hotel, deutschfeindliches Verhalten des leitenden Personals, " 1943.

National Archives, Paris, F7 14886. "Affaires Allemands, " item 533.

National Archives, Washington D. C. "Report of the Committee on Political andSocial Problems: Manhattan Project ' Metallurgical Laboratory. ' University of-Chicago, June 11, 1945. " Record Group 77, Manhattan Engineer District Re – cords, Harrison – Bundy File, folder 76, www. dannen. com/decision/franck. html.

Neitzel, S? nke. *Tapping Hitler' s Generals: Transcripts of Secret Conversations*, 1942 – 1945. New York: Frontline Books, 2007.

Nemirovsky, Irene. *Suite Fran? aise.* Trans. Sandra Smith. New York: Knopf, 2006.

Nicholas, Lynn H. *The Rape of Europe.* New York: Knopf, 1994.

orwell, George. "You and the Atomic Bomb. " *Tribune*, october 19, 1945.

Paxton, Robert o. *The Anatomy of Fascism.* New York: Knopf, NY, 2004.

———. *Vichy France: Old Guard and New Order*, 1940 – 1944. 1972; reprint, NewYork: Columbia University Press, 2001.

Pellegrini, Laurence. "La séduction comme couverture: L' agent secret Hans – Günther von Dincklage en France. " www. dokumente – documents. info/uploads/tx_ewsdokumente/Seiten_74 – 76_Pellegrini_Dincklage. pdf.

Petropoulos, Jonathan. *Art as Politics in the Third Reich.* Chapel Hill: University ofNorth Carolina Press, 1999.

Petters, H. F. W. "The Method of Hubert Kahle for the Abrupt Withdrawal ofNarcotics. " *Medical Journal and Record,* 1930.

Picardie, Justine. *Coco Chanel: The Legend and the Life.* London: It Books, 2011. Picasso, Marina. Picasso. New York: Vintage, 2002.

"Post – War Reports: Activity of the Einsatzstab Reichsleiter Rosenberg in France: C. I. R. No. 1 15 August 1945. " Commission for Looted Art in Europe, www. lootedart. com/MN51H4593121.

Pourcher, Yves. *Pierre Laval vu par sa fille.* Paris: Cherche Midi, 2002.

"Prince of Wales Enables Former Waitress to Laugh at Scoffers. " *Boston Globe*, August 2, 1931, B5.

Proust, Marcel. *The Guermantes Way, Remembrance of Things Past* (à la recherche dutemps perdu, 1913 – 27). Trans. C. K. Scott Moncrieff. 6 vols. Vol. ?3. New York: Henry Holt, 1922.

———. *Letters of Marcel Proust. Trans.* Mina Curtiss. New York: Random

House, 1949.

Pryce – Jones, David. *Paris in the Third Reich: A History of the German Occupation*1940 – 1944. New York: Holt, Rinehart, and Winston, 1981.

Rambler, Nash. "Proust' s Last Infatuation: Hélène Chrissoveloni, Princesse Sout – zo, Madame Morand. " *Esoterica* Curiosa, http: //theesotericcuriosa. blogspot. com/2010/01/prousts – last – infatuation – helene. html.

"Remembrance It Was Incredibly Macabre. " *Time,* September 4, 1989.

Reynolds, Michael. *Hemingway: The* 1930s *Through the Final Years*. New York: Norton, 2012.

Ricchiardi, Sherry. "Gun – Toting Journalists. " *American Journalism Review,* octo – ber/November 2005, www. ajr. org/Article. asp?id = 3969.

Richards, Dick. *The Wit of No?l Coward*. London: Sphere Books, 1970.

Richardson, John. *Life of Picasso: The Triumphant Years,* 1917 – 1932. New York: Knopf, 2010.

Riding, Alan. *And the Show Went On: Cultural Life in Nazi – Occupied Paris*. NewYork: Knopf, 2010.

Rioux, Jean – Pierre. "Survivre. " In Fran?ois Bédarida, ed. , *Résistants et collabora – teurs*. Paris: Seuil, 1985, 84 – 100.

Ritz, Marie – Louise. *César Ritz*. Paris: éditions Jules Tallandier, 1948.

Robb, Graham. "Parisians: An Adventure History of Paris. " *Guardian,* April 20, 2010, www. guardian. co. uk/books/2010/apr/03/parisians – adventure – history – graham – robb.

Roulet, Claude. *The Ritz: A Story That Outshines the Legend*. Trans. Ann Frater. Paris: Quai Voltaire, 1998.

Ryersson, Scot D. , and Michael orlando Yaccarino. *Infinite Variety: The Life andLegend of the Marchesa Casati*. Minneapolis: University of Minnesota Press, 2004.

Salpeter, Harry. "Fitzgerald, Spenglerian. " *New York World,* April 3, 1927, 12M. Schallert, Edwin. "Snooty Stars Always Giving one Another the Ritz. " *Los Ange – les Times, November* 19, 1933, A1.

Schellenberg, Walter. *The Labyrinth*. Trans. Louis Hagen. New York: Da Capo, 2000.

Schudson, Michael, and Chris Anderson. " objectivity, Professionalism, andTruth – Seeking in Journalism. " In *Handbook of Journalism Studies,* ed. KarinWahl – Jorgensen and Thomas Hanitzsch. New York: Routledge, 2008, 88 – 101.

Schwarz, Ted. *Cleveland Curiosities: Eliot Ness and His Blundering Raid, a Busker' sPromise, the Richest Heiress Who Never Lived and More.* Stroud, UK: HistoryPress, 2010.

"Sells Furs to Aid French: U. S. Woman, Unable to Get Funds, Plans to LeaveVichy. " *New York Times,* September 26, 1942, 4.

Sherwood, John M. *Georges Mandel and the Third Republic.* Stanford: Stanford Uni – versity Press, 1970.

Shnayerson, Michael. *Irwin Shaw.* New York: Putnam, 1989.

Sorel, Nancy Caldwell. *The Women Who Wrote the War.* New York: Harper Collins, 2000.

Soussen, Claire. *Le camp de Vittel,* 1941 – 1944. Ed. André Kaspi. Paris: PantheonSorbonne, 1993, degree thesis.

Speer, Albert. *Inside the Third Reich.* New York: Simon & Schuster, 1997.

Speidel, Hans. *Invasion 1944.* New York: Paperback Library, 1972.

Spotts, Frederic. *The Shameful Peace: How French Artists and Intellectuals Survivedthe Nazi Occupation.* New Haven: Yale University Press, 2009.

Staggs, Sam. *Inventing Elsa Maxwell: How an Irrepressible Nobody ConqueredHigh Society, Hollywood, the Press, and the World.* New York: St. Martin' sPress, 2012.

Steegmuller, Francis. Cocteau: *A Biography.* New York: David R. Godine, 1992.

Sutcliffe, Theodora. "Bar Icon: Frank Meier. " May 1, 2012, www. diffordsguide. com/class – magazine/read – online/en/2012 – 05 – 01/page – 7/bar – icon? seen = 1.

Taittinger, Pierre. *Et Paris Ne Fut Pas Detruit.* Paris: Temoignages Contemporainsélan, 1948.

Tartière, Drue. *The House Near Paris: An American Woman' s Story of Traffic in Patri – ots.* New York: Simon & Schuster, 1946.

Tavernier – Courbin, Jacqueline. *Ernest Hemingway' s A Moveable Feast: The Makingof Myth.* Boston: Northeastern University Press, 1991.

Taylor, Michael. "Liberating France Hemingway's Way: Following Author's 1944 Reclaiming of the Ritz Hotel. " *San Francisco Chronicle*, August 22, 2004, www. sfgate. com/travel/article/Liberating – France – Hemingway – s – way – Following – 2731590. php#ixzz24qFzKEty.

Thayer, Mary Van Rensselaer. "Fabulous Era Ended with Laura Corrigan. " *Washington Post*, January 27, 1948, B3.

Thomas, Robert. "Frederic Wardenburg 3d Dies, War Hero and Executive, 92. "*New York Times*, August 17, 1997, A8.

United Nations office on Drugs and Crime. "Bibliography: Treatment of Mor – phine Addiction, II. " www. unodc. org/unodc/en/data – and – analysis/bulle- tin/bulletin_1952 – 01 – 01_1_page 007. html.

University of Cambridge. Churchill Archives. CHAR 20/198A.

Valland, Rose. *Le front de l'art: défense des collections fran?aise*, 1939 – 1945. Paris: Librarie Plon, 1961.

Varenne, Francisque. *Georges Mandel, Mon Patron*. Paris: éditions Défense de laFrance, 1947.

Vaughn, Hal. *Sleeping with the Enemy: Coco Chanel's Secret War*. New York: Knopf, 2011.

Veillon, Dominique. *Fashion Under the Occupation. Trans. Miriam Kochan*. NewYork: Berg, 2002.

Vickers, Hugo. "The People Who Caused Me the Most Trouble Were Wallis- Simpson and Hitler. " *Mail Online*, March 26, 2011, www. dailymail. co. uk/fe- mail/article – 1370242/Queen – Mother – The – people – caused – trouble – Wal- lis – Simpson – Hitler. html#ixzz2SWSigJs.

Wallace, Mike. Interview with Elsa Maxwell, November 16, 1957. HarryR- ansom Center, University of Texas at Austin, archives. Transcript andvideo, www. hrc. utexas. edu/multimedia/video/2008/wallace/maxwell_elsa_t. html.

Walsh, John. "Being Ernest: John Walsh Unravels the Mystery Behind Hem – ingway's Suicide. " Independent, August 9, 2012, www. independent. co. uk/ news/ people/profiles/being – ernest – john – walsh – unravels – the – mystery – behind – hemingways – suicide – 2294619. html.

Watts, Stéphane. *The Ritz*. London: Bodley Head, 1963.

Webster, Paul. "The Vichy Policy on Jewish Deportation. " BBC History,

February17, 2011, www. bbc. co. uk/history/worldwars/genocide/jewish_deporta-tion_01. shtml.

Welsh, Mary. *How It Was*. New York: Ballantine, 1977.

Whelan, Richard, ed. *Robert Capa: The Definitive Collection*. London: PhaidonPress, 2004.

White, Edmund. *Proust*. New York: Viking, 1999, excerpt at www. ny-times. com/books/first/w/white – proust. html.

White, William, ed. *Dateline, Toronto: The Complete Toronto Star Dispat-ches*, 1920 – 1924. New York: Scribner' s, 1985.

Whiting, Charles. *Papa Goes to War: Ernest Hemingway in Europe*, 1944 – 1945. Ramsbury, UK: Crowood Press, 1991.

Williams, Elizabeth otis. *Sojourning, Shopping, and Studying in Paris: A HandbookParticularly for Women*. Chicago: A. G. McClurg, 1907.

Wilson, Christopher. *Dancing with the Devil: The Windsors and Jimmy Donahue*. New York: St. Martin' s Press, 2002.

———. "Revealed: The Duke and Duchess of Windsor' s Secret Plot to De-ny theQueen the Throne. " *Telegraph*, November 22, 2009, www. telegraph. co. uk/news/uknews/theroyalfamily/6624594/Revealed – the – Duke – and – Duchess – of – Windsors – secret – plot – to – deny – the – Queen – the – throne. html.

Woodrum, Henry C. Walkout. N. p. : iUniverse, 2010.

zorn, Eric. "White Days Ahead for Pepsodent?" *Chicago Tribune*, June 15, 2007, http: //blogs. chicagotribune. com/news_columnists_ezorn/2007/06/whiter_days_ahe. html.

图片出处

前言：丽兹大酒店——巴黎的一面镜子（第 1 页）：German troops and French civilians, 1940(Getty Images, 141555216, Mondadori) .

1. 巴黎市内的瑞士王国（第 7 页）：A Frenchman weeps, watching Nazi troopsoccupy Paris, June 14, 1940 (office of War Information, National Archives, Washington, DC, ARC 535896) .

2. 轰动巴黎的开业庆典（第 21 页）：Courtroom trial, the Dreyfus Affair, 1896 – 99(Getty Images, 107412386, RM/Gamma/Keystone) .

3. 旺多姆广场上空的激烈空战（第 35 页）：Luisa, Marquise Casati (GettyImages, 141555399, Mondadori) .

4. 丽兹大酒店的"美国天使"（第 45 页）：Laura Mae Corrigan (Cleveland State-University Archives, Michael Schwartz Library) .

5. 漂向巴黎的美国人（第 57 页）：Ernest Hemingway, 1944 (GettyImages, 3312466, Picture Post, Kurt Hutton/Stringer) .

6. 法国女演员和她的纳粹情人（第 71 页）：Still shot, Arletty in Lesvisiteurs du soir (The Devil's Envoys), 1942 (Getty Images, 2638086, HultonArchive/ Stringer) .

7. 酒吧犹太侍者与抗德秘密组织（第 83 页）：The H?tel RitzBar, Paris, just before the occupation (Getty Images, 145253043, RogerViollet) .

8. 美国妻子与瑞士经理（第 97 页）：Blanche Auzello (pho – tograph from the first decade of the twentieth century) .

9. 德国将军与巴黎命运（第 107 页）：general Leclerc's ar – rival in Paris during the liberation, august 1944 (getty images, 152232439, Universal images group) .

10. 记者团风风火火赶赴巴黎（第 115 页）：robert capa, olin L. tompkins, and ernest hemingway at Mont Bocard, France, July 30, 1944 (getty images, 50691570, time/Life images) .

11. 欧内斯特·海明威与丽兹大酒店的解放（第 129 页）：crowds celebrate in Paris, arc de triomphe, 1944 (getty images, 50654762, time/Life images) .

12. 不让须眉的战地女记者(第 139 页)： sniper fire at the hôtel de Ville, crowdsfall to the ground during the liberation of Paris (getty images, 104420310, gamma/Keystone, august 1, 1944).

13. 巴黎开出的最后一批列车 (第 151 页)： studio with paintings by Pablo Picasso (getty images, 50516574, time/Life Pictures, nat Farbman, october31, 1948).

14. 战争期间的可可· 香奈儿 (第 161 页)： coco chanel (getty images, 56226843, roger Viollet collection, January 1, 1937).

15. 金发美女与核物理学家(第 177 页)： assimilatedcolonel Fred Wardenburg, 1944 (courtesy sylvia crouter).

16. 同德国人重续前缘(第 187 页)： Marlene Diet – rich at the h?tel ritz after the liberation (getty images, 50409886, time/Life Pictures, ralph Morse, october 1, 1944).

17. 日益衰落的巴黎影响力(第 197 页)： Party for the Duke and Duchess of-Windsor in the 1950s, with the Woolworths (getty images, 3088537, Prem – ium archive, slim aarons/stringer).

18. 战争的漫长阴影(第 207 页)： claude auzello, in his office at theh?tel ritz (getty images, 106501020, gamma/Keystone).

后记(第 215 页)： charley ritz, on the balcony of the h?tel ritz (getty im – ages, 121508742, robert Doisneau, gamma – rapho).